D1687513

rowohlt
BERLIN

SEMIYA SIMSEK

MIT PETER SCHWARZ

SCHMERZLICHE HEIMAT

DEUTSCHLAND UND DER MORD AN MEINEM VATER

ROWOHLT · BERLIN

1. Auflage März 2013
Copyright © 2013 by Rowohlt · Berlin Verlag GmbH, Berlin
Alle Rechte vorbehalten
Satz aus der DTL Documenta PostScript, InDesign,
bei Pinkuin Satz und Datentechnik, Berlin
Druck und Bindung CPI – Clausen & Bosse, Leck
Printed in Germany
ISBN 978 3 87134 480 0

Für meinen Vater

INHALT

Prolog
Meine schlimmste Nacht   9

Erstes Kapitel
Kindheit in der Katharinenstraße   15

Zweites Kapitel
Eine deutsche Karriere   41

Drittes Kapitel
Meine Familie unter Verdacht   79

Viertes Kapitel
Mafia, Drogen, Irrtümer   129

Fünftes Kapitel
Die Wahrheit   181

Sechstes Kapitel
Ein neuer Anfang   236

Nachwort
von Stephan Lucas und Jens Rabe   256

Dank   271

PROLOG
MEINE SCHLIMMSTE NACHT

An einem Sonntag gegen vier Uhr morgens rüttelte mich jemand aus dem Schlaf. Ich war seit anderthalb Wochen zurück im Internat in Aschaffenburg, die ersten Schultage lagen hinter mir, den Kopf hatte ich noch voller Erinnerungen an die Ferien mit meiner Familie. Es war der 10. September des Jahres 2000. Das Datum hat sich mir eingebrannt. Ich war vierzehn Jahre alt.

Semiya, du musst aufstehen, sagte eine Betreuerin. Aufstehen, mitten in der Nacht? Ich war so verwirrt und verschlafen, dass ich nicht weiter nachfragte. Pack deine Sachen zusammen, hieß es, nimm etwas zum Anziehen und Waschzeug mit und vergiss deinen Pass nicht.

Was bedeutete das? Warum musste ich jetzt los und wohin? Wozu brauchte ich den Pass? Die Leute vom Internat erklärten mir nicht viel, nur dass ich gleich abgeholt würde. Schlaftrunken stopfte ich ein paar Kleidungsstücke in meine Tasche und tappte hinaus. Vor dem Haus warteten ein Cousin meines Vaters und ein guter Bekannter unserer Familie. Sie sagten: Dein Vater ist krank, wir fahren jetzt schnell nach

Nürnberg, er liegt dort im Krankenhaus, deine Mutter hat uns geschickt.

Krank? Ich war durcheinander, besorgt und desorientiert, ich spürte eine drückende Angst im Bauch. Auf der Fahrt wurde kaum etwas geredet. Und ich traute mich auch nicht, nachzufragen. Kurz vor Nürnberg erzählten sie mir, dass mein Vater nicht krank, sondern verletzt sei. Und dann waren wir in der Klinik, um sieben Uhr morgens. Kerim wird bald da sein, sagte einer der beiden. Mein Bruder war also schon unterwegs aus seinem Internat in Völklingen. Meine Mutter sollte auch bald kommen.

Wir warteten auf dem Flur, ich weiß nicht genau, wie lange, mir ging das Zeitgefühl verloren, es kam mir endlos vor. Männer und Frauen in weißen Kitteln liefen an uns vorbei, eilten hin und her, verschwanden hinter Türen, aber niemand sprach mit uns. Ich war todmüde und furchtbar beunruhigt zugleich, konnte kaum einen klaren Gedanken fassen, alle möglichen Fragen kreisten mir im Kopf herum, ich betete: Bitte, bitte, mach, dass es nichts Schlimmes ist. Bitte, bitte.

Irgendwann stand eine Schwester vor mir und nahm mich mit zur Intensivstation. Dort wartete ein Polizist auf mich: Bist du Semiya Simsek? Ist Enver Simsek dein Vater? Ob mein Vater für gewöhnlich eine Waffe bei sich trage, wollte der Mann wissen. Ob er zu Hause Waffen aufbewahre. Ob wir Feinde hätten. Ich verstand überhaupt nichts, ich wollte bloß zu meinem Vater, wünschte, dass meine Mutter endlich hier wäre, und wusste kaum etwas zu antworten. Waffen? Mein Vater besaß eine Gaspistole und hatte in der Regel ein

Taschenmesser dabei, zum Blumenschneiden, auch eine Gartenschere lag im Wagen. Aber Feinde? Was für Feinde denn?

Es war mittlerweile neun Uhr, die ersten Verwandten waren eingetroffen, und wir warteten auf dem Gang vor der Intensivstation. Nur meine Mutter war immer noch nicht da. Dann kam die Schwester wieder zu mir, und endlich durfte ich zu meinem Vater. In seinem Krankenzimmer war ich bei ihm und mit ihm alleine. Auf den ersten Blick sah er fast aus wie immer, beinahe, als würde er schlafen. Nur, dass alles voller Kabel und Schläuche war. Ich wagte zunächst kaum, näher hinzugehen, eingeschüchtert von diesem fremden Raum mit all den Monitoren und Apparaten. Mein Vater lag auf dem Rücken und bewegte sich nicht. Dann sah ich Schwellungen an seinem Kopf. Ein Gerät piepste. All die Schläuche, Kabel und Geräte waren mit ihm verbunden, mit seinem Körper.

Ich ging um ihn herum, auf die andere Seite des Bettes, und der Anblick raubte mir die Fassung: Ich sah sein Auge, und mir wurde klar, er würde mit diesem Auge nie wieder sehen können. Das Kopfkissen war voller Blut. Noch immer hatte ich nicht die geringste Ahnung, was passiert war, aber ich wusste: Es ist etwas richtig Schlimmes geschehen. Etwas Furchtbares.

Alles begann sich um mich zu drehen, der Raum, die Schläuche, das Bett, mein Vater, das blutige Kissen. Mir wurde schlecht, ich glaube, ich habe angefangen zu weinen und zu schreien. Irgendjemand hat mich dann aus dem Zimmer geholt.

Auf dem Gang kam ich wieder zu mir. Immer mehr Verwandte trafen im Lauf des Vormittags im Nürnberger Krankenhaus ein. Erst am Mittag, gegen dreizehn Uhr, kam mein Bruder, und endlich, irgendwann am Nachmittag, waren meine Mutter und ihre Brüder da, meine Onkel Hüseyin und Hursit. Mutter begann zu weinen, als sie uns sah, sie war vollkommen aufgelöst. Die Nürnberger Kriminalpolizei hatte sie schon vernommen, aber das erzählte sie mir erst viel später. Wir waren etwa vierzig Leute, die ganze Familie und viele Bekannte, alle wollten bei uns und bei meinem Vater sein, sie kamen aus Schlüchtern und aus Neuss angereist und ich weiß nicht, von wo überall her. In schwierigen Situationen stehen wir einander bei.

Ein Arzt kümmerte sich um uns und meinte, dass wir hineingehen und mit meinem Vater reden sollten. Vielleicht hört er das, sagte der Arzt, sprechen Sie mit ihm, vielleicht spürt er, dass Sie da sind. Aber er machte uns keine Hoffnungen. Vater würde nicht überleben. Wir sollten uns von ihm verabschieden. Trotzdem haben wir noch auf ein Wunder gehofft, dass er es irgendwie schafft. Wie konnten wir auch anders? Meine Mutter beschwor die Verwandtschaft immer wieder: Betet für ihn, betet für ihn.

In dieser Nacht schliefen wir bei Nürnberger Bekannten, aber was hieß da schlafen? Wir standen alle unter Schock. Die Erwachsenen diskutierten die ganze Nacht verzweifelt, sie hatten immer noch keine Ahnung, was da geschehen war. Kerim und ich lagen im Zimmer nebenan, wir verstanden nicht genau, worüber sie redeten, aber wir hatten furchtbare Angst um unseren Vater.

Am nächsten Tag berieten sich die Ärzte, wie weiter zu verfahren sei. Ob sie die Geräte abschalten sollten oder nicht.

Meine Mutter wartete mit uns Kindern und den Verwandten im Garten der Klinik, Onkel Hüseyin sprach oben mit den Medizinern. Die Entscheidung, um die es ging, war zu groß, zu unbegreiflich für mich. Als mein Onkel in den Garten kam, konnte er die Tränen nicht mehr zurückhalten, er brach fast zusammen vor Schmerz. Sein Gesicht in dem Moment werde ich nie vergessen. Da wusste ich, was los war. Ich sehe ihn noch heute vor mir, wie er weinte und kaum die Worte herausbrachte: Ich habe meinen Schwager verloren.

Die Ärzte hatten die Apparate abgeschaltet, es hätte keine Chance mehr gegeben. Mein Onkel erklärte uns, dass mein Vater klinisch tot sei; dass sein Körper zwar noch jahrelang so auf dem Bett liegen könnte, angeschlossen an Maschinen, dass er aber nie wieder aufwachen würde. Dass es hoffnungslos sei.

Alle gingen nacheinander noch einmal in das Krankenzimmer und verabschiedeten sich von ihm. Wir traten an sein Bett und beteten für ihn. Dann fuhren wir heim nach Schlüchtern. Der Leichnam meines Vater blieb in Nürnberg zur Autopsie.

Heute habe ich keine Angst mehr, über all diese Geschehnisse zu schreiben. Über diese furchtbaren Tage, über die schwierigen Jahre danach und all die unbeschwerten Jahre davor. Die Erinnerungen sind schmerzhaft, manches bringt mich immer noch an meine Grenzen, aber viele Bilder aus der Vergangenheit sind auch schön. Als ich anfing, über alles nachzudenken und mir zu überlegen, was es zu sagen gibt, fühlte ich mich schnell ziemlich erschöpft. Ich habe gemerkt: Die

Vergangenheit tut mir weh. Vor allem natürlich die schrecklichen Dinge, die geschehen sind. Vieles macht mich noch heute ratlos, und ich bin hin- und hergerissen. Mein Vater war ein guter Mensch, und an das Gute in ihm denke ich gerne. Umso mehr schmerzt es mich, daran zu denken, was ihm passiert ist.

Aber zu meiner Geschichte gehört dies alles: Die schöne Nacht im Urlaub vor dreizehn Jahren, als ich mit Vater in seinem Heimatdorf in der Türkei nachts auf dem Balkon saß, als wir die Glöckchen der aus den Bergen zurückkehrenden Schafe hörten und ich spürte, wie glücklich er in diesem Augenblick war. Und der Tag ein Jahr später, als ich ihn im Krankenhaus in seinem Blut liegen sah, nachdem sie auf ihn geschossen hatten. Die Zeit danach, die Jahre der Verdächtigungen, des Unrechts, das meine Familie ertragen musste. Die schlimmen Vermutungen, die sich meine Mutter anhören musste. Schließlich die Wahrheit, die nach so vielen Jahren herauskam. Eine Wahrheit, die befreiend war, weil sie die lastende Ungewissheit von uns nahm. Und die doch manches Unrecht umso schlimmer macht. Es ist anstrengend und aufwühlend, das alles noch einmal vor mir zu sehen. Und doch bin ich dankbar für das, was ich mit meinem Vater erleben durfte, für die Erinnerungen, die ich in mir trage, für all das, was ich niemals missen möchte.

ERSTES KAPITEL
KINDHEIT IN DER KATHARINENSTRASSE

Flieden, die Katharinenstraße – das steht für mich heute für eine der schönsten Zeiten meines Lebens. Flieden liegt gut zwanzig Kilometer südlich von Fulda, und in der Katharinenstraße gab es vier oder fünf Mehrfamilienhäuser, kleine Wohnblocks, Sozialbauten. Dort verbrachte ich meine Kindheit, sorglos und unbeschwert. Meine ältesten Erinnerungen drehen sich um den gemeinsamen Garten hinter den Häusern. Eigentlich war es einfach eine große Wiese, auf der sich kreuz und quer die Wäscheleinen spannten, und gleich auf der anderen Seite des Gartenzauns war ein Spielplatz. Irgendwer hatte mal ein Loch in den Zaun geschnitten, durch das wir zu den Schaukeln und Rutschen hinüberkrabbeln konnten. Als wir noch klein waren, ist meine Mutter immer auf den Spielplatz mitgekommen und saß dort mit den anderen Frauen. Sie hatten Kaffee in Thermoskannen dabei, meistens hatte irgendwer Kuchen gebacken, und dann machten sie einen Kaffeeklatsch auf der Wiese. In der Katharinenstraße haben Menschen der verschiedensten Nationalitäten gelebt, Italiener, Türken, Deutsche, in denselben Häusern, mit dem einen Garten, und das hat reibungslos funktioniert.

Ich hatte sogar eine italienische Oma. Seit ihr Mann gestorben war, lebte sie allein, nur ein paar Meter von uns, und ich ging oft zu ihr hinüber. Nicht etwa, weil ich Mitleid hatte – dass sie wahrscheinlich einsam war, das verstand ich damals nicht. Ich erinnere mich nicht mehr, wie ich sie kennenlernte, aber ich habe ihre Zuneigung gefühlt und mochte sie sofort. An meinen Geburtstagen hat sie mir Amerikaner gebacken, und oft hat sie mich in den Supermarkt mitgenommen oder mir etwas mitgebracht. Ihren Namen weiß ich nicht mehr, ich habe sie einfach immer Oma genannt. Als Kinder haben wir nicht darüber nachgedacht, ob ein anderes Kind deutsch, italienisch oder türkisch war, wir haben uns ja gekannt. Das war unsere gemeinsame Welt, und wir ahnten gar nicht, dass irgendeine Familie von woanders herkommen konnte. Woanders – wo sollte das sein? Kinder beschnuppern sich, reden mit jedem und schließen schnell Freundschaften. Ich hatte pakistanische Freunde und eine deutsche Freundin, sie lebte nicht weit von uns auf einem Bauernhof. Manchmal hat sie nach Stall gerochen, weil sie zu Hause immer mithalf, aber das war ganz normal und hat niemand von uns gestört. Wir gingen ja auch selbst mit ihr in den Stall, schauten uns um, packten mit an, fütterten die Kühe und ärgerten die Schweine, und danach haben wir selber gerochen.

Die Häuser waren nicht groß, in jedem Mehrfamilienhaus lebten sechs Parteien. Meine Eltern, mein Bruder Abdulkerim und ich haben in der ersten Etage gewohnt, drei Zimmer, Bad, Küche und ein schmaler Flur, und wer unsere Wohnung sah, wäre nicht auf die Idee gekommen, dass hier eine türkische Familie zu Hause war. Das Wohnzimmer war in Braun gehalten, eine hellbraune Couch, ein großer Esstisch auf Rollen und die übliche Schrankwand samt Fernseher in der Mitte. Im Regal darüber standen die Bücher meiner Mutter, eine ganze Reihe Romane, Liebesromane vor allem. Und ihre Gebetbücher. Die sahen aus wie andere Bücher auch, nur die Schrift war türkisch. Kurz, man fühlte sich wie in jedem deutschen Wohnzimmer, mit Polstersesseln und einer Schrankwand von Möbel Höffner. Unser Kinderzimmer war einfach eingerichtet, ein Schrank, ein Schreibtisch für die Hausaufgaben, und das Tollste war das Stockbett, das Kerim und ich bekamen, als wir alt genug waren, um hochzuklettern. Ich liebte dieses Bett von Anfang an, wollte unbedingt oben schlafen und habe mich auch durchgesetzt. Allerdings ist meine Begeisterung schnell abgekühlt. Wir hatten nämlich vereinbart, dass jeden Abend abwechselnd einer von uns beiden das Licht ausknipste. Also musste ich jeden zweiten Tag, wenn ich schon gemütlich unter der warmen Decke lag, wieder aus dem Bett heraus und die kalten Sprossen hinunterklettern... Ich habe Kerim dann bald davon überzeugt, dass es oben viel schöner sei, und ihm schwesterlich den besseren Platz überlassen.

Die Wohnung war nicht groß, aber ich habe sie nie als eng empfunden, und wir waren sowieso fast jeden Nachmittag mit den anderen Kindern draußen. Wann wir wollten, liefen wir in den Garten, auf die Wiese und auf den Spielplatz, wir konnten auch auf der Straße herumtoben, Verkehr gab es damals wenig. An den Wochenenden hat sich die ganze Straße auf dem Spielplatz eingefunden: Erwachsene und Kinder, Väter und Mütter, Deutsche, Italiener, Türken und was für Landsleute sonst noch in der Straße gewohnt haben. Die Straße war wie ein kleines Dorf, ganz Flieden kam mir damals dörflich vor. Es gab gerade mal zwei Supermärkte, im Ortskern eine Eisdiele, ein paar Friseure, Sparkasse und Volksbank, den Bahnhof. Und mittendrin standen damals noch Bauernhöfe, bei denen man die Milch frisch aus dem Stall holen konnte.

Im Nachhinein weiß ich, dass Flieden nicht ganz so winzig war, wie ich als Kind dachte. Es wirkte beschaulich, weil es dort so ruhig war, weil das Leben unserer Familie in geregelten Bahnen verlief. Mein Vater hat Schicht gearbeitet. Wir wussten, wann er geht und wann er wieder nach Hause kommt, und daran orientierte sich unser Leben. Alles übersichtlich und aufgeräumt. Heute kann ich sagen: Ich habe mich geborgen gefühlt. In Flieden. Im Stockbett. Mit meinen Freunden und bei meiner Familie.

Das blieb auch noch so, als ich in die Schule kam, obwohl sich damit viel für mich änderte. Ich war zwar nicht unbedingt eine Top-Schülerin, aber auch nicht schlecht. Frau Hirth, meine erste Klassenlehrerin, legte großen Wert auf Disziplin. Sie war sehr streng, aber nie böse oder herrisch – streng, aber nett. Viel schwieriger war es mit meiner Kunstlehrerin. Die aß nämlich in den Pausen immer Fischbrötchen mit Zwiebeln, was man gerochen hat, und wie.

Eines war die Katharinenstraße nicht: Es war keine reiche Straße. Viel Geld hatte dort wohl keiner, aber das haben wir nie bemerkt, weil man den Mangel durch Zusammenhalt wettgemacht hat. Wenn jemand keine Zeit hatte, sich um seine Kleinen zu kümmern, weil er zum Arzt musste oder etwas zu erledigen hatte, dann hat jemand anderer solange auf die Kinder aufgepasst. Wenn ein Nachbarskind von der Schule nach Hause kam und die Mutter nicht da war, dann hat es bei uns geklingelt, sich zu uns an den Tisch gesetzt und mitgegessen, umgekehrt sind Kerim und ich auch oft bei den anderen Familien untergeschlüpft. Wer morgens seinen Sprössling zur Schule fuhr, hat so viele andere Kinder mitgenommen, wie ins Auto passten. Sorgen hätte sich deshalb keiner gemacht. Die Katharinenstraße war eine kleine Welt aus vier oder fünf Häuserblocks, in der jeder jeden kannte.

Glaubensfragen haben in diesem Alltag keine große Rolle gespielt, schon gar nicht haben sie uns getrennt. Wir sind Sunniten, und eine Etage über uns hat eine alevitische Familie gewohnt, die den Islam ganz anders auffasste als wir: Aleviten beten nicht in Moscheen, sie verehren den Imam Ali als den rechtmäßigen Nachfolger des Propheten Mohammed und legen den Koran freier aus. Früher hatten sich Sunniten und Aleviten deshalb bekämpft, in manchen Ländern tun sie das bis heute. Von dieser alten Feindschaft war bei uns nichts zu spüren, obwohl unsere Eltern uns davon erzählten, als wir alt genug waren. Unsere alevitischen Nachbarn hatten einen Sohn, ein Jahr jünger als mein Bruder, mit dem wir rund um die Uhr gespielt haben.

Natürlich war nicht alles schön und idyllisch. Ich erinnere mich an eine Nachbarin – sie dick, nudeldick, und ihr Lebensgefährte war dünn wie ein Streichholz. Über dieses komische Paar haben wir uns lustig gemacht und bekamen dann Ärger. Kinder mochte die Frau allerdings sowieso nicht, immer hat sie gemeckert, weil wir zu laut oder zu frech oder zu schmutzig waren. Aber irgendwie hat auch das dazugehört. Besonders an Feiertagen hat man gespürt, welche besondere Stimmung damals in der Katharinenstraße herrschte. Da gingen wir mit der Familie zum Grillen – und damit meine ich nicht nur uns vier, sondern die ganze Sippe. Fünf, sechs Familien zusammen, Bekannte und Verwandte, Onkel, Tanten und Cousinen, auch Nachbarn. In Flieden gab es einen großen Grillplatz, jemand brachte einen Kohlensack mit, ein anderer hatte seinen Grill dabei, und dann musste meistens noch mal wer loslaufen, weil ein einziger Rost für so viele Leute nie gereicht hätte. Man stellte eine Wanne mit Wasser auf, um das Geschirr abwaschen zu können. Irgendwer hatte immer eine Melone eingepackt, denn Melonenscheiben haben wir für unser Leben gern gegessen. Dazu gab es Paprika, süßen und scharfen, Köfte, Rindswürstchen oder Fleischspieße, alles kräftig mit Knoblauch gewürzt. Und immer stand mein Vater am Grill. Ganz gleich, welche Fotos aus dieser Zeit ich durchblättere: Auf jedem zweiten Gruppenfoto sehe ich ihn nah beim Feuer. Er aß leidenschaftlich gern Fleisch, und er hat das Grillen geliebt. Das kommt aus seiner Kindheit.

Der Blick auf diese fröhlichen Szenen täuscht allerdings darüber hinweg, wie fremd meinem Vater das Leben hier anfangs war. Deutschland muss ihm grau vorgekommen sein – das Grün zwischen Asphalt und Betonwänden eingesperrt, ein Land aus rechten Winkeln, in dem es nach Maschinen und Motoren riecht. So muss er es empfunden haben, als er aus Isparta hier ankam – aus einer Landschaft voller Farben und Düfte. Isparta ist eine Provinz im westlichen Taurusgebirge, etwa hundertfünfzig Kilometer nördlich von Antalya. Kaum fünfzig Menschen leben dort auf einem Quadratkilometer, und das ist der Durchschnitt, manche Landstriche sind weit dünner besiedelt. Hier in Isparta, in einem Dorf mit dem Namen Salur, war mein Vater aufgewachsen.

In der Ebene von Salur erstrecken sich Sonnenblumenfelder und Wäldchen, dahinter bauen sich die Berge auf, weite, felsige Karstlandschaften breiten sich bis zum Horizont aus, und in die Hänge haben sich tiefe Einschnitte gekerbt und Grotten eingegraben. Grün zieht sich die Bergflanken empor, bis es sich zu den Gipfeln hin im Graubraun verliert. In der Mittagshitze glühen die Felsenbänder orange, die Dachziegel leuchten zinnobersatt, die aus Lehm und Stroh gebauten Häuser schimmern in mattem Gelb, Gerstenfelder wiegen sich golden. Im Juli und August leuchtet der Himmel Tag für Tag in einem tiefen Blau, in dem allenfalls ein paar verirrte Wolkenschlieren zu sehen sind. Es ist ein Landstrich voller wunderbarer Gerüche, Königskerzen und Tragant blühen dort, Weißdorn und Jasmin, Föhren und Olivenbäume, Myrten und Pistazienbäume verströmen ihren Duft. Überall wuchern Dornpolsterheiden und Himbeergestrüpp, Lorbeer und Flockenblumen, deren stachelige Blätter sie gegen die gefräßigen Schafe schützen. Und nicht zuletzt die Rosen: Gut hundert Kilometer von Salur entfernt liegt die Provinzmetropole Isparta, die Stadt der Rosen. Seit jeher bauen die Menschen hier Duftrosen an, aus denen sie ätherisches Öl gewinnen. Isparta liegt in Rosen gebettet, umgeben von Feldern, auf denen die Blüten in sämtlichen Farben leuchten.

Als Kind hat mein Vater auf dem kleinen Bauernhof seiner

Eltern gelebt. Man stand damals früh am Morgen auf, kümmerte sich um die Tiere, verrichtete sein Tagwerk und ging abends zeitig zu Bett. In den Sommermonaten ist er als junger Bursche mit den Schafen in die Berge gezogen. Schafe waren hier alles, der Reichtum der Gegend: Mein Großvater war Schäfer, mein Onkel, der nie dort wegging, ist es heute noch. Seit Jahrhunderten ziehen die Hirten des Dorfes im Mai in die Berge und kommen erst im Spätsommer zurück. Wenn sie aufbrechen, werden sie vom ganzen Dorf verabschiedet, und es ist immer ein aufregender, großer Tag, wenn sie mit ihren Herden und Hunden losziehen. Ihre Familien begleiten sie noch ein Stück, bevor sie allein weiterwandern. Jedes Dorf hat in den Bergen sein eigenes Weidegebiet, wo die Hirten den Sommer über ihre Zelte aufschlagen. Sie tragen weiße Kittel, haben zum Schutz gegen wilde Tiere ein Gewehr dabei und immer Feldflaschen mit etwas zu trinken, es kann sehr heiß und trocken sein, Wasser ist da lebenswichtig. Am Ende des Sommers, bevor sie wieder gemeinsam ins Tal hinunterziehen, entzünden sie in ihrer letzten Nacht oben in den Bergen ein großes Feuer und nehmen eine letzte Mahlzeit ein. Das Feuer ist vom Dorf aus zu sehen, und alle wissen: Morgen werden unsere Söhne, Brüder und Ehemänner wieder bei uns sein.

Jeden Frühling mit den Schafherden hinaufzuziehen zu den Weidegründen hoch in den Bergen, jeden Spätsommer zurückzukommen ins Dorf, das war die Lebensordnung meines Vaters in seiner Jugend, ein Rhythmus von Fortgehen und Heimkehren. Manchmal hat er mir von den Nächten erzählt, die er oben in den Bergen verbracht hat: von eisig kalten Nächten nach heißen Tagen, in denen das Feuer knisterte und manchmal leise Pfiffe ausstieß, wenn der Wind in die Flammen griff und ein Funkengestöber hinauf in den Sternenhimmel tanzen ließ. Von Nächten, in denen die älteren Hirten Geschichten erzählten, schöne und unheimliche, in denen unbekannte, dunkle Tiere im Gestrüpp raschelten und die Hunde anschlugen.

Salur, die Berge, das Land Isparta: All das muss meinem Vater in Deutschland sehr gefehlt haben, und in seiner Erinnerung ist ihm diese Welt, die er hinter sich gelassen hatte, vermutlich noch schöner, noch leuchtender erschienen, und manchmal, in Momenten der Müdigkeit, wird er sich nach den Farben, Klängen, Düften seiner Heimat gesehnt haben.

Wie mag er sich gefühlt haben, als er im Oktober 1985, mit vierundzwanzig Jahren, nach Deutschland kam? Wie mögen ihm das kühle, fremde Wetter, die feuchte, fremde Luft vorgekommen sein, wie diese fremden Menschen und ihre fremde Sprache? Ich weiß es nicht, denn er hat mit mir nie über diese erste Zeit in Deutschland gesprochen – umso öfter hat er mir von seiner Kindheit in der Türkei erzählt, von seiner Jugend, seiner Schulzeit. Es war immer klar, dass er eines Tages dorthin zurück-, dort wieder leben wollte. Ganz allein war er jedoch nicht, als er hier eintraf. Viele Leute aus seiner Gegend waren schon vor ihm nach Deutschland gezogen. Freunde und Verwandte, Bekannte aus der Region Isparta, Menschen aus Salur. Sie teilten eine Vergangenheit, sie teilten Erinnerungen.

Nach Deutschland zu gehen bedeutete für einen Mann wie

meinen Vater, der in kargen Verhältnissen aufgewachsen war, neue Chancen und Perspektiven, eine Aussicht auf Wohlstand, die er zu Hause nie gehabt hätte. Deutschland war für ihn ein Sehnsuchtsort, an dem er ein besseres Leben aufbauen konnte. Im Grunde aber hat ihn die Liebe nach Deutschland geführt. Es mag überraschen, aber den Ausschlag für seine Umsiedlung gab letztlich, dass er hier endlich mit meiner Mutter, Adile Simsek, geborene Bas, zusammenleben konnte. Er war damals schon sieben Jahre mit ihr verheiratet, und doch lebten beide getrennt. Das wirkt seltsam, war aber für ihre Verhältnisse kein ungewöhnliches Schicksal. Mein Vater und meine Mutter waren beide in Salur aufgewachsen, sie kannten sich seit ihrer Kinderzeit und hatten die gleiche Schule besucht. Aber dann zog der Vater meiner Mutter als Gastarbeiter nach Deutschland, seine zwei Söhne und seine Tochter nahm er mit. Seine Frau und der älteste Sohn blieben zu Hause, schließlich stand fest, dass der Vater nach ein paar Jahren wieder zurückgehen würde, und tatsächlich ist mein Großvater später heimgekehrt. Als meine Mutter nach Deutschland ging, waren meine Eltern schon ein Paar. Sie haben sich Briefe geschrieben und haben sich immer gesehen, wenn meine Mutter ihre Ferien in Salur verbrachte. Später haben meine Eltern dann auch in der Türkei geheiratet. Das war 1978.

Nach ihrer Heirat lebten die beiden allerdings zunächst weiterhin getrennt: meine Mutter in Deutschland, mein Vater in der Türkei, wo er noch den Militärdienst absolvieren musste. So hatten sie einfach nicht die Möglichkeit, ein gemeinsames Leben aufzubauen, eine Familie zu gründen, und mussten über Jahre hinweg eine Fernbeziehung führen. Damit so etwas funktioniert, braucht es viel Grundvertrauen. Und entweder wächst dieses Vertrauen im Lauf der Jahre, oder man trennt sich früher oder später. Bei meinen Eltern wuchs es die ganze Zeit, und deshalb bestand später zwischen ihnen auch eine außergewöhnliche Nähe. Sie haben sich blind vertraut.

Von 1980 bis 1982 diente mein Vater bei der Armee in Ankara, in diesen Jahren haben sie sich kaum gesehen. Aber er hat ihr viele Gedichte geschrieben, häufig auf die Rückseiten von Fotos, die seine Kameraden von ihm gemacht haben. Auf einer dieser Aufnahmen liegt er in Uniform auf einer Wiese, die Rückseite des Bildes hat er ganz eng in seiner schönen Handschrift beschrieben. Es ist nicht leicht, diesen Text auf Deutsch wiederzugeben, denn die türkische Sprache funktioniert ganz anders als die deutsche, sie ist viel blumiger und poetischer. Es gibt in Deutschland viele merkwürdige, falsche Vorstellungen davon, wie türkische Männer angeblich mit Frauen umgehen. Deshalb übersetze ich hier diese Zeilen, die mein Vater als türkischer Soldat für seine Frau gedichtet hat:

Mein Herz ist schwer. Ich habe den Wunsch, dich zu sehen. Wenn ich Leuten begegne, die dich gesehen haben, dann will ich sie immer wieder fragen, wie es dir geht. Ich träume von dir. Ich bin so weit von dir entfernt, aber ich fühle dich immer in mir. Alle Leute, die mich mögen, sollen dieses Bild gut aufbewahren, es ist ein Erinnerungsstück von mir für euch: Wenn ihr an mich denken wollt, dann schaut euch die Bilder von mir an und seid nicht traurig, dass ich nicht da bin.

Dieses Gedicht und einen ganzen Packen weiterer Liebesbriefe habe ich erst vor fünf Jahren entdeckt. Ich war in der Türkei und ging seit langem wieder in das Haus, das mein Vater in seinem Heimatdorf gebaut hatte, seit seinem Tod hatte ich es nicht mehr betreten. In einem Zimmer stand die Brautkiste meiner Mutter, in der sie nach türkischer Tradition ihre persönlichen Sachen aufbewahrte. Ich habe hineingesehen, und es waren Teller, Handtücher, Aussteuer darin – und ein ganzer Ordner mit den Briefen meines Vaters. Als ich all das las, begriff ich ihre Liebe, ihre Sehnsucht damals. Ich bekam eine Ahnung, wie schmerzhaft es gewesen sein muss, wenn man sich zwölf Monate lang nicht sehen konnte. Einen dieser Briefe hat er genau hundert Tage vor dem Ende der Militärzeit verfasst, und er beschreibt darin, wie sehr er sich auf das Wiedersehen freut. Zwischen die Absätze hat er kleine Gedichte eingefügt, eines heißt: «Ich werde zurückkommen».

Schau dir mal dieses Schicksal an, was hat es mit mir gemacht: Das Schicksal hat mich ganz woanders hingeschickt als dich – und ich habe Sehnsucht nach dir! Aber bitte weine nicht, ich komme zurück! Auch wenn die Tage elend langsam vorübergehen – ich trage ein Bild von dir in mir. Und für den Fall, dass mir etwas passieren sollte, trag auch du ein Bild von mir in dir. Wenn ich an dich denke, kommen mir die Tränen. Aber ich komme zurück! Und es dauert gar nicht mehr so lange.

Immer wieder hat mein Vater solche Sätze geschrieben. «Bewahrt meine Bilder auf, das ist ein Andenken an mich.» Schon als junger Mann hat er darüber gegrübelt, dass man ja nicht wisse, was am nächsten Tag passiert, und deshalb hat er in seinen Briefen gebeten, dass man ihn nie vergessen solle, falls ihm etwas zustößt. Als habe er sein Schicksal geahnt.

Als meine Eltern sich Briefe schrieben, haben sie sich tagelang, wochenlang auf den Postboten gefreut. Wenn ich mich heute mit den Briefen meines Vaters beschäftige, ist es ein bisschen so, als würde ich alten Geschichten zuhören. Sie verraten Dinge, die meine Eltern selbst mir nie erzählten, und sie geben mir die Gewissheit, dass ich ein Kind bin, das aus Liebe gezeugt wurde. Es ist schön, diese Briefe zu lesen – zugleich aber auch schmerzhaft, wegen all dem, was dann geschehen ist. Diese Briefe stehen am Anfang eines gemeinsamen Lebens, das noch so lange hätte dauern sollen, und Vater hatte noch so viele Ideen für die Zukunft meiner Mutter. Er hat nie einfach nur für sich geplant, sondern immer auch für sie und für uns. Meine Eltern waren sicher, dass sie sich niemals trennen würden, und diesem gemeinsamen Leben haben sie ein schönes Zeichen gesetzt: Mein Vater hat in Salur ein Grundstück gekauft und darauf zwei Zedern gepflanzt, gemeinsam mit meiner Mutter. Den Baum, der meinen Vater symbolisiert, hat meine Mutter in die Erde eingesetzt, und umgekehrt. Die beiden Bäume stehen sich dort nun über seinen Tod hinaus gegenüber. Immergrün. Und sie wachsen.

Als mein Vater nach Deutschland kam, hatte er dichtes Haar und einen Schnauzer, wie er für viele Türken seiner Generation typisch war. Ein junger Mann mit kräftigen Armen, breitem Gesicht und einem unbändigen Tatendrang – nur hatte er leider keinerlei in diesem fremden Land brauchbare Berufsausbildung. Doch kam er zurecht, er konnte ja nun endlich, nach Jahren, bei seiner Frau sein. Zunächst schlüpfte er in Friedberg nahe Frankfurt bei seinem Schwiegervater unter, der dort mit seiner Tochter und den beiden Söhnen Hursit und Hüseyin wohnte. Hier lebten meine Eltern zum ersten Mal zusammen, wenn auch noch nicht unter einem eigenen Dach. Bald darauf kam ich zur Welt, ein Jahr später mein Bruder Kerim, und nach drei beengten Jahren in Friedberg zog die junge Familie dann nach Flieden, eine Autostunde entfernt.

In Deutschland zu leben hieß für meinen Vater vor allem: zu arbeiten. In Friedberg hatte er drei Jahre lang am Fabrikband malocht, gemeinsam mit Hüseyin und Hursit. Nun fing er bei der Firma Phönix, einem Automobilzulieferer in Sterbfritz, nicht weit von Flieden, als Schleifer an. Vater bevorzugte die Spät- oder Nachtschichten, die Zuschläge lohnten sich. Er schuftete im Akkord, und er meldete sich immer, wenn der Meister bekanntgab, dass er Leute für Überstunden brauchte. Durch diesen Fleiß brachte er in manchen Monaten viertausend Mark nach Hause, das war viel für einen Arbeiter. Deutschland war seine Gegenwart, Deutschland würde auch fürs Erste seine Zukunft sein, zumindest für die nächsten Jahre. Aber irgendwo in der Ferne wartete Isparta. Eines Tages, darin waren sich Mutter und Vater einig, würden sie dorthin zurückkehren. Deutschland war für sie eine Station. Deshalb hielten meine Eltern ihr Geld zusammen, lebten bescheiden, und schon nach ein paar Jahren hatten sie genug gespart, um Geld anzulegen: Sie schufen sich damit die Grundlage für ihr späteres Leben in der Türkei. Mit ein paar Landsleuten schlossen sie sich zu einer Art Genossenschaft zusammen. Jedes Mitglied musste zwanzigtausend Mark Startkapital einbringen, und mit der Summe kauften sie gemeinsam ein großes Stück Bauland in Salur und finanzierten dessen Erschließung. Der weitere Plan sah so aus, dass jeder Teilhaber Monat für Monat hundertfünfzig Mark einzahlen sollte. Mit dem Geld sollte zunächst ein Haus gebaut werden, zumindest ein mit dem Wichtigsten ausgestatteter Rohbau, dann noch einer und noch einer, bis in zehn oder zwölf Jahren eine Kleinsiedlung mit je einem Gebäude pro Mitglied entstanden wäre. Das Los sollte dann entscheiden, wer welches Haus bekäme.

Die deutsche Sprache haben meine Eltern eher nebenbei gelernt, bei der Arbeit, im Alltag. Meine Mutter ist in Deutschland zur Berufsschule gegangen, und mein Vater hat in seinen ersten Jahren in der Fabrik viel mit deutschen Kollegen zusammengearbeitet. Da haben sie einfach drauflosgesprochen. Es hat gereicht, um ein bisschen zu reden, sie konnten sich verständigen und haben alles verstanden, aber besonders gut waren meine Eltern beide nicht darin.

Zu Hause haben wir Deutsch und Türkisch geredet. Wenn mein Vater mir eine Frage auf Deutsch gestellt hat, habe ich auf Deutsch geantwortet, wenn er mich auf Türkisch gefragt hat, war die Antwort auf Türkisch. Bei uns gab es Bücher in beiden Sprachen, in beiden musste ich üben, und das war gut so, denn sonst könnte ich jetzt nicht so gut türkisch lesen. Bei meinem jüngeren Bruder haben sie das schon vernachlässigt, da waren sie irgendwie schon deutscher. Das zeigt eigentlich ganz treffend, wie unsere Familie zwischen Deutschland und der Türkei hin- und hergerissen ist. Genau wie es meinem Vater schwergefallen ist, sich an das Leben in Deutschland zu gewöhnen, so fällt es mir heute, nach meinem Umzug in die Türkei, oft schwer, mich an den dortigen Alltag zu gewöhnen, obwohl ich die Sprache spreche. Nach meinem bisherigen Leben in Deutschland fällt mir plötzlich auf, wie viel ich davon vermisse, von der Ordnung im Drogeriemarkt bis zum geregelten Straßenverkehr. Alles ist so übersichtlich, so schön aufgeräumt, alles hat seinen Platz – da geht es in der Türkei schon etwas chaotischer zu. Wenn man an das eine Leben gewöhnt ist, ist es nicht einfach, im anderen anzukommen. Das Essen in der Türkei ist so anders, die Milch dort ist richtig fett und schwer, und das Fleisch schmeckt mir zu intensiv. Und wenn ich das schon schwierig finde, ich mit all meinen Verwandten und nach meinen vielen Urlauben in der Türkei, wie viel schwerer muss es umgekehrt für meinen Vater gewesen sein? Für ihn war alles fremd, als er nach Deutschland kam. Ein anderes Land. Eine eigene Familie. Andere Gewohnheiten. Anderes Wetter.

Mein Vater war fleißig und verdiente gut bei Phönix. Aber er war nicht ausgelastet und obendrein sehr ehrgeizig. Also suchte er bald zusätzliche Verdienstmöglichkeiten. An seinen freien Wochenenden schloss er sich einer Putzkolonne an, säuberte verrußte Werkshallen, räumte Dreck und Schmutz weg. Genau wie meine Mutter, auch sie arbeitete auf mehreren Putzstellen. Vater hatte keine Ausbildung, aber er war schlau. Deshalb erkannte er schon bald, dass sich sein Lohn in der Fabrik nicht beliebig steigern ließ, egal, wie viele Stunden er dort auch schuften mochte. Und so begann er, nach weiteren Einkunftsquellen zu suchen. Er wusste zu kalkulieren und wickelte bald seine ersten Geschäfte als Selbständiger ab, zunächst allerdings eher Geschäftchen: Anfang der neunziger Jahre ließ er in einer deutschen Schlachterei Rinder schlachten und verkaufte das Fleisch dann, sauber in Portionen zerteilt, an türkische Landsleute. Die Verdienstspanne hielt sich leider auch hier in engen Grenzen.

Dann aber fielen meinem Vater die Blumenstände auf, die vielerorts am Straßenrand standen, in Parkbuchten oder Feldwegen. Die meisten bestanden aus nicht mehr als einem Klapptisch, einem Schirm und einer Kreidetafel, auf der Waren und Preise notiert waren. Viele dieser Klein- und Kleinstverkäufer waren Türken. Das könnte es sein! Aus seiner Heimat war Vater den Umgang mit Blumen gewohnt, er sah den Blüten an, ob sie frisch waren, und erkannte die ersten Anzeichen ihres Verfalls schon, bevor sie sichtbar welkten. Er hörte sich um und ließ sich die Dinge erklären: Woher bekommt man die Genehmigung, ohne festen Betriebssitz etwas auf der Straße zu verkaufen? Von wem kann man Blumensträuße beziehen? Welche Verkaufsstellen sind vielversprechend? Es ist im Grunde ganz einfach, sagten seine Gewährsleute: Die Deutschen nennen es «Reisegewerbe», du brauchst keine Geschäftsräume, keine Niederlassung, kein Lager, du brauchst nur ein Stück Papier, eine «Reisegewerbekarte», einen Straßenrand, an dem ordentlich Leute vorbeikommen – und die Blumen kriegst du bei Manfred, der verkauft sie aus seiner

Garage in Friedberg heraus, oder du gehst zum Großhändler, wo sich auch Manfred eindeckt.

So begann mein Vater 1991 seine Laufbahn als Blumenverkäufer, zunächst nur an den Wochenenden. Anfangs musste er Lehrgeld bezahlen: Er kaufte oft zu viele Sträuße und blieb darauf sitzen, weil der Großhändler sie nicht zurücknahm: Wie viel du dir holst, erklärte ihm der, ist deine Sache. Nach zwei Tagen sind die Sträuße nicht mehr frisch, ich kann die nicht weiterverkaufen. Behalte sie, wirf sie weg, schenk sie deiner Frau, deinen Nachbarn, mach Salat draus, aber zurücknehmen kann ich sie nicht... An anderen Tagen kaufte mein Vater zu wenig Blumen, stand schon am frühen Nachmittag mit leeren Händen da, musste nach Hause fahren und verpasste das beste Geschäft. Aber er begriff schnell. Muttertag zum Beispiel bedeutete: Er konnte viele Blumen verkaufen, dreimal oder fünfmal so viele wie an einem normalen Wochenende. Selbst Leute, die die bescheidenen Tisch-und-Schirm-Blumenstände am Seitenstreifen sonst keines Blickes würdigten, hielten am Muttertag plötzlich an und gaben viel Geld für einen prächtigen Strauß aus.

Natürlich unterliefen Vater Fehler, und es war in Deutschland leicht, etwas falsch zu machen. Immer wieder rückten ihm Polizisten oder Ordnungsbeamte auf die Pelle:

Junger Mann, das Werbeschild, das Sie da an den Leitpfosten gebunden haben – also, so geht's ja nicht! Haben Sie für Ihre Werbeschilder überhaupt eine Genehmigung? Nein, nicht die Gewerbekarte, Sie brauchen eine extra Genehmigung für das Schild. Haben Sie nicht? Das kostet natürlich etwas...

An Ihrem Stand fehlt Ihr Name, ist Vorschrift, und auf die Tafel hier müssen Sie die Blumenpreise schreiben, sonst könnten Sie die Preise ja gleich frei Schnauze machen, das wäre ja noch schöner ...

Es ist neunzehn Uhr, aber an diesem Standort dürfen Sie laut Genehmigungsbescheid des Liegenschaftsamtes nur bis achtzehn Uhr verkaufen ... So, Sie haben Ihre Reisegewerbekarte zu Hause ... Und Moment mal, Ihre Verkaufsfläche kommt mir auch ganz schön groß vor – dürfen Sie sich überhaupt so breitmachen?

Manchmal erklärten sie meinem Vater, er müsse jetzt zusammenpacken und den Platz räumen. In der Regel gehorchte er. Einmal aber stellte er sich taub und tat, als verstehe er nichts. Er hoffte, die Polizisten würden schon irgendwann gehen. Worauf sie kurzerhand sämtliche Blumen beschlagnahmten, die Ware musste «sichergestellt» werden, so nannten die Beamten das in ihrem Bericht. «Überschreitung der gesetzlich erlaubten Verkaufszeiten», «Nicht im Besitz einer Genehmigung nach dem Bundesfernstraßengesetz», «Unerlaubte Ausdehnung der mit Sondernutzungserlaubnis zugeteilten Fläche»: Es war immer wieder derselbe Kleinkram, immer wieder derselbe Ärger; dieselben Rügen, dieselben Strafen. Die Deutschen hatten für all das Worte, die in den Ohren meines Vaters grotesk zungenbrecherisch und absurd lang klangen. Das wichtigste hieß: «Ordnungswidrigkeit».

Anfangs musste mein Vater auch mal die Ellbogen ausfahren. Reibereien unter Blumenhändlern gehörten auf der Straße zum Alltag, manchmal hat er uns von den Diskussionen erzählt:

Hey, was machst du hier, ich habe meinen Stand nur ein paar Kilometer weiter, du machst mir das Geschäft kaputt, ich war zuerst da!
Ach ja, hast du die Straße gekauft, gehört sie dir?
Und du, hast du überhaupt eine Reisegewerbekarte?
Wer will das wissen? Bist du das Gewerbeamt?
So röhrten sie wie die Platzhirsche und markierten ihre Reviere. Die Alten pochten auf ihr Gewohnheitsrecht, die Jungen versuchten, sich in der Hackordnung ihren Rang zu ertrotzen. Es gab ungeschriebene Gesetze, und es gab Neulinge wie meinen Vater, die sie brachen, um voranzukommen. Die Älteren, die sich besser kannten und ihren Frieden miteinander gemacht hatten, erzählten sich gegenseitig oft unter Gelächter jene Geschichte von einem, der mitten in einem Streit drohend sein T-Shirt hochstreifte, seinen mächtigen Bauchspeck entblößte, eine dicke Narbenwulst wie eine Trophäe herzeigte und raunte: Siehst du das? Die habe ich mir bei einem Messerkampf geholt...

Auch mein Vater musste sich in dieser Gemeinschaft erst Respekt verschaffen. Einmal geriet er mit einem Pakistaner aneinander, der seine paar Blumen direkt neben dem Stand meines Vaters loswerden wollte. Der Mann schimpfte und schimpfte, mein Vater schwieg und schwieg, der Mann schimpfte weiter, und irgendwann schrie mein Vater zurück. Sie bauten sich voreinander auf, der eine schubste, der andere schubste zurück, und dann lag der Pakistaner in der Hecke, rappelte sich auf und trollte sich. Mein Vater hatte einen Sieg errungen – und eine Anzeige wegen Körperverletzung und Beleidigung am Hals.

So gärte und köchelte es bisweilen, aber wirklich ernste Konflikte gab es nicht. Im Grunde kannten die Blumenhändler einander und hatten alle mit denselben Problemen zu kämpfen, sie alle folgten demselben Lebensrhythmus. Samstagmorgen anfangen, Samstagmittag den Ärger über einen besonders pingeligen Polizisten in sich reinfressen, Samstagabend, wenn der Heimweg zu weit war, in irgendeiner Billigpension absteigen, Sonntag früh wieder verkaufen. Es gab richtige Szenehotels, Adressen, die sich herumsprachen: Da kannst du hin, ist recht sauber, der Preis stimmt, und der Kaffee ist... na, man kann nicht alles haben. Manchmal trafen sich an einem Samstagabend fünf, sechs, acht Händler in so einer Pension.

Mein Vater machte Fehler, zahlte sein Lehrgeld, focht seine kleinen Kämpfe aus – doch nach zwei, drei Jahren gehörte er zu den Routiniers. Blumensträuße zu verkaufen, das wurde ihm immer klarer, war ein gutes Geschäft. Es ließ sich womöglich ausbauen. Seine berufliche Existenz, seine Karriere in Deutschland nahm Gestalt an.

Etwa um die Zeit, da mein Vater mit dem Blumenhandel begann, wurde ich eingeschult, im Jahr darauf mein Bruder. Zu dieser Zeit war meine Mutter zu Hause. Sie hat damals noch wenig gearbeitet, und es war ihre wichtigste Aufgabe, sich um die Kinder zu kümmern. Wenn wir von der Schule heimkamen, stand das Mittagessen schon auf dem Tisch. Danach mussten wir, eiserne Regel, als Erstes die Hausaufgaben erledigen und einen Mittagsschlaf halten. Es war ein Ritual, ich sehe meine Mutter noch vor mir, wie sie die Gardinen zuzieht und sagt: So, jetzt müsst ihr schön schlafen. Das hat mir natürlich überhaupt nicht gepasst. Draußen hörte ich die anderen Kinder rumtoben, und ich musste mich hinlegen. Wir hatten feste Fernsehzeiten, immer von fünf bis sieben, und am Wochenende durften wir «He-Man» und «She-Ra» gucken. Abends hat uns Mama etwas vorgelesen oder türkische Geschichten und Märchen erzählt. Und vor dem Einschlafen mussten wir gemeinsam mit ihr beten. Sie hat uns Gebete beigebracht, hat sie vorgesagt, und wir mussten sie nachsprechen. Es geht in diesen Sprüchen darum, dass man am Ende des Tages noch einmal mit Gott reden, sich für den Tag bedanken sollte – dafür, dass man zu essen hat, dass es einem gutgeht. Man sollte die schönen Dinge, die man erlebt hat, an sich vorbeiziehen lassen und dafür dankbar sein. Mit diesem Gebet, hat meine Mutter gesagt, seid ihr behütet in der Nacht. Ihr träumt dann gut.

Meine Mutter war schon als junges Mädchen sehr gläubig, und sie ist es bis heute. Sie hat von klein auf fünfmal am Tag gebetet und besuchte an Feiertagen die Moschee. Ihr Glaube hat ihr sehr geholfen bei dem, was dann geschah. Die muslimische Religion war ihr aber schon vorher wichtig, als Richtschnur im Alltag. Es geht dabei um die grundlegenden Gebote, und die hat sie uns ganz früh beigebracht: Was uns nicht gehört, dürfen wir nicht anfassen, wenn wir nicht vorher gefragt haben. Ich soll nicht stehlen, ich soll nicht lügen. Das Gebot der Nächstenliebe hat sie uns mit ganz einfachen Worten erklärt: Was ich mir für mich selbst nicht wünsche, das soll ich auch keinem anderen Menschen wünschen. Meine Mutter hat ihre Nächstenliebe auch ganz praktisch ausgedrückt: Wenn mein Vater noch ein paar Blumensträuße vom Wochenende übrig hatte, dann hat sie mich in das neue Altersheim geschickt, das in Flieden gerade gebaut worden war. Ich solle die Blumen dort verteilen, die alten Leute würden sich freuen. Auch, dass ihr die Natur sehr wichtig war, hatte für meine Mutter mit ihrem Glauben zu tun. Sie hat uns ermahnt, nicht irgendwelche Pflanzen aus der Erde zu reißen. Das sind Lebewesen, hat sie gesagt, das tut ihnen weh. Wenn ich an deinen Haaren ziehen und sie ausrupfen würde, wie würdest du dich da fühlen, würdest du da keinen Schmerz spüren? Die Religion war für sie schon immer weit mehr als einfach nur Gebet. Die Religion ist ihre Grundlage für die moralische Erziehung von uns Kindern gewesen.

Genauso wichtig war der Zusammenhalt in der Familie, und das bedeutet für mich vor allem der enge Kontakt zu meinen Onkeln Hursit und Hüseyin. Diese Nähe rührt noch aus der Zeit in Friedberg her, als wir in meinen ersten Lebensjahren mit ihnen und meinem Opa zusammengewohnt haben. Diese Nähe hat uns getragen, als später all das Entsetzliche passiert ist.

Als ich 1986 geboren wurde, das erste Kind der Familie auf deutschem Boden, hat sich eine Zeitlang alles um mich gedreht. Meine Onkel haben sich gekümmert, mit mir gespielt, sind mit mir spazieren gegangen. Und als wir später nach Flieden zogen, bestanden sie darauf, dass ich jeden Sommer mindestens eine Ferienwoche bei ihnen in Friedberg verbringe. Hursit und seine Frau Ümmü sind lange kinderlos geblieben. Ich war für sie ein Ersatzkind, und diese besondere Beziehung hat sich erhalten, obwohl sie heute eine Tochter haben, Beyza. Bei ihnen sein, das war wie ein zweites Zuhause. Mein zweiter Onkel, Hüseyin, ist ein sehr ausgeglichener, verständnisvoller Mensch. Wenn ich früher Sorgen oder Probleme hatte, konnte ich mit ihm über alles reden, ohne Angst haben zu müssen, dass er es nicht versteht oder schimpft. Umgekehrt fühle ich mich auch für meine Cousinen und Cousins verantwortlich, für Beyza und die Kinder von Hüseyin, Emine und Bayram. Sie sind für mich wie leibliche Geschwister. Manchmal standen sie am Wochenende vor der Tür und haben bei uns übernachtet, das hat man einfach gemacht, das war normal – vielleicht ist das ja etwas Türkisches. Auch heute, wo ich in der Gegend von Salur lebe, kommt mein Schwager fast jeden Morgen zu uns zum Frühstücken, einfach so. In Deutschland würde man erst anrufen und fragen, ob's recht ist, und dann würde man sich verabreden – für übermorgen.

Etwas gemeinsam machen, das durchzieht alle Lebenslagen. Als Großfamilie sind wir fast jeden Sommer in die Türkei gefahren und haben die Ferien in Salur bei meiner Oma verbracht, und immer hatten wir Bekannte dabei. Wir fuhren in drei, vier Autos, wie in einer Karawane, nach Italien und von dort aus weiter mit dem Schiff. Meistens waren wir mit den gleichen Leuten unterwegs, denn man muss bei solchen Unternehmungen zusammenpassen, gemeinsam fahren, gemeinsam Pausen machen, frühstücken, aufeinander warten, zu einem Rhythmus finden, damit man sich nicht irgendwann auf die Nerven geht. Einmal hat ein Verwandter auf so einer Fahrt zu spüren bekommen, was passiert, wenn man diesen Rhythmus stört: Wir machten eine Rast, alle gingen auf die Toilette, nur er nicht. Als wir dann wieder weiterwollten, erklärte er plötzlich, er müsse jetzt doch noch, und verschwand in den Wald. Ich weiß nicht, wer die Idee hatte: Jedenfalls taten wir so, als ob wir ihm davonfahren, die Autos setzten sich in Bewegung ... drehten aber nur eine Runde über den Parkplatz. Er rannte uns hinterher und war vollkommen aufgelöst, es war ihm eine Lehre.

Wenn wir in Salur waren, haben sich alle Bekannten und Verwandten bei uns im Haus versammelt. Man saß beieinander, aß, unternahm was, hat Ausflüge gemacht. Salur ist klein, und vom Haus meiner Großeltern väterlicherseits kann man über den Acker zu meiner Oma mütterlicherseits laufen. Es gibt ein Café, wo die Männer hingehen, zwei kleine Läden, drei Moscheen und einen Friedhof – dort ist jetzt mein Vater begraben. Für uns Kinder steckte die Gegend voller Geheimnisse, die Ferien dort waren immer ein Abenteuer. Da ist zum Beispiel dieser besondere Baum, von dem man sagt, darunter schlafe im Erdreich ein alter Mann. Neben dem Baum entspringt eine Quelle, und wenn man ein Geldstück hineinwirft, kann es passieren, dass das Wasser zu blubbern anfängt, weil der Küküdede, der Blubber-Opa, erwacht ist und von unten ins Wasser bläst – und dann, so heißt es, soll ein Wunsch in Erfüllung gehen. Als Kind habe ich mir hier jedes Jahr etwas gewünscht, immer nur eine Sache, mehr traute ich mich nicht. Einmal, mit neun oder zehn, verbrachte ich eine Woche bei den Schafhirten in den Bergen. Sie hatten einen braven Esel, mit dem ich spielen konnte, und scharfe, gefährliche Wachhunde, zu denen ich erst Abstand hielt. Aber nach zwei Tagen wussten sie, dass ich zur Familie gehörte.

Ich erinnere mich gut an den letzten gemeinsamen Urlaub in Salur, das war 1999. Einen Abend sehe ich noch ganz klar vor mir. Meine Mutter und mein Bruder schliefen schon. Mein Vater hatte die Obstbäume im Garten gegossen, dann ein paar Kirschen und Pfirsiche gepflückt und sich auf den Balkon gesetzt. Ich war schon auf meinem Zimmer gewesen, es war elf oder zwölf Uhr nachts, vielleicht später, aber ich war noch wach und bin noch mal raus, ich weiß nicht mehr, warum. Jedenfalls sah ich Vaters Silhouette im Dunkeln und setzte mich zu ihm. Ich fragte ihn, warum er nicht im Bett ist, ob er nicht schlafen kann, ob ihn irgendwas beschäftigt oder bedrückt. Nein, sagte er und deutete auf den Lichtschein in der Ferne, auf das Feuer, das aus dem Dunkel der Berge leuchtete. Und er hat mir erklärt, dass die Hirten in dieser Nacht Feuer machen und miteinander essen. Dass sie danach wieder ins Tal kommen. Er wartete auf die Schafe, wie früher, und ganz leise, irgendwo in der Ferne, konnte man tatsächlich schon ihre Glöckchen hören. Mein Papa hat mir erzählt, was für ein besonderer Tag das für die Hirten ist, der Tag, an dem sie zurückkehren in ihr Heimatdorf. Dass er früher auch einer von ihnen gewesen ist und wie froh er an diesem Tag immer war. Und dass er eines Tages selber hierher zurückkommen wolle, nach Salur. Ich habe gespürt, wie glücklich er in dem Moment war. Ein Jahr später haben sie ihn erschossen.

ZWEITES KAPITEL
EINE DEUTSCHE KARRIERE

Blumensträuße beim Großhändler zu erwerben und diese an der Straße weiterzuverkaufen, reichte meinem Vater schon bald nicht mehr. Warum, fragte er sich, sollte er sich nicht einfach die viel billigeren Schnittblumen beschaffen und die Sträuße selber binden? Eines Tages besorgte er sich lose Blumen, setzte sich in unseren Keller und probierte es aus, nach dem Prinzip von Versuch und Irrtum. Er hatte noch nie einen Blumenstrauß gebunden, aber unzählige waren schon durch seine Hände gegangen. Das Erste, wonach er griff, waren die Chrysanthemen. Danach Gerbera und Schleierkraut, dazwischen grüne Blätter. Er nahm Orchideen und steckte Rosen in die Mitte. Er arbeitete nicht schnell, sondern fügte sorgfältig eins zum anderen, und zum Schluss wagte er kleine Experimente. Von seinem letzten Besuch in die Heimat hatte er Rosenöl aus Isparta mitgebracht. Damit beträufelte er seine ersten selbstgebundenen Sträuße. Sie verkauften sich besser als die fertigen. Nach ein paar Wochen, er hatte mehr und mehr Sträuße selbst fabriziert, fragte ihn eines Mittags auf der Straße oder eines Abends in einer der Billigpensionen der erste Händlerkollege: Woher hast du denn die schönen

Sträuße? Wie – selber …? Kannst du mir auch welche machen?

Jetzt erkannte mein Vater seine wirkliche Chance. Schnittblumen beim Großhändler einkaufen, daraus Sträuße binden und die verkaufen, das war noch nicht ideal. Was, so überlegte er, wenn er die Blumen gleich selbst dort holte, wo die Rohware billig ist? Wenn er den Großhändler umging? Schon das würde wesentlich größere Gewinnspannen erzielen. Und was, wenn er andere Händler gleich mitversorgte? Dann wäre er kein Straßenhändler mehr, sondern selbst ein Großhändler. Er könnte auch beides machen. Sträuße herstellen, Kollegen beliefern, selber weiterverkaufen. Für ihn allein mit seinen beiden Händen würde das allerdings langsam etwas zu viel … Vater war unternehmungslustig und entschlossen, er konnte arbeiten bis zum Umfallen und scheute kein Risiko, und er wollte sein Geschäft unbedingt vergrößern. Also beschloss er, den nächsten Schritt zu wagen. Selbst wenn er dafür noch mehr buckeln, sich noch stärker selbst ausbeuten müsste als bisher. Er tat es, und er tat es für uns. Das Blumengeschäft war mittlerweile längst größer als ein Nebenjob für das Wochenende, wenn in der Fabrik das Band stillstand. Mein Vater spürte schon seit längerem: Mit Blumen ließe sich in diesem grauen Land etwas erreichen.

Nun veränderten sich die Dimensionen, es ging plötzlich um mehr als einen Klapptisch am Straßenrand. Der Weg dorthin führte über Holland. An der großen Blumenbörse im niederländischen Naaldwijk kann nicht jeder einfach so mitsteigern. Die Coöperatieve Bloemenveiling FloraHolland, die die tägliche Großauktion organisiert, ist eine Genossenschaft, ein Dienstleister für mehr als fünftausend Mitglieder. Wer mitbieten will, braucht eine Kundenkarte – und die bekommt man nicht so ohne weiteres, wenn man als türkischer Kleinhändler aus Deutschland mit einem Mercedes Sprinter angefahren kommt. Mein Vater hatte einige erfolglose Versuche unternommen, an der Auktion teilzunehmen, bis er einen holländischen Geschäftspartner fand, der ihm seine Karte tageweise gegen zehn Prozent Provision überließ. Das war der Beginn: 1995 stieg mein Vater in den Großhandel ein. Doch noch immer war es ein Nebenerwerb.

Da stand er nun in einer riesigen, kühlen Halle, in die jeden Tag Abertausende Container voller Blumen rollten – Blumen aus holländischen Gewächshäusern, Blumen aus Kenia, aus Israel und Äthiopien, Blumen, Blumen, Blumen –, zusammen mit zweitausend Blumenhändlern aus halb Europa. Zweitausend Konkurrenten im geordneten Streit um den billigsten Preis. Morgens um sechs Uhr kommen sie an, prüfen die Ware, achten auf Blütenblätter und Stiele und überlegen: Was brauche ich? Was ist mir wie viel wert? Die Halle ist wie ein Hörsaal geformt, ein nach hinten in Treppen aufsteigendes Halbrund, und vorn an der Wand hängen die riesigen Blumenuhren, die den Preis der hereinrollenden Ware anzeigen. Die Verkäufer sagen, wie viel sie verlangen, die Uhr zeigt diesen Preis an und beginnt zu ticken. Und dann fällt der Preis langsam, bis ein Interessent auf seinen Kundenknopf drückt. In dem Moment erhält er den Zuschlag. Eine umgekehrte, aber sinnreiche Versteigerungslogik: Der Weg führt von teuer nach billig.

Wer hier bestehen will, braucht eine rasche Auffassungsgabe, einen klaren, sicheren Blick für die Qualität der Ware, und er muss wissen, was er will, muss rechnen, überschlagen, kalkulieren können. Nicht zuletzt braucht er gute Nerven. Drückt er den Knopf zu früh, wenn der Preis auf der Blumenuhr noch hochsteht, dann darf er sich zwar seine Ladung in den Laster packen – aber er hat sich die Gewinnspanne verdorben. Zögert er zu lang, ist er zu geizig, dann kommt ihm ein anderer zuvor und nimmt die Blumen mit. Leise geht es zu bei diesen Versteigerungen. Kein Auktionator prügelt mit dem Hammer auf einen Tisch ein. Kein Händler fuchtelt wild mit den Armen oder brüllt seine Gebote in die Halle. Es gibt nur die Uhren. Und die Knöpfe: Verkauft!

Als mein Vater das erste Mal zusah, hat er vermutlich nur in Gedanken mitgesteigert. Er war ein besonnener Mann, er studierte eine Sache genau, bevor er handelte. Vielleicht tippte er sich auf den Schenkel, als er dachte: Jetzt müsste man... Er wird schnell gespürt haben, dass ihm das alles liegt. Denn nun fuhr er Woche für Woche nach Naaldwijk, und von Woche zu Woche entwickelte sich sein Geschäft, wurde schnell größer und wichtiger. Kleinere Händler begannen, ihn als zuverlässigen Straußlieferanten zu schätzen, erst wanderten einzelne zu ihm ab, dann immer mehr: Probier's mal bei Simsek. Es sprach sich herum. 1996 eröffnete er ein eigenes Lager im Industriegebiet am Ortsrand von Schlüchtern, einem Städtchen mit sechzehntausend Einwohnern, zehn Kilometer südlich von Flieden gelegen. In einem ehemaligen Schwimmbad zog Vater Holztrennwände ein – fünfzehn Quadratmeter Büro, hundert Quadratmeter Arbeitsraum, hundertfünfzig Quadratmeter Lagerfläche und sechzig Quadratmeter Kühlraum. Und damit begann auch für uns Kinder ein neues Leben.

Kurz nachdem mein Vater seinen Betrieb in Schlüchtern eröffnet hatte, zogen wir dorthin um, ich war damals in der fünften Klasse. Das geregelte, ruhige Leben, das wir bislang gewohnt waren, gab es nun nicht mehr. Meine Mutter war oft im Lager und hatte kaum mehr die Zeit, uns Mittagessen zu kochen. Mein Bruder und ich holten uns damals oft einen Döner oder Pizza, oder wir gingen nach der Schule ins Lager und haben dort gegessen. Das gemeinsame Frühstück fiel ebenfalls aus, wir kauften uns stattdessen etwas vom Bäcker. Wir haben kaum noch Freizeit miteinander verbracht, obwohl meine Eltern in Schlüchtern einen Garten gepachtet hatten, in dem wir anfangs grillten. Das Grundstück gehörte zu einem deutschen Gartenverein, der schon viele türkische Mitglieder hatte, durch die Anlage floss die Kinzig, ein kleiner Fluss, daneben lag ein Sportplatz, auf dem wir zusammen Fußball spielten, wenn meine Eltern Zeit dafür fanden. Das war allerdings immer seltener der Fall. Aus dem gleichen Grund fielen auch die langen Sommerurlaube aus. Wir fuhren nicht mehr jedes Jahr mehrmals in die Türkei, und wenn, dann höchstens für zwei, drei Wochen. Mehr war nicht möglich, denn das Geschäft meines Vaters wuchs und wuchs.

Obwohl ich die Katharinenstraße so gerne mochte, hat es mir nicht viel ausgemacht, dort wegzuziehen, denn ich war gespannt auf das Neue. Wir kannten auch in Schlüchtern schon Leute, dort hatten sich viele Türken aus Salur angesiedelt, oft mit ihren Kindern, die hier mittlerweile Familien gegründet hatten. Man kannte sich, und mit der Zeit war daraus eine große Gemeinschaft gewachsen. Auch viele meiner Schulkameraden waren nach Schlüchtern umgezogen, sodass ich in der neuen Schule zum Teil mit meinen alten Freunden in einer Klasse war. Für meinen Bruder war es komplizierter. Weil er jünger war, hatte er weniger Freunde und kannte nun auf einmal niemanden mehr, und er vermisste das Dorfleben in Flieden. Schlüchtern war eine Stadt, dort gab es keine Bauernhöfe, und wir haben direkt an der Straße gewohnt, auch war dort viel mehr Verkehr. Als seine Schwester habe ich mich nun öfter um Kerim gekümmert. Wir waren zusammen auf der gleichen Schule und auch sonst ganz eng; es gab Zeiten, da ich mit ihm Auto gespielt habe und er mit mir und meinen Barbiepuppen. Für Kerim bin ich allerdings nicht Semiya, er nennt mich nicht bei meinem Namen. In einer türkischen Familie muss man zur älteren Schwester Abla sagen, und meine Eltern haben immer Wert darauf gelegt, dass er sich daran hielt. So ist ihm immer, wenn er mich anspricht, bewusst: Ich bin seine ältere Schwester, und er sollte mir Respekt entgegenbringen. Umgekehrt weiß ich immer, wenn er mich anspricht, dass ich für ihn Verantwortung trage. Das alles drückt das Wort Abla aus. Mein Bruder und ich haben immer gewusst, dass wir einander haben, auch in den schwersten Momenten. Kerim tut wie viele Männer, als hätte er eine harte Schale. Aber er macht viel mit sich selber aus und ist tatsächlich sehr weich und empfindsam.

Von Anfang an haben meine Eltern uns zur Selbständigkeit erzogen. Wir haben nicht überbehütet gelebt. Als sie beide im Blumenhandel gearbeitet haben, mussten wir sowieso allein zurechtkommen, doch auch schon, als ich etwa zehn war und wir noch in Flieden wohnten, haben sie das mit uns eingeübt, haben mich allein zum Einkaufen oder zum Hausarzt geschickt. Mit der Zeit durften wir immer mehr selber entscheiden. Was wir taten, was wir bleibenließen. Wir wurden nicht eingeschränkt, nicht von unseren Eltern, auch nicht von unserer Religion. In der vierten Klasse hatten wir Schwimmunterricht, und einige muslimische Mädchen durften daran nicht teilnehmen. Auf so ein Verbot wäre meine Mutter nie gekommen, sie ist zwar sehr gläubig, aber sie trennt das. Im Sommer haben wir die meiste Zeit im Freibad verbracht, Mama hat uns mittags hingefahren und abends abgeholt. Ich musste nie ein Kopftuch tragen, auch meine Mutter trug als junge Frau keines, sondern hatte ihr Haar lang und offen. Und obwohl sie heute ein Tuch umlegt, hat sie immer verstanden, was Freiheit bedeutet. Sie mag auch Haustiere nicht so sehr, weil ihr Hamster und Vögel im Käfig leidtun. Meine Eltern erzogen uns dazu, eigene Entscheidungen zu treffen. Später, als alles drunter und drüber ging und unser Leben von einem Tag auf den anderen fast auseinanderbrach, hat uns das sehr geholfen.

Diese Freiheit zeigte sich auch darin, wie ich als Mädchen behandelt wurde. Da machten meine Eltern nämlich keine Unterschiede. Als jeder Inliner fuhr, haben sie uns selbstverständlich zwei Paar gekauft. Dass meinem Bruder etwas erlaubt gewesen wäre, mir als Mädchen aber nicht – so etwas gab es bei uns zu Hause nie. Meine Eltern waren sich da vollkommen einig, und das galt auch für unsere Ausbildung, auf die mein Vater großen Wert gelegt hat. Er wollte mich unbedingt in Amerika studieren lassen, da seien die besten Hochschulen, meinte er. Deshalb hat mein Vater auch mit mir gelernt, wenn er am Wochenende mal Zeit hatte, Mathe vor allem. Darin war er nicht nur selber gut, er konnte es auch prima erklären und hat mit mir geübt. Er schrieb das Einmaleins in Zehnertabellen auf ein kariertes Blatt und fragte mich dann ab. Genauso beim Lesen: Meine Eltern haben Bücher gekauft, dann musste ich mir zehn oder zwanzig Seiten vornehmen und anschließend erzählen, was drinstand. Er selber müsse hart arbeiten, sagte er, sein Leben sei anstrengend und erschöpfend, und wer gut ausgebildet sei und den richtigen Job habe, der habe es leichter, der müsse körperlich nicht so schuften. Meine Mutter hätte als junge Frau gern studiert, die finanzielle Lage ihrer Eltern ließ das allerdings nicht zu. Aber der Gedanke daran ist in ihr wachgeblieben, und so war sie immer fest entschlossen, wenigstens ihren Kindern diese Möglichkeit zu geben.

In seinem Sprinter hatte mein Vater sich aufs Unterwegssein eingerichtet. Er hatte ein Autotelefon dabei, zudem das Nötigste für die Arbeit und den Alltag: Kaffeekanne, Vesperdose, Salz, eine Wasserflasche, ein paar Musikkassetten, Gartenschere und Schraubenzieher, Notizblock, Handreiniger und Taschenlampe. Und stets eine Packung Paracetamol, um Fieber wegzudrücken oder wenn mal wieder, und das geschah immer häufiger, die Bandscheiben schmerzten. Auf der Kühlerhaube prangte zweifach der Schriftzug «Simsek Blumen», von rechts wie von links lief er nach vorne auf den Mercedesstern zu. Der Sprinter reichte bald nicht mehr aus. Mein Vater kaufte einen Mercedes 817 L; einen Siebeneinhalbtonner, ausgestattet mit Stahlregalen und Kühlanlage, finanziert durch einen Bankkredit. Auch die Schrift wurde größer. «Simsek Blumen Groß- und Einzelhandel» stand da nun auf der Plane. Den Straßenhandel weitete er entsprechend aus. Aus einem Standort wurden zwei und später vier. Mein Vater stellte Leute ein, baute sich einen Mitarbeiterstamm auf: Blumenbinder, Verkäufer, die seine Stände betreuten, Helfer, die ihn auf den Hollandfahrten begleiteten, damit er unterwegs auf dem Beifahrersitz ein paar Stunden schlafen konnte. Er überredete vor allem Landsleute, bei ihm zu arbeiten. Sie sollten nicht zu Hause oder im Café sitzen, sondern etwas tun. Geld zu verdienen sei doch besser, als Geld auszugeben.

Dass er sich vor allem mit türkischen Mitarbeitern umgab, hatte zwei Gründe. Zum einen waren darunter viele Verwandte oder Bekannte, die er unterstützen, denen er Perspektiven eröffnen wollte. Zum anderen vertraute er ihnen einfach, denn viele Türken in Schlüchtern stammten aus der Gegend von Salur. Es gab keine schriftlichen Übereinkünfte oder Verträge, oft noch nicht einmal konkrete mündliche Abmachungen. Mein Vater bezahlte so viel, wie es das Tagesgeschäft hergab und ihren Leistungen entsprach, und er bezahlte immer bar – genau wie auch diejenigen, die bei ihm Sträuße einkauften, ihn bar bezahlten. Woche für Woche holte er in Naaldwijk Blumen für sechstausend, achttausend Mark, vor Feiertagen wie Weihnachten oder Ostern auch mal für dreißigtausend Mark, und einmal, vor einem Muttertag, brach er gar mit fünfzigtausend Mark in bar nach Holland auf – er hatte vor der Fahrt eigens einen Kredit aufgenommen und sich bei Verwandten Geld geliehen. Und nach seiner Rückkehr banden er und an die dreißig Mitarbeiter, Verwandte, Bekannte und Aushilfen gut zwanzigtausend Sträuße, mit denen dann all die Händler beliefert wurden, die mittlerweile bei ihm einkauften. In solchen Wochen machte er sechsstellige Umsätze. An einem guten, warmen Sommertag nahm er an seinem Standplatz in Nürnberg rund zweitausend Mark ein, an einem besonderen Tag wie Muttertag konnten es auch achttausend sein.

Es ging der Firma gut, es ging unserer Familie gut, aber auch den Angestellten. Die Blumenbinderinnen lobten das gute Betriebsklima, der Hausmeister empfand meinen Vater als freundlichen und umgänglichen Menschen, seine holländischen Geschäftspartner von der Blumenbörse schätzten, dass er viel, schnell und verlässlich arbeitete, Lieferanten wie Belieferte erlebten ihn als entschlossenen, aber fairen Verhandlungspartner. Er bezahlte pünktlich die Miete, er bediente zuverlässig seine Schulden bei der Bank. Mein Vater war innerhalb von wenigen Jahren vom Bandarbeiter zu einem geschätzten, erfolgreichen Geschäftsmann geworden.

Je mehr sein Betrieb wuchs, desto rücksichtsloser beutete er sich selbst aus. Nur am Montag begann sein Arbeitstag etwas später, da tankte er Kraft und Konzentration für die Reise nach Holland, die am Wochenbeginn anstand. Er sah sich in Ruhe die Buchhaltung an, schaute im Lager nach dem Rechten, packte den Lkw und machte sich reisefertig. Gegen neun Uhr abends fuhr er dann los, die Nacht hindurch auf der A 45 nach Nordwesten, über Frankfurt, Dortmund und die holländische Grenze, vorbei an Arnheim und Utrecht, bis hinter Rotterdam dann Naaldwijk an der Nordsee erreicht war. Manchmal war weniger Verkehr, und es ging schneller, dann blieb ihm noch Zeit, um auf einem Rastplatz ein bisschen zu schlafen, bevor er pünktlich um sechs Uhr morgens die Auktionshalle betrat und an der stundenlangen Versteigerung teilnahm. Danach belud er den Lastwagen und trat die Heimfahrt an. Am Dienstagabend gegen neun oder zehn Uhr, manchmal auch erst um Mitternacht, war er zurück.

Die nächsten Tage liefen ähnlich ab: Am Mittwoch und Donnerstag stand er von morgens um sieben bis abends um acht im Lager, Sträuße binden, Sträuße binden, Sträuße, Sträuße, Sträuße. Denn zum Wochenende hin würden die Händler kommen und sich eindecken wollen. Am Ende so einer harten, vollgepackten Arbeitswoche ohne freie Stunden kam das Wochenende – an dem mein Vater sich nicht etwa erholte, sondern sich vom Groß- zurück in einen Straßenhändler verwandelte. Samstag gegen fünf Uhr früh fuhr er zur Parkbucht bei Nürnberg, klappte seinen Tisch auf, spannte seinen Schirm auf und stellte die Werbeschilder an die Straße. Meist fuhr er zuvor noch andere Standorte an, wo bereits seine Verkäufer auf ihn warteten, gab jedem zweihundert Mark Wechselgeld und sechzig bis achtzig Sträuße. Den Tag über stand er dann selbst am Stand und verkaufte. Abends war es meist zu spät, um noch nach Hause zu fahren, und außerdem wollte er am Sonntag ja wieder an der gleichen Stelle stehen. In Allersberg, zwanzig Kilometer südlich von Nürnberg, gab es eine billige Pension, die bei den Blumenhändlern beliebt war. Dort traf er irgendwann zwischen acht und neun Uhr abends ein. Manche der Männer schauten noch fern im Aufenthaltsraum, mein Vater setzte sich selten dazu. Meist trank er nur einen Kaffee, unterhielt sich noch kurz mit den Händlerkollegen, tauschte sich über die Geschäfte aus und zog sich dann auf sein Zimmer zurück. Er muss hundemüde gewesen sein, und ohnehin trug er sein Herz nicht auf der Zunge. Das wenige, das er seiner Wirtin erzählt hat, drehte sich um uns, um seine Familie. Am Sonntag um acht Uhr in der Früh stand er schon wieder an der Straße, den lieben langen Tag. Irgendwann gegen Abend kam er dann nach Hause. Damit war die Woche meines Vaters zu Ende, manchmal hatte er siebzig Stunden gearbeitet, manchmal achtzig und mehr.

Im Sprinter, in dem mein Vater gestorben ist, hatte er auch ein Bild von mir. Ich war Papas Prinzessin, schon immer. Ich hing so sehr an ihm wie er an mir. Als ich noch klein war, hat er mir oft die frisch gewaschenen Haare gekämmt, was ich sehr mochte. Etwas später, in der Pubertät, wurde meine Mutter dann wichtiger für mich, da ging es um Sachen, die sich am besten von Frau zu Frau besprechen lassen. Das konnte ich gut mit meiner Mutter. Sie war verständnisvoll. Sie ist es bis heute.

Wenn er wochenends Blumen verkaufte an der Straße, habe ich ihn öfters begleitet. Vor fast jeder dieser Fahrten versteckte er einen Schokoriegel im Auto – und zwar so gut wie immer am selben Ort. Wenn ich heute ein Snickers esse, muss ich an meinen Vater denken. Wir sind morgens los, er hat seinen Stand aufgebaut und noch ein paar Sträuße fertig zusammengesteckt, und ich wollte das dann immer auch machen. Er hat mich meistens einen Strauß binden lassen, aber es sah natürlich nie so schön aus wie bei ihm. Er hat mein Werk dann wieder aufgedröselt und neu gesteckt. Mir war eigentlich nicht langweilig mit ihm, auch wenn nicht viel geschah an diesen Samstagen. Ich spielte Nintendo, las ein Buch oder studierte die Schnecken im Gras. Meistens hatte ich einen Ball dabei – und wenn gerade keine Kundschaft da war, haben wir ihn uns zugeworfen. Im Grunde habe ich am Straßenrand auch Mathe gelernt: Ich durfte kassieren und Wechselgeld rausgeben. Auch da habe ich manchmal Fehler gemacht, aber Vater ertrug das mit einer Engelsgeduld. Er war überhaupt der ruhigere, mit meiner Mutter hatte ich jedenfalls mehr Streit. Manchmal habe ich es ausgenutzt, dass mein Vater in der Regel auf meiner Seite stand. Wenn ich mich mit Mama fetzte, wusste ich genau, dass ich zu ihm flüchten konnte und er mich verteidigen würde. Das konnte aber auch schiefgehen und ihn treffen. Eines Tages hatte ich eine schlechte Note nach Hause gebracht, meine Mutter war stinksauer und hat mit mir geschimpft, bis mein Vater dazukam. Kaum war er da, hat er sein Fett wegbekommen: Er erziehe mich viel zu nachlässig, hat sie ihm vorgeworfen, er lasse mir alles durchgehen. Mein Vater hat das zuerst nicht ernst genommen und wollte alles an sich abgleiten lassen, aber meine Mutter hat immer weiter geschimpft. Vielleicht war ich in diesem Moment auch nur der Auslöser, vielleicht brach da etwas aus ihr heraus, was schon länger gärte und mit ihm zu tun hatte. Jedenfalls haben wir beide nun ihren Zorn zu spüren bekommen. Weil mein Vater aber ruhig geblieben ist, wurde meine Mutter derart wütend, dass sie schließlich rausrannte, sich ins Auto setzte und davonrauschte. Vater fuhr ihr vorsichtshalber bis zur Autobahn hinterher und beobachtete aus der Entfernung, ob sie Richtung Fulda oder Richtung Frankfurt einbog. Richtung Frankfurt hieß, sie war auf dem Weg nach Friedberg zu ihren Brüdern, wo er sie gut aufgehoben wusste, Fulda hätte ihm Sorgen gemacht, da gab es kein festes Ziel, und er hätte ihr folgen müssen. Sie nahm die Auffahrt nach Frankfurt, also drehte mein Vater beruhigt um. Aufhalten hätte er sie sowieso nicht können, dafür ist meine Mutter viel zu temperamentvoll. Ihrer Wut konnte man nichts entgegensetzen, da half nur warten und still sein, bis das Unwetter sich verzogen hatte. An diesem Abend haben wir uns sogar lustig darüber gemacht. Sie hat wieder ihre Phase, haben wir gesagt und gelacht. Zwei Tage später haben wir sie in Friedberg abgeholt, es war alles wieder gut.

Mein Vater hat nur einmal so einen Ausbruch gehabt. Die Zufahrt zu unserem Lager in Schlüchtern war abschüssig, und mein Bruder und ich sind mit den Inlinern liebend gern die Schräge runtergesaust. Was wir eigentlich nicht durften, weil es zu gefährlich war. Dieses eine Mal hatte uns Vater erwischt und sagte, wir sollten das lassen. Wir haben nicht auf ihn gehört. Er wiederholte die Mahnung, aber wir sind einfach weitergefahren und taten, als hätten wir ihn nicht verstanden. Er hat's erneut gesagt, und wir haben es wieder ignoriert – und da hat er uns angeschrien. Er ist tatsächlich einmal, dieses eine Mal ausgerastet. So hatte ich ihn noch nie erlebt, es blieb auch das einzige Mal, und ich war weniger erschrocken als erstaunt, sodass ich sofort meine Inliner ausgezogen habe. Die Sorge um uns hat ihn zum Schreien gebracht, die Angst, dass wir uns weh tun könnten, warf ihn aus seiner Ruhe und Ausgeglichenheit. Ansonsten sagte er schon, wenn ihn etwas nervte, ärgerte oder beschäftigte, aber meistens ging es dabei um Geschäftliches. Doch nachtragend war er nie.

Und er war alles andere als ein Pascha. Wenn meine Eltern von der Arbeit kamen, haben sie sich in die Küche gestellt und gekocht, zusammen haben sie Gemüse geschnitten und in den Töpfen gerührt. Die traditionelle Rollenverteilung zwischen Mann und Frau, die Trennung der Aufgaben – er arbeitet draußen, sie kümmert sich zu Hause um Kinder und Küche –, das gab es in unserer Familie nur ganz am Anfang, in Flieden, als es nicht anders ging. Danach aber haben meine Eltern in allen Lebensbereichen gleichberechtigt nebeneinandergestanden, Vater hat in der Küche geholfen, und Mutter hat im Betrieb angepackt. Wenn meine Mutter mal krank war, dann hat er selbstverständlich den Hausmann gegeben, geputzt und gekocht; umgekehrt hat sie Kunden beliefert und Blumen zu den Ständen gebracht, hat im Lager aufgeräumt, Vasen zusammengestellt, Brautsträuße und Beerdigungsgestecke ausgefahren. Das war alles andere als typische Frauenarbeit. Wenn mein Vater manchmal erst sehr spät aus Holland kam, stand Mutter in der Nacht auf und ging mit ihm ins Lager, um beim Ausladen zu helfen, damit er nicht so allein war. Und auch sie fuhr an den Wochenenden häufig mit ihrem Passat nach Würzburg und hat dort am Straßenrand ebenfalls Blumen verkauft.

Ob die Verhältnisse in anderen türkischen Familien genauso waren, kann ich nicht sagen. Meine Tanten jedenfalls haben oft bei uns im Betrieb mitgearbeitet, während ihre

Männer auf die Kinder aufpassten und ihren Frauen das Essen vorbeibrachten. Die klassische Aufgabenteilung war vielleicht in der Generation vorher noch die Regel, meine Eltern haben nicht mehr so gelebt.

Mein Vater war zu allen Entbehrungen bereit, wenn sie ihn voranbrachten. Aber er war auch raffiniert und nutzte jede Möglichkeit, seinen Verdienst zu erhöhen, und ein Heiliger war er dabei nicht. Als das Blumengeschäft immer besser lief, ließ er seine Stelle bei Phönix «ausklingen», wie er es nannte. Öfter und öfter meldete er sich krank, bis die Firma nicht mehr mitspielte und ihm kündigte. Das kam ihm gerade recht. Der Blumenvertrieb war auf meine Mutter eingetragen, und er meldete sich eine Zeitlang arbeitslos, bis das Amt ihm die Unterstützung mangels Bedürftigkeit strich. Auch seine Buchhaltung war kein Musterbild deutscher Seriosität und gläserner Transparenz aus wohlgeordneten Lieferscheinen, Bestellbelegen, Rechnungen und Quittungen. Vieles lief bar von der Hand in die Hand, viel beruhte auf Absprache und Vertrauen. Zwar hatten meine Eltern einen Steuerberater, dem sie die Belege für Einnahmen, Ausgaben und vieles Weitere anvertrauten. Aber steuerlich ganz korrekt wird wohl nicht alles zugegangen sein. Geld bewahrten meine Eltern oft im Schlafzimmer unter der Matratze auf.

So ruhig und besonnen mein Vater war, er hatte auch seine Schwächen. Manchmal brach er aus. In seinen ersten Jahren in Deutschland hat er oft Karten gespielt und blieb dann ewig im Café sitzen, bisweilen trank er Alkohol, auch wenn er sich nicht richtig betrunken hat. Das waren die kleinen Ventile, die er als junger Familienvater und emsiger, immer arbeitender Unternehmer wohl einfach brauchte. Nur in einer Nacht hat er sich mit geradezu abgründigem Schwung ins Glücksspiel gestürzt, dieses eine Mal vergaß er alle Verantwortung und Disziplin. Das passte eigentlich gar nicht zu seinem Charakter, aber das war zu einer Zeit, in der ihm der tägliche Druck und der wachsende Blumenhandel zu viel wurden. Um Weihnachten 1997 lag meine Mutter wegen chronischer Probleme mit ihrem linken Ohr im Krankenhaus, es war nicht das erste Mal; wir Kinder waren bei den Verwandten untergebracht, und mein Vater, der Strohwitwer, saß im türkischen Café Harem in Schlüchtern. Im Lauf des Abends gesellte er sich zu einer Kartenrunde und begann, bei einer Pokervariante mit dem sprechenden Namen «Harakiri» mitzuspielen – und genau das beging mein Vater als ungeübter Gelegenheitsspieler an diesem Abend. Was sich in jener Nacht genau abspielte, weiß ich bis heute nicht. Die Gerüchte besagen, dass mein Vater irgendwann Spielschulden von fünfzehntausend Mark angehäuft hatte. Er machte weiter, und dann wendete sich das Blatt. Er hatte riesiges Glück, bis der Verlust nur noch bei dreitausend Mark stand. Dummerweise hat er es abgelehnt, diese Schuld zu begleichen, und bestand auf einer Revanche. Vierzehn Tage später setzte er sich erneut an den Spieltisch und stand am Ende tatsächlich mit nur noch ein paar hundert Mark in der Kreide. Angeblich hat er auch diese Schuld nie beglichen und sich standhaft geweigert, seinem Gläubiger die paar Hunderter hinzuzählen. Es scheint fast, als hätte er nicht einsehen wollen, dass all das tatsächlich geschehen war.

Jenseits dieses bizarren, untypischen Ausbruchs an Unvernunft war Vater ein sparsamer Mensch. Manche nannten ihn geizig. Dabei hat er nur die Armut in Erinnerung behalten, in der er aufgewachsen ist. Oft erzählte er, wie schlecht es seiner Familie früher ging, dass schon ein kleines Spielzeug für ihn und seinen Bruder etwas Besonderes war, über das sie sich tagelang freuten. Diese Armut hat ihn geprägt, die Erinnerung daran saß ihm im Nacken, auch noch, als er längst ein gutverdienender Mann war. Er hat nie aufgehört, seinem Wohlstand zu misstrauen, ihn als flüchtig anzusehen, und deshalb war er immer darauf bedacht, sein Geld zusammenzuhalten. Die Folie, mit der er seine Lastwagen beschriftete, kaufte er in der Türkei, wo sie günstiger war. Aus Holland brachte er oft Gurken und Tomaten mit, weil er entdeckt hatte, wo es billiges Gemüse zweiter Wahl gab. Fuhr er länger weg, zur Blumenbörse oder nach Nürnberg, hatte er immer zu essen und zu trinken dabei, der Kaffee an den Autobahnraststätten erschien ihm als sinnlos teurer Luxus. Er nahm dicke Bündel von Geldscheinen mit zum Blumeneinkaufen, um die hohen Gebühren an den Bankautomaten im Ausland zu vermeiden. Und während andere Großhändler Rosen mit geknickten Stielen ausmusterten und wegwarfen, legte mein Vater solchen Ausschuss sorgsam beiseite und band die gesammelten Stummelblumen am Ende zu kleinen Spezialsträußen zusammen.

Dabei hat ihm das Materielle an sich nicht viel bedeutet. Er hätte sich einen Porsche leisten können, aber er hatte noch nicht einmal eine teure Uhr. Meistens trug er ein einfaches Hemd, eine schlichte Wolljacke und eine graue Stoffhose, an deren Taschen er in der Türkei Reißverschlüsse hatte nähen lassen, weil er immer so viel Bares dabeihatte. Auch bei uns zu Hause sah es bescheiden aus. Niemand wäre angesichts unserer Wohnungseinrichtung auf die Idee gekommen, dass meine Eltern einen florierenden Großhandel betreiben und in guten Wochen schon mal zehntausend Mark Gewinn erwirtschafteten. In der türkischen Gemeinde raunte man halb respektvoll, halb spöttisch, mein Vater sei wie Dagobert Duck, er werde nie müde, Geld zu verdienen, aber er gebe es nicht aus.

Dabei hatten meine Eltern einfach gar keine Zeit, viel auszugeben. Wirklich geizig war mein Vater keineswegs, dafür hat ihm das Geld einfach zu wenig bedeutet, und zur rechten Zeit war er sehr großzügig. Er hatte gern Gäste und hat sie immer gut bewirtet, er richtete oft Feste aus. Und er war freigebig, wenn Not am Mann war, wenn jemand irgendeine Art von Unterstützung oder schlicht tausend Mark brauchte. Für die Verwandtschaft war er ein großer Bruder. Oft riefen auch Freunde oder Angehörige aus der Türkei an, in der Regel zu später Stunde, weil die Hitze in Isparta den Tagesrhythmus in die Nacht verlegt und mein Vater früher am Abend sowieso schwer zu erreichen war, und häufig baten sie um Geld: Ein Dorfbrunnen sollte gebaut werden, ob er etwas beisteuern könne? Die kleine Nachbarstochter muss ins Krankenhaus, ob er nicht etwas spenden wolle? Wenn ein Landsmann eine teure deutsche Anwaltsrechnung nicht begleichen konnte, sprang mein Vater ein. Wenn eine Familie umzog, lieh er ihnen seinen Lkw. Die Verhältnisse, wegen derer meine Eltern nach Deutschland gegangen waren, haben sich seither nicht groß verändert. Die Brüder meines Vaters in der Türkei hatten nicht genug, um ihren Söhnen eine höhere Schulbildung zu bezahlen, also schickte mein Vater Bares oder sandte das Schulgeld gleich direkt an den Schulleiter. Abwarten, zögern, das war nicht sein Stil. Mein Vater handelte, er brachte Dinge in Bewegung, statt ewig hin und her zu überlegen. Und einmal hätte er fast zu viel des Guten getan. 1997 hätte er für einen Verwandten aus der Türkei beinahe eine Scheinehe arrangiert, um ihm eine dauerhafte Aufenthaltserlaubnis in Deutschland zu verschaffen. Er wollte helfen, hatte sogar schon eine junge Frau gefunden, die den Mann geheiratet hätte. Der hat es sich dann aber doch anders überlegt und kam nicht nach Deutschland. Zum Glück, denn dieses Arrangement entsprach so gar nicht seiner Art, er hätte es später, nach seiner Mekkareise, bestimmt bereut.

Er trug Verantwortung für uns, er trug Verantwortung für die Verwandtschaft in Salur und für viele Leute in Schlüchtern, denen er Arbeit gab und vorlebte, dass sich in der neuen Heimat etwas aufbauen ließ. Wem er Geld lieh, dem schaute mein Vater dann allerdings auch genau auf die Finger. Einem Verwandten hatte er einmal fünfundzwanzigtausend Mark Startkapital vorgestreckt, damit er ein Geschäft für Telefone und Zubehör aufmachen konnte. Ein paar Wochen später erfuhr mein Vater, dieser Verwandte wolle Urlaub in der Türkei machen. Es gab ein Donnerwetter, denn er konnte nicht begreifen, wie jemand, der gerade mit geliehenem Geld einen Laden eröffnete, auf Reisen gehen konnte.

Wenn ihn jemand fragte, weshalb er derartig fleißig und sparsam sei, antwortete er, er arbeite nur für seine Kinder.

Und er arbeitete nicht nur selbst, er hatte bald genug Geld, um es anzulegen und arbeiten zu lassen. Abends saß er nun oft vor dem Fernseher, um am Teletext die Aktienkurse zu verfolgen. Mehr als dreihunderttausend Mark hatte er auf die eine oder andere Art investiert. In Kreditbriefe bei der türkischen Zentralbank etwa. Einem Vertrauensmann gab er einen fünfstelligen Betrag mit der Bitte, an der Börse mehr daraus zu machen. Und er entschied sich für eine Anlageform, die seinerzeit bei vielen Türken in Deutschland hoch im Kurs stand, auch wenn sie sonst kaum bekannt war: muslimische Holdings. Ende der neunziger Jahre tauchten in den Moscheen Vertreter auf, die dafür warben. Sie versprachen nicht nur sagenhafte Gewinne, sondern appellierten an den Patriotismus der Auslandstürken mit dem Argument, das Geld werde den Fortschritt in der Heimat ankurbeln und dem Aufbau türkischer Unternehmen helfen. Und sie führten den Propheten Mohammed an. Denn wer Zinsen nimmt, so lehrt es der Koran, der wird am Tag des Gerichts dastehen wie einer, «der vom Satan erfasst und geschlagen ist». In eine türkische Holding Geld einzuzahlen und von anfallenden Gewinnen zu profitieren, sei hingegen erlaubt, erklärten die Vertreter. In den Moscheen kursierten Geschichten, dass einige Investoren bereits Tausende von Mark an Rendite erhalten hätten. Das Modell schien den meisten vertrauenerweckend und sicher. Das Geld floss von Muslimen an Muslime, und ein Muslim würde einen anderen nicht übers Ohr hauen. Wie viele andere Auslandstürken hat auch mein Vater eine Menge Geld in diese Holdings gesteckt. Von diesen Investitionen ist nichts geblieben, die Holdings sind alle pleitegegangen. Zum Glück war mein Vater klug genug, nicht alles auf eine Karte zu setzen. Einen großen Teil der Ersparnisse hat er in Häuser investiert. Durch die kleine Genossenschaft hat er nicht nur eines, sondern drei Häuser in der Türkei gebaut, eines in Salur, zwei in Isparta.

Diese Häuser waren das Ziel seiner Sehnsucht, dort hätte er selbst irgendwann wohnen wollen. Und weil er stets wusste, dass er eines Tages heimkehren würde, hat mein Vater sich nicht wirklich voll integriert in Deutschland. Er hat viel Zeit mit seinen Verwandten verbracht, war mit Türken zusammen und ging in die Moschee. Das finde ich auch sehr nachvollziehbar. Würde ein Deutscher, der nach Antalya auswandert, sein Kind nicht auch in einen deutschen Kindergarten geben, wenn es einen gäbe? Wenn ein Deutscher in der Türkei ein Haus bauen wollte, dann würde er vermutlich ebenfalls in eine Gegend gehen, in der schon andere Deutsche leben. Die meisten Menschen, egal woher, würden sich nicht anders verhalten als meine Eltern. Und es war nicht so, dass mein Vater keinen persönlichen Kontakt zu Deutschen gehabt hätte. Einer seiner ersten Freunde in Friedberg war der Blumenhändler Manfred. Er hat Vater bei seinen ersten Schritten im Blumengeschäft geholfen und damit seinem Leben die entscheidende Wendung gegeben. Auch in der Firma gab es deutsche Angestellte, ja Freunde, und alle Floristinnen in unserem Laden waren Deutsche. Im Grunde hatte mein Vater einfach zu wenig Zeit, um Kontakte zu pflegen – er hatte ja häufig nicht mal freie Stunden, um mit seinen türkischen Freunden zusammen zu sein.

Der Ausrutscher am Spieltisch hatte ein Nachspiel. Die Geschichte hat meine Mutter, als sie davon erfuhr, gehörig beunruhigt, und sie wollte Vorsorge treffen. Ich kann mich nicht erinnern, dass sie sich jemals nicht durchgesetzt hätte, wenn ihr eine Sache wirklich wichtig war. So auch in diesem Fall. Meine Mutter war schon immer die Gläubigere, und es war schon länger ihr Wunsch, einmal nach Mekka zu gehen. Sie sagte, sie wolle das machen, solange sie noch einigermaßen jung wäre, später sei es zu anstrengend, auf Berge zu klettern und stundenlang bei fünfzig Grad in der Sonne herumzustehen. Sie wollte also nach Mekka, und mein Vater war davon zunächst nicht so begeistert. Sicher, die fünf Säulen des Islam, die fünf Pflichten des Gläubigen waren auch für ihn eine Orientierung, und an drei davon hielt er sich. Er bekannte seinen Glauben – ich bezeuge, dass es keine Gottheit außer Gott gibt und dass Mohammed der Gesandte Gottes ist. Er wurde dem Gebot der Wohltätigkeit gerecht – hilf den Bedürftigen, gib den Armen, teile. Er fastete – im Ramadan übt sich der Gläubige im Verzicht, von Beginn der Morgendämmerung an bis zum vollendeten Sonnenuntergang.

Eine weitere Säule ist das Gebet. Fünfmal am Tag richtet der Gläubige sich nach Mekka und damit auf seinen Glauben hin aus, vor Sonnenaufgang, mittags, nachmittags, bei Sonnenuntergang und bei Einbruch der Nacht. Diese Gebete lassen sich nicht achtlos herunterleiern, man muss sich in die Andacht versenken, sich wirklich einlassen auf die Ehrfurcht vor Gott. Mein Vater betete nicht regelmäßig. Seine Religion praktisch auszuüben und die ganze Tagesstruktur davon durchdringen zu lassen, stand ihm zu dieser Zeit eher fern.

Die Pilgerfahrt nach Mekka ist die fünfte Säule des Islam. Nach Mekka – das Thema war immer wieder mal aufgekommen, aber nun begann meine Mutter zu drängen. Mein Vater hat anfangs gezweifelt, ob er nicht zu jung für diese Reise ist und reif genug. Die Pilgerfahrt ist keine folkloristische oder touristische Unternehmung, keine unverbindliche Tour, sie ist auch eine Strapaze. Wochenlang setzt der Pilger sich anstrengenden Exerzitien aus, legt weite Wegstrecken zurück, besteigt Berge, harrt Stunden über Stunden in brütender Hitze aus, um Gott zu ehren und um in sich selbst hineinzuhorchen. Der Hadsch, sagen die Prediger, sei eine Prüfung, die dem Pilger Plagen auferlege und ihn in lodernden Feuern zergehen lasse – und das stimmt schon im Hinblick auf die äußeren Umstände. Aber natürlich geht es um Tieferes.

Die Männer sind gekleidet in Tücher ohne Saum, ohne Farbe, ohne Nähte. Diese weißen Stoffe verraten nichts über den Beruf und sozialen Status des Pilgers, nicht, ob er arm oder reich ist, nichts über seine Herkunft oder seinen Charakter, beim Hadsch werden alle gleich vor Gott. Diese Kleider stehen für das Leichentuch, in dem der Muslim beigesetzt wird. Alles, was im normalen Leben wichtig ist, zählt jetzt nichts mehr.

Der berühmteste Moment des Hadsch ist der Zug um die Kaaba in Mekka, siebenmal umrunden die Pilger den schwarzen, mit einem goldenen Fries gegürteten Quaderbau. Das eigentliche Wesen der Pilgerreise aber zeigt sich zuvor am «Berg der Vergebung». So wird der fünfundzwanzig Kilometer östlich von Mekka gelegene Arafat genannt, wo der Prophet Mohammed seine letzte Predigt gehalten haben soll.

Hier stehen die Pilger Stunden um Stunden, von Mittag bis zum Sonnenuntergang, etwa zwei Millionen Menschen im weißen Totenkleid – sie grüßen Gott, bitten um Vergebung, ziehen Lebensbilanz, lassen ihre guten und bösen Taten vor dem inneren Auge vorbeiziehen, gehen mit sich ins Gericht. Was ist der Sinn meines Lebens, meines Tuns und Lassens, meines Handelns und Treibens? Bin ich auf meinem Weg? Muss ich ihn erst noch finden? Was habe ich bisher erreicht? Was ist mir wichtig? Was zählt? Es ist eine stundenlange, radikale Gewissenserforschung. Sie macht den Hadsch zu einer Lebensentscheidung. Wer diesen Weg geht, verpflichtet sich, von da an die religiösen Gebote einzuhalten. Wer zum Hadsch aufbricht, sagt damit: Ja, ich traue mir zu, mein Leben danach auszurichten.

Mein Vater zögerte also, aber meine Mutter hat ihn beherzt ermuntert und bestärkt, gewiss auch gedrängt. Sie hatte ihren heimlichen Grund dafür, über den sie nie sprach, aber er hat es wohl geahnt. Sie wollte verhindern, dass sich etwas wie das «Harakiri»-Spiel wiederholte. Die Reise sollte Vater läutern – und Mutter hat ihn überzeugt. Im Februar 1998 sind meine Eltern zusammen mit der Mutter meines Vaters aufgebrochen. Von der vierwöchigen Reise schwärmt meine Mutter noch heute. Vielleicht hat es mit Schicksal zu tun, dass mein Vater ihr diesen Wunsch erfüllte.

Keiner, der meinen Vater näher kannte, konnte übersehen, wie ihn die Pilgerfahrt verändert und inspiriert hat. Sie hat ihn wirklich religiöser, auch sittenstrenger gemacht. Er setzte sich an keinen Kartentisch mehr, ließ sich nicht einmal mehr zur bloßen Unterhaltung ein Blatt auf die Hand geben. Bekannte, die ihm am Herzen lagen, rügte er jetzt öfters: Sie sollten nicht so viel Zeit vertrödeln, die Finger vom Spiel lassen, ihr Geld besser zusammenhalten, sich mehr um ihre Frauen kümmern. Bei den Frauen der anderen Männer stieg er im Ansehen, ihre Ehemänner waren dagegen weniger begeistert über seinen Lebenswandel, und manche haben sich bestimmt über sein Moralheldentum lustig gemacht.

Nach der Pilgerfahrt ließ er jeden Freitag zwischen zwölf Uhr mittags und drei Uhr nachmittags die Geschäfte ruhen, um in der Moschee zu beten. Auch unter der Woche hielt er jetzt penibel die Gebetszeiten ein. Von nun an hatte er bei seinen Fahrten nach Holland oder Nürnberg im Lastwagen einen Gebetsteppich dabei, mit Fransen und Troddeln, Mustern und Ornamenten verziert. Er betete zu Hause und in der Moschee, er betete im Stauraum des Lieferwagens oder neben Schirm und Klapptisch am Straßenrand. Seine Wirtin in Allersberg öffnete einmal versehentlich am Abend seine Zimmertür, sie fand ihn wach, aber nicht ansprechbar, er war völlig ins Gebet vertieft.

Die Abende verbrachte er nun in der Regel zu Hause bei meiner Mutter, vor dem Zubettgehen rauchte er noch eine Zigarette, aß ein paar Trauben oder eine Scheibe Melone und legte sich früh schlafen. Wenn er doch einmal ausging, war sein Ziel die Moschee. Eine Moschee ist nicht bloß ein Gotteshaus, sondern eine Art Kulturzentrum, eine Anlaufstelle für die ganze Gemeinde, ein Ort der Geselligkeit. Manche trafen sich in Schlüchtern einfach in der Moschee, um miteinander Darts und Billard zu spielen, Tee zu trinken und sich zu unterhalten. Die Gläubigen gingen ein Stockwerk höher, wo die eigentlichen Gebetsräume waren.

Zunächst gab es in Schlüchtern keine Moschee. Als sich die türkische Gemeinde zum Bau eines Gebetshauses entschloss, hat mein Vater viel geholfen. Sie übernahmen das Gebäude einer ehemaligen Schreinerei und gestalteten es um. Alles haben sie dort selber gemacht, Wände herausgerissen oder neu gestrichen, Böden gelegt, eine Küche eingebaut, die Gebetsräume mit Teppichen ausgekleidet, in den Veranstaltungssaal eine kleine Bühne gestellt, einen Billardtisch besorgt. 1990 hat sich mein Vater sogar in den Vorstand des Moscheevereins wählen lassen, das Amt nach zwei Jahren aber wieder niedergelegt, weil er zu wenig Zeit dafür hatte. Später hat er seine Aufenthalte in der Moscheegemeinde auch genutzt, um dort Kontakte zu pflegen, Leute anzusprechen und Mitarbeiter zu rekrutieren. So kam es, dass irgendwann die meisten Muslime, die die Moschee in Schlüchtern besuchten, etwas mit Blumen zu tun hatten. Sie haben Blumen verkauft, damit gehandelt, Sträuße gebunden. Mein Vater hatte damit angefangen, und er hat sie alle angesteckt.

Dass aus uns Kindern etwas werden sollte, haben wir nach der Grundschule gespürt. Mit sechs, sieben Jahren war ich ein sehr stilles Mädchen, aber mit dreizehn, vierzehn wurde ich ein Sturkopf. Ich trickste, um die Anweisungen meiner Eltern zu unterlaufen. Wenn ich zum Beispiel staubsaugen sollte, rief ich: Ja, mach ich gleich. Und habe dann natürlich nichts getan, bis meine Mutter die Sache irgendwann vergessen hatte oder selber erledigte. So kam es immer häufiger zum Streit. Ich hatte einen anderen Freundeskreis, habe angefangen zu rauchen, und meine Noten wurden schlechter – ich hatte einfach kein Interesse an der Schule, ich wollte draußen sein und durch die Stadt ziehen, ohne mich um etwas kümmern zu müssen. Meine Eltern konnten mich nicht mehr kontrollieren, gleichzeitig hat sie das Geschäft immer mehr gefordert und ihnen immer weniger Zeit für uns gelassen. In der siebten Klasse schickten sie mich deshalb auf ein Internat nach Aschaffenburg, wovon ich wenig begeistert war. Auch mein Bruder wechselte aufs Internat, aber er wollte das selber. Er kam in Schlüchtern nicht zurecht, und als mein Vater hörte, dass es in Völklingen ein gutes türkisches Jungeninternat gibt, ging Kerim dorthin. Er kam nur jedes zweite Wochenende und in den Ferien nach Hause, er war dort gern und fand rasch Freunde. Ich wollte nicht ins Internat, denn ich wusste, dass es dort strenger als zu Hause zuging. Meine Eltern mussten mich überreden, und mein Vater hätte mich wohl auch lieber dabehalten. Aber meine Mutter setzte sich durch. Später hat sie mir erzählt, wie traurig Vater in der ersten Woche ohne mich war. Er konnte aber bald loslassen, und er wusste ja, dass es für mich das Beste war.

Die Eingewöhnung an den neuen Rhythmus fiel mir leichter als gedacht, auch mit dem bayerischen Schulsystem in Aschaffenburg kam ich besser zurecht. Ich habe zwar in einem türkischen Internat gewohnt, aber wir sind ganz normal auf eine staatliche Schule gegangen. Der Unterricht dauerte bis drei oder vier Uhr nachmittags, bei den Hausaufgaben und der Nachhilfe wurden wir von türkischen Lehrerinnen betreut. Zusätzlich gab es abends oft Diskussionsrunden, für die wir recherchiert und Bücher gelesen haben, über deutsche wie türkische Themen, die Geschichte des Osmanischen Reichs, den Propheten, die türkische Kultur. Es wurde Wert darauf gelegt, dass wir türkisch sprachen und lasen. Wir waren zwölf oder vierzehn Mädchen im Internat, da wächst man zusammen. Natürlich gab es verschiedene Gruppen, und die Älteren mussten sich um die Jüngeren kümmern. Vorher hatte ich nie Lust auf Verantwortung gehabt, und nun fand ich es schön. In dieser Internatszeit wurde ich selbständig, das Leben dort hat mir Spaß gemacht.

1998, als mein Vater siebenunddreißig Jahre alt war, fügte er seinen Straßenständen und dem Großhandel noch ein drittes Unternehmen hinzu: ein Blumengeschäft in Schlüchtern, einen sechzig Quadratmeter großen Laden, in dem es Schnittblumen, Gestecke, gebundene Sträuße, Topfpflanzen und einen Fleurop-Service gab. Er stellte eine deutsche Floristin als Geschäftsführerin an, und bald lief der Laden gut. Doch obwohl mein Vater hier nicht selbst an der Kasse stand und die Leitung abgegeben hatte, trug auch dieser Laden dazu bei, dass seine Arbeitstage noch länger wurden, und mit dem Ausbau der Geschäfte wuchsen auch die Sorgen und Zweifel, ob ihn diese Expansionen nicht doch überforderten, ob er den laufenden Bankkredit bedienen konnte oder sich womöglich doch übernommen hatte – und ob er sich nicht kaputtarbeitete.

Außerdem hatte er Ärger mit der Konkurrenz, vor allem mit Cakir, einem Friedberger Blumengroßhändler. Bei ihm hatte er in seinen Anfängen selber eingekauft, mittlerweile aber waren viele von Cakirs Kunden zu meinem Vater abgewandert. Da blieben Spannungen nicht aus, und beide Seiten arbeiteten mit Kniffen und Tricks. Mein Vater fuhr einmal bei einem Händler vorbei, den Cakir belieferte, kaufte ein paar Sträuße und sezierte sie regelrecht, untersuchte, was Cakir anders machte, um seine eigenen Gebinde zu verbessern und ihn zu übertrumpfen. In der Arbeitshalle animierte er die Blumenbinder oft: Die Sträuße müssen schöner werden als die von Cakir!

Cakir hingegen lockte die kleinen Händler mit dem Angebot, sie müssten die Ware nicht mehr bei ihm in Friedberg abholen, er würde die Sträuße ausfahren, würde sie bis vor die Haustür und sogar bis nach Schlüchtern bringen ... Als das eines Tages Vater gesteckt wurde, fing er nicht an zu schimpfen. Er soll, sagten die Blumenbinderinnen, ganz still geworden sein. Dann habe er sich eine Zigarette angesteckt und heftig daran gezogen. Danach habe er Cakir angerufen, und ein Wort gab das andere. Er mache ihm seine Kunden abspenstig, beschwerte sich Vater, er setze den Leuten Flöhe ins Ohr, überhaupt säe Cakir Zwietracht in Schlüchtern. Der ließ das natürlich nicht auf sich sitzen und warf umgekehrt meinem Vater vor, er bedränge seine Kunden, indem er die eigenen Standplätze ganz in deren Nähe aufbaue. Zu allem Überfluss waren sich Cakir und mein Vater auch politisch nicht grün. Cakir sagten die Leute nach, er stehe der kurdisch-marxistischen Widerstandspartei PKK nahe, womöglich sei er da gar ein wichtiger Mann und sammle Geld für den Untergrund. Mein Vater dagegen war religiös-nationalbewusst orientiert. Zu den Kleinhändlern der Schlüchterner Moschee, die mit Cakirs Angeboten liebäugelten, sagte er: Von dem Geld, das ihr ihm gebt, kauft die PKK Waffen gegen unsere «Mehmetcik», unsere Söhne bei der türkischen Armee. 1999 erreichte der Konflikt seinen Höhepunkt. Mein Vater hatte wieder einmal mit Cakir telefoniert. Anschließend kam er ganz blass aus dem Büro und sagte zu seinen Blumenbinderinnen, Cakir wolle ihn «fertigmachen», aber er habe keine Angst, fertigmachen könne ihn nur sein Gott. So redete er öfters seit dem Hadsch: Furcht habe er nur vor Gott, sein Leben liege allein in Allahs Hand.

Die länger und länger werdenden Arbeitstage, der Konflikt mit Cakir, das alles setzte meinem Vater zu. Seit er 1998 den Blumenladen eröffnet hatte, sagte er immer öfter, dass er mit vierzig Jahren aufhören wollte – ab vierzig wollte er genießen, ein ruhigeres Leben führen, sogar das Rauchen bleibenlassen. Wenn meine Mutter einen schlechten Tag hatte und kaputt war von der vielen Arbeit, ermunterte er sie: Auf, das ist jetzt der Endspurt, nur noch zwei Jahre...

Seine Blumenhändlerzeit dauerte nur acht, neun Jahre. Was sind schon neun Jahre? Eine ziemlich kurze Zeit – und verdammt lange, wenn man all diese Jahre fast ununterbrochen durcharbeitet und immer mit zu wenig Schlaf auskommen muss. Es ging an seine Substanz, man sah es meinem Vater an. 1998, in seiner erfolgreichsten, aber auch intensivsten Zeit, war er erst siebenunddreißig. Aber er wirkte älter. Nicht direkt gealtert, nicht verlebt, aber einfach sehr, sehr erschöpft. 1997 hatte er unter einem Hautausschlag gelitten und musste deswegen in Behandlung, der Arzt diagnostizierte eine Gürtelrose, die stressbedingte Ursachen haben könnte. Hinzu kamen die Bandscheibenbeschwerden. Und auch meiner Mutter ging es immer wieder sehr schlecht, sie hatte ihre Probleme mit dem Ohr und manchmal derart heftige Schwindelgefühle, dass nur Infusionen halfen.

Mit der Zeit musste mein Vater sich die Frage stellen, wie lange das so weitergehen könne. Woche für Woche dieses Hasten von Schlüchtern nach Naaldwijk, am Wochenende die Fahrten nach Nürnberg, das ewige Hin- und Hereilen zwischen Blumenbörse, Blumenlager, Blumenstand. Wie viele Jahre ließ sich das durchhalten? Jahr für Jahr hatte er morgens um fünf Uhr mit der Arbeit angefangen und abends um neun aufgehört, hatte Hunderttausende von Kilometern zurückgelegt, Abertausende Stunden beim Sträußebinden verbracht. Jetzt schlug er manchmal neue Töne an. Zu meiner Tante sagte er einmal: Ins Paradies kann man kein Geld mitnehmen, nur das weiße Leichentuch, und ein Leichentuch hat keine Taschen. Wir alle merkten, dass es ihm zu viel wurde. Anfang 2000 beschloss er, den Blumengroßhandel zu verkaufen. Der Erlös und das angelegte Geld würden uns versorgen, und drei oder vier Blumenstände könnte er ja weiterbetreiben. Er würde wieder so arbeiten, wie er einst angefangen hatte, als Kleinhändler, nur ruhiger. Das hieß weniger Einkommen, aber auch viel weniger Stress.

Seine Träume, in die Heimat zurückzugehen, wurden immer konkreter. Die Häuser waren über die Jahre fertig geworden, darum hatte er sich aus der Ferne und in den Ferien gekümmert. Er kaufte in Salur Land und wollte dort eine Schafzucht aufbauen, wollte mit ein paar hundert Tieren und gemeinsam mit seinen Brüdern an die Arbeit seines

Vaters und die Geschichte der Familie anknüpfen. Aber das blieben vorerst vage Pläne. Kerim und ich waren fast noch Kinder, wir sollten ja studieren und unsere eigenen Wege einschlagen. Wohin, in welches Land würde es uns ziehen? Für eine Heimkehr schien meinem Vater die Zeit noch nicht reif. Dafür war eine andere Idee weiter gediehen. Einige Männer in der Moschee in Schlüchtern brüteten seit längerem darüber, eine Koranschule für türkische Kinder und Jugendliche einzurichten, eine Art Internat aufzubauen, einen Ort der Bildung und der Religiosität, mit Nachhilfeunterricht für Jugendliche, die in der Schule zu kämpfen hatten. Hier wollte sich mein Vater einbringen, sobald er künftig mehr Zeit hätte.

Bald nahmen die Pläne zum Verkauf des Blumengroßhandels Gestalt an. Zunächst hatte er vor allem Verwandte angesprochen, ob sie Interesse hätten, über den Preis könne man sich schon einigen ... Als diese Versuche im Sand verliefen, weil der eine sich von so einer Aufgabe überfordert fühlte und ein anderer das Startkapital nicht aufbringen konnte, streckte mein Vater seine Fühler weiter aus und fand schließlich einen Blumenhändler in der Nähe von Ulm, dem er zutraute, sein Unternehmen weiterzuführen. Der Mann kam mit seiner Frau ein paarmal vorbei, sie haben bei uns übernachtet und lang mit meinem Vater über die Geschäftsabläufe geredet. Am Valentinstag nahm Vater ihn mit auf die Tour zu unseren Ständen, auch nach Holland sind sie öfter gefahren. Er hat ihn richtig angelernt, er wollte den Erfolg des Betriebes auch weiterhin sicherstellen. Im April 2000 stand die Übergabe weitgehend fest, mein Vater wollte noch das Oster- und Muttertagsgeschäft mitnehmen, die Arbeit danach ruhig ausklingen lassen, und im Herbst oder im Winter sollte sein Nachfolger alles übernehmen.

Diesen Endspurt nutzte mein Vater noch einmal aus. Er arbeitete bis zum Umfallen – Fahrten nach Naaldwijk, Sträußebinden, Standdienst. Mutter und ich waren davon nicht begeistert, und ich habe sogar gedroht, in den Sommerferien mit meinem Onkel in den Urlaub zu fliegen, weil mein Vater sowieso keine Zeit habe. Hursit und Ümmü wollten mich tatsächlich sechs Wochen mit in die Türkei nehmen, es tat ihnen leid, dass ich wegen der vielen Arbeit meiner Eltern in den letzten Jahren nur noch selten in die Ferien fahren konnte. Mein Plan hat Papa getroffen. Er überließ die Entscheidung mir, sagte aber, dass er traurig wäre, wenn ich den ganzen Sommer über fort sei. Und er hat mir einen Vorschlag gemacht: Falls ich zu Hause bliebe, würde er die ganzen Sommerferien über nur noch montags nach Holland und am Wochenende nach Nürnberg fahren, die Zeit unter der Woche aber freimachen und mit meiner Mutter, Kerim und mir verbringen. Er versprach es – und ich habe eingewilligt: Okay, wenn du mir das wirklich versprichst, bleibe ich hier. Er hat auch meiner Mutter versprochen, dass sie nach der Geschäftsübergabe nie wieder so hart schuften, ja, dass sie gar nicht mehr arbeiten müsse.

Es wurden wunderbare Wochen, in denen wir mehr miteinander unternahmen, mehr Ausflüge machten als in den ganzen Jahren davor. Einmal konnten wir uns als Friedensstifter in einem Konflikt zwischen der deutschen und türkischen Lebensweise betätigen. Ein Onkel meines Vaters, der in Köln lebte, hatte sich mit seiner Tochter zerstritten. Sie war abgehauen von zu Hause und zwischenzeitlich sogar in die Türkei ausgebüxt, bevor sie zurückkam und zu ihrem Freund zog. Dass die beiden einfach so zusammenlebten, war ein Schock für ihren Vater, ein völlig unangemessenes Verhalten für eine türkische Tochter, und er wollte nicht mehr mit ihr reden. Wir haben dann abwechselnd mit beiden gesprochen, mussten ein paarmal hin- und herfahren, aber am Ende haben wir sie wieder ins Gespräch gebracht, sie setzten sich zusammen und schafften es, die Probleme zu besprechen. Schließlich gab es ein gemeinsames Abendessen, und sie haben sich versöhnt.

Eine Woche nach diesem Erlebnis bin ich mit meinem Vater nach Holland gefahren und konnte spüren, dass er sich veränderte, wie sehr er sich auf die Zeit nach der ununterbrochenen Arbeit freute. Wir standen gerade auf irgendeinem Autobahnparkplatz an einer Brücke, unter der ein Sportplatz lag, wo ein paar Jungs Fußball spielten. Wir hatten in Holland Tomaten gekauft, und plötzlich sagte Papa: Die spielen aber schlecht, vielleicht solltest du sie mal mit ein paar Tomaten anfeuern, damit sie endlich ordentlich rennen. Und das habe ich natürlich gerne gemacht ... So albern und ausgelassen habe ich ihn sonst nie erlebt. In diesen Ferien gab es Tage, wo er wie befreit war.

Wir haben wieder öfters gegrillt in diesen Sommerferien, auch mit Freunden, mein Vater nahm sich wieder mehr Zeit für die Leute, die ihm nahestanden. Ich kann mich an einen Abend erinnern, zwei oder drei Wochen bevor er gestorben ist, an dem er derart viel gegessen hat, dass er sich kaum noch bewegen konnte. Er kam nach Hause und sah aus, als sei er schwanger. Mama und ich haben gelacht und uns Sorgen gemacht, wir haben gefragt, warum er denn so viel gegessen habe. Und er seufzte, es habe einfach so gut geschmeckt, dass er nicht aufhören wollte. Er konnte die ganze Nacht nicht schlafen, er hat gestöhnt, gejammert und sich herumgewälzt. Ich sehe ihn immer noch vor mir, wie er hilflos mit seinem Bauch in seinem grünen Pyjama durch die Wohnung lief. Der grüne Pyjama, wie wir uns über ihn lustig gemacht haben – ich werde das nicht vergessen. Am Ende der Ferien fuhr ich zurück ins Internat. Die Erinnerungen an diese Wochen bleiben etwas Kostbares, sehr Intensives für mich. Heute bin ich froh, dass ich doch nicht in die Türkei geflogen bin, nach all dem, was dann geschah.

Was ist denn mit Enver los, haben sie in Schlüchtern gefragt, er ist ja wie ausgewechselt. Er arbeitet weniger, und stell dir vor, hieß es, er hat jetzt einen Gehilfen für seinen Stand in Nürnberg! Tatsächlich verkaufte ein Türke, der bei Nürnberg wohnte, jetzt dort die Blumen. Mein Vater fuhr am Samstagmorgen die Sträuße hin, half, den Stand aufzubauen, und ging dann wieder nach Hause. Das hat die Bekannten überrascht, das war nicht der Enver, den sie kannten. Auch meine Mutter spürte seine neue Lebensfreude. Seine Pensionswirtin in Allersberg erzählte, wie er eines Abends nach einem Telefonat in Sorge geriet und dann überraschend aufbrach. Seine Frau, erklärte er, habe Bauchschmerzen. Und schon saß er im Auto und fuhr zweihundertdreißig Kilometer nach Hause. Meine Eltern seien immer sehr verliebt ineinander gewesen, sagen unsere Verwandten noch heute. Meine Mutter fand stets, sie führten eine gute Ehe. Ihre Gefühle füreinander waren stark genug gewesen, um die Beziehung über alle Anstrengungen und Alltagssorgen hinweg zu tragen; hinweg auch über die Anfechtungen, die Vater bisweilen an den Kartentisch getrieben hatten. In ihren frühen Jahren, wenn er spät aus dem Café gekommen war und sie ihm eine Szene machte, gerieten sie manchmal ordentlich aneinander. Aber im Sommer des Jahres 2000 kam es meiner Mutter fast vor, als wären sie frisch verheiratet. Sie entdeckten einander aufs Neue, tauschten kleine Gesten der Zärtlichkeit aus, hier eine Neckerei, da ein beiläufiges Kompliment, sie freuten sich aneinander. Einmal, erzählte meine Mutter, sagte mein Vater zu ihr: Wenn ich sterben sollte, dann hole ich dich nach drei Tagen zu mir. Sie antwortete, genau wie er lachend und ernst zugleich, dass sie ihm gerne nachfolgen wolle.

Im September des Jahres 2000 hatte mein Vater die Weichen endgültig gestellt. Bald wollte er Versäumtes nachholen, mehr Zeit mit der Familie verbringen und vor allem weniger arbeiten. Am Samstag, dem 9. September, stand er früh auf, es war noch Nacht. Er richtete sich nach Mekka aus, verbeugte sich, kniete nieder, legte die Stirn auf den Teppich und sprach das Fadschr, das erste Gebet vor Sonnenaufgang.

Allah ist der Allergrößte, Preis sei Dir, o Allah, und Lob sei Dir, und gesegnet ist Dein Name, und hoch erhaben ist Deine Herrschaft, und es gibt keinen Gott außer Dir.

Mein Vater brach auf nach Nürnberg, aber an diesem Tag würde er nicht bloß Blumensträuße anliefern und gleich wieder umkehren wie im Sommer, sondern wie in den letzten Jahren am Stand bleiben und verkaufen. Sein Verkäufer war für einige Wochen in die Türkei gefahren, und so vertrat mein Vater ein paar Wochenenden lang seinen Angestellten. In der angestammten Parkbucht im Süden Nürnbergs würde er die Werbeschilder aufstellen, dann bis zum Abend hinter seinem Klapptisch stehen, verkaufen und später in der Pension übernachten. Er würde den Sonntag noch dranhängen, würde am Ende alle Sträuße losgeworden sein oder auf einigen sitzenbleiben, und dann würde er heimkehren.

Das Auto hatte er schon am Abend zuvor beladen. Er musste an diesem Morgen nur noch Abschied von meiner Mutter nehmen. Sie setzten sich gemeinsam an den Tisch und tranken Kaffee, sie redeten ein paar Worte, dies und das, nicht viel. Pass auf dich auf, sagte er zu ihr, bevor er gegen fünf Uhr morgens aufbrach, wie er es immer sagte, wie es sich zwischen ihnen eingespielt hatte. Und sie zu ihm: Pass auf dich auf. Ein kleines Ritual.

Pass auf dich auf.

DRITTES KAPITEL
MEINE FAMILIE UNTER VERDACHT

Der Mann hatte noch schnell Blumen kaufen wollen, in einem Laden in Nürnberg-Altenfurt, hatte das Geschäft aber geschlossen gefunden, es war nach zwei Uhr nachmittags an diesem Samstag, dem 9. September des Jahres 2000. Also fuhr er unverrichteter Dinge weiter und befand sich bereits auf dem Heimweg, als er am Straßenrand den Stand sah: Unter einem weiten, viereckigen Stoffschirm in Rot, Orange, Gelb und Lila standen etwa zwanzig Blumensträuße auf einem Klapptisch, auf dem Boden rund um den Tisch waren weitere Eimer mit Sträußen. Ein ansprechendes, mit Sorgfalt gestaltetes Arrangement. Der Mann hielt an. Neben dem Blumentisch, halb auf dem Seitenstreifen, halb schon im angrenzenden Gras, parkte ein weißer Kastenwagen. «Simsek Blumen» prangte auf der Kühlerhaube, in diagonalem Schwung nach vorne auf den Mercedesstern zulaufend, und hinten auf den Hecktüren stand «Simsek Blumen Groß- und Einzelhandel, Bahnhofstraße 1–3, 36381 Schlüchtern». Aber weit und breit war kein Verkäufer zu sehen.

Der Mann sah sich um. Der Standplatz des mobilen Blumenladens lag im Süden von Nürnberg, an der Liegnitzer

Straße; sie verbindet die Ortsteile Altenfurt und Langwasser. Die Straße war hier nicht dicht bebaut, die Stelle war von Wald und Sportanlagen umgeben, idyllisch, nicht laut und doch belebt. Bis zur A9-Auffahrt waren es nur ein paar hundert Meter, es floss reger Verkehr, und bestimmt hielten regelmäßig Autofahrer, um schnell noch einen Strauß für die Verwandtschaft, die Ehefrau oder die Geliebte zu kaufen. Rundherum verliefen Spazier- und Radwege, die Laufkundschaft verhießen, Flaneure, Rentner, Leute, die ihren Hund ausführten. Ein weiteres Auto stand ein paar Meter entfernt, ein Pärchen saß darin und wollte gerade weiterfahren. Ja, meinten die beiden etwas unschlüssig, sie hätten auch gehalten, um Blumen zu kaufen, aber auch nach zehn Minuten noch keinen Verkäufer gesehen. Sie fuhren schließlich davon.

Der Mann wartete eine Viertelstunde. Ein offener Stand, ein nicht abgeschlossener Wagen und kein Mensch weit und breit, das war seltsam. Jeder könnte hier einfach etwas mitnehmen. Gegen Viertel nach drei rief er die Polizei an, fünf Minuten später war die Streife aus Langwasser vor Ort. Die Beamten hörten zu – niemand da, aha, seltsam, mal sehen – und warfen einen Blick in das leere Führerhaus des Mercedes Sprinter. Ein Essenskorb mit Vesper. Bananen, Streichkäse. Eine Kaffeekanne. Eine Plastiktüte mit Münzgeld, zum Wechseln wohl.

Ein Polizist versuchte, die seitliche Schiebetür des Kastenwagens zu öffnen. Sie klemmte, bewegte sich nach einem kräftigen Ruck dann doch und gab den Blick frei in den Laderaum: Zwischen Töpfen, Körben, Kisten und Eimern, zwischen gebundenen Sträußen und losen Schnittblumen, zwischen

Rosen und Gerbera und Schleierkraut, die zum Teil noch ordentlich auf Regalböden standen, zum Teil herabgerissen und halb zertreten waren, lag auf dem gerippten Metallboden ein Mensch in einer Blutlache. An der Wand waren Blutspritzer. Er lag auf dem Rücken, der Kopf blutüberströmt, das Gesicht verschwollen. Er lebte, aber er war nicht ansprechbar. Was sich hier abgespielt hatte, war völlig unklar.

Er sei Rettungsassistent, sagte der Mann, der die Polizei alarmiert hatte. Der Sanitäter begann, den Liegenden vorsichtig zu untersuchen. Der Puls war kräftig, aber die Atmung klang besorgniserregend, ein heftiges, unregelmäßiges Röcheln. Der Sanitäter holte ein Tragetuch aus seinem Auto, damit hoben er und die Polizisten den Blutenden aus dem Kastenwagen, dann führten sie ihm einen Absaugschlauch in den Rachen. Mehr konnten sie nicht tun. Bald war der Notarzt vor Ort und diagnostizierte mehrere Schussverletzungen.

Die Rettungskräfte lieferten den lebensgefährlich Verletzten, den seine Papiere als Enver Simsek auswiesen, in die Chirurgische Notaufnahme des Klinikums Nürnberg-Süd ein, und dort mutmaßten die Ärzte bald, was später die Obduktion erhärtete: Drei Projektile steckten in seinem Kopf, zwei Kugeln im rechten Schulterbereich, dazu zwei Durchschüsse, einer ging durch den linken Unterarm, der andere hatte die Unterlippe und die linke Augenhöhle durchschlagen, bevor die Kugel oberhalb der Braue wieder ausgetreten war. Ferner eine Streifschussverletzung am linken Ellbogen und ein Fehlschuss, der das Wagendach traf. Neun Schüsse.

Die ersten Tage, ja die ersten Stunden sind oft entscheidend bei der Aufklärung von Tötungsdelikten, das weiß jeder

Kriminalpolizist. Die Ermittlungsmaschinerie muss sofort anspringen und mit voller Drehzahl arbeiten, wobei Leerlauf unvermeidlich ist: Die Beamten müssen erste Schlüsse ziehen, Hypothesen bilden, verschiedene Verdachtsmomente erwägen, all diese ernst nehmen und ihnen nachgehen – doch gleichzeitig dürfen sie sich nicht vorschnell festlegen, sonst ermitteln sie womöglich geschäftig in die falsche Richtung. Manchmal müssen sie ihrem Bauchgefühl folgen – aber auf keinen Fall dürfen sie sich von ihren Emotionen blenden lassen. Sie müssen ihrem polizeilichen Erfahrungswissen vertrauen – aber damit laufen sie Gefahr, auch ihren eigenen Vorurteilen auf den Leim zu gehen. Sie arbeiten auf Hochtouren – und im Blindflug. Es ist ein Spagat.

Ein paar Dinge standen in diesem Fall gleich fest, da waren die Indizien und der Tatort eindeutig: Im Sprinter befanden sich neben einem ADAC-Kranken- und Unfallschutzbrief, einer Reisegewerbekarte, Quittungen, Belegen und einem Rucksack mit Waschzeug, Zigaretten und Schlafanzug auch, in einer Tasche auf der Mittelkonsole, 6860 Mark in Scheinen. Hatten die Täter das Geld übersehen? Schwer vorstellbar. Das Fahrzeug sah nicht aus, als habe es irgendwer nach Beute durchkämmt, auch Enver Simsek war nicht durchsucht worden. Als er ins Krankenhaus eingeliefert wurde, fand man in der rechten hinteren Hosentasche seinen Geldbeutel. Eine Bankkarte war darin, ein Foto seiner Frau Adile, eine Servicekarte der Pizzeria Enzo und 740 Mark, die Scheine sorgsam geordnet nach ihrem Wert. Raubmord? Ausgeschlossen.

Auffällig war, dass zwei Waffen bei diesem Verbrechen verwendet wurden, eine Ceska und eine Browning. Das deutete auf zwei Täter hin, auch wenn sich das nicht sicher sagen ließ. Aber eins war klar, der oder die Täter hatten aus kürzester Entfernung geschossen. Sie waren an die offene Schiebetür des Sprinters herangetreten, in dem Enver Simsek vermutlich gerade Blumen sortierte oder Nachschub holte, sie hatten geschossen, getroffen und wieder geschossen, neunmal insgesamt, achtmal trafen sie. Sie hatten noch geschossen, als er taumelte und versucht haben mochte, sich an einem Regal festzuhalten, sie hatten geschossen, als er am Boden lag. Sie hatten vom ersten Schuss an auf den Kopf gezielt. Sie hatten in reiner, unverstellter Tötungsabsicht gehandelt. Es war ihnen darum gegangen, diesen Mann umzubringen. Aus welchem Grund auch immer.

Die Polizeiarbeit folgt in diesen ersten Stunden Gesetzmäßigkeiten. Gibt es keinen offensichtlich Tatverdächtigen, rückt zunächst das Opfer ins Zentrum der Ermittlungen. Die Kripo leuchtet dessen persönliche und berufliche Lebensumstände aus, sucht nach Spuren, die zu einem Motiv führen könnten. Das bringt die Polizei unausweichlich in einen Zwiespalt. Sie ist verpflichtet, die Angehörigen des Getöteten so einfühlsam zu behandeln, wie es trauernde und traumatisierte Menschen verdienen – gleichzeitig muss sie die Hinterbliebenen auch mit unangenehmen Fragen konfrontieren, muss sie sogar zum Kreis der denkbaren Täter zählen. Wenn die Ermittler dabei zu forsch auftreten, kann das die sowieso schon schwer getroffenen Angehörigen weiter verletzen. Sie aber aus reiner Rücksichtnahme zu schonen, verstieße gegen alle professionellen Regeln. Es ist ein Merkmal guter Polizeiarbeit, diese Widersprüche zu meistern und konsequent das ermittlungstechnisch Notwendige zu leisten, ohne dabei den Angehörigen weh zu tun oder gar neue Wunden zu schlagen.

Meine Mutter erhielt die Nachricht am Abend des 9. September. Nach einem normalen, arbeitsreichen Samstag – sie hatte selber bis halb sieben an ihrem Stand bei Würzburg Blumen verkauft und war erst gegen neun nach Hause gekommen –, als sie sich gerade etwas zu essen machte, klingelte es. Sie öffnete, und zwei Polizisten platzten in unsere Wohnung und begannen, auf sie einzureden. Meine Mutter war völlig verwundert und dachte nicht im Entferntesten daran, dass ihrem Mann etwas passiert war. Sie verstand im ersten Moment gar nicht, wovon die Uniformierten sprachen. Es drang nicht zu ihr durch, wen sie meinten, sie verstand nur, dass irgendjemand umgebracht worden war. Dann begriff sie, dass Vater etwas zugestoßen sein könnte, ein Autounfall, ein Überfall? Von da an war sie aufgelöst und ganz durcheinander, dazu die sprachlichen Verständigungsprobleme, die die Aufregung noch verstärkten. Immer wieder hat sie uns später von diesen entsetzlich verwirrenden und beängstigenden Minuten erzählt, immer wieder.

Mittlerweile kann ich vermuten, woran es lag, dass dieser Besuch so wenig einfühlsam war, so gar nicht, wie man sich das Überbringen einer solch furchtbaren Nachricht vorstellt. Schon im allerersten Fax, in dem die Nürnberger Polizei ihre Kollegen in Schlüchtern verständigte, stand deutlich, man solle Angehörige ausfindig machen und über das Geschehene informieren – und sie auch gleich «vernehmen, insbesondere zu einem möglichen Tatverdacht». Diese Formulierung lässt vieles offen. Sollten sie fragen, ob meine Mutter einen möglichen Täter benennen konnte? Oder herausfinden, ob meine Mutter selbst etwas damit zu tun haben könnte? Ich denke, es ging von Anfang an um beides.

Dann kam mein Onkel Hüseyin hinzu. Er hatte von einem Blumenverkäufer erfahren, dass etwas passiert war, und daraufhin bei der Polizei in Nürnberg angerufen. Hüseyin erklärte nun seiner Schwester, dass ihr Mann mit schweren Schussverletzungen im Krankenhaus liege. Sie brach zusammen. Die beiden fuhren noch in der Nacht nach Nürnberg in die Klinik.

Als ich selbst am nächsten Morgen dort ankam, war meine Mutter nicht da, sie konnte mir nicht beistehen, als ich ans Bett meines Vaters trat. Sie wurde zu der Zeit in Nürnberg auf der Polizeistation vernommen. Die Beamten dachten wohl, sie könnte hinter dem Anschlag stecken. Nicht, dass sie ausdrücklich verdächtigt wurde an diesem 10. September, aber manche Fragen des Kommissars zielten in diese Richtung. Er stocherte offenkundig nach privaten Problemen: Hat Ihr Mann sich in zwielichtigen Kneipen herumgetrieben? Hat er Alkohol getrunken? Gab es Probleme in der Ehe? Hatten Sie Streit miteinander? Auch Onkel Hüseyin hat bereits in den ersten Vernehmungen, denen er sich stellen musste, solche Untertöne herausgehört: Was haben Sie am 9. September gemacht? Wo waren Sie? Können Sie das belegen? Gibt es dafür Zeugen?

Wir wissen bis heute nicht sicher, wie der Verdacht gegen meine Mutter und ihre Brüder aufkeimte. Was wir wissen, ist dies: Bereits in seinem ersten Anruf bei der Nürnberger Polizei am 9. September bat Onkel Hüseyin die Kriminalbeamten, sie sollten seine Schwester mit der Nachricht bitte nicht überfallen, sie sei ohnehin gesundheitlich angeschlagen und würde es nicht aushalten, wenn sie unvorbereitet und ohne Beistand mit dieser Schreckensmeldung konfrontiert würde. Auf gar keinen Fall sollte die Polizei gleich zu ihr gehen, sondern unbedingt warten, bis er vor Ort sei und seiner Schwester beistehen könnte. Er wolle nicht, dass sie alleine wäre in diesem Moment.

Onkel Hursit hielt sich zu der Zeit in der Türkei auf. Seine kleine Tochter Beyza ging noch nicht zur Schule, er konnte es sich deshalb erlauben, drei Monate wegzubleiben. Er hatte irgendwie erfahren, dass etwas bei uns nicht stimmte, ich glaube, Hüseyin hatte kurz angerufen, ohne richtig mit ihm reden zu können. Daraufhin versuchte Hursit, seinen Schwager zu erreichen. Offenbar ging dann schon ein Polizist an dessen Handy und hörte, wie mein Onkel ganz aufgelöst fragte: Bist du am Leben, lebst du noch, lebst du noch?

Hüseyins Bitte und Hursits Anruf, so denken wir heute, haben die Polizei darauf gebracht, meine Mutter und ihre Brüder zu verdächtigen. Hursit hielten sie wohl für den Drahtzieher, der den Mord von der Türkei aus eingefädelt und sich damit gleichzeitig ein Alibi verschafft habe. Sein Anruf bei meinem Vater passte in dieses Bild, damit wollte er kontrollieren, ob er noch lebt, ob es geklappt hat. So etwa haben sie sich das wohl zusammengereimt. Nach dieser Logik musste auch Onkel Hüseyins Bitte, nicht ohne ihn zu meiner Mutter zu gehen, verräterisch erscheinen: Er will dabei sein, damit meine Mutter vor der Polizei nichts Falsches sagt, nichts ausplaudert.

Der eine Bruder wollte für seine Schwester da sein, wollte ihr beistehen in den schlimmsten Minuten, die man sich vorstellen kann, der andere Bruder rief an aus Sorge. Das klingt wie das verständlichste Verhalten der Welt. Aber das war es nicht für die Polizei, die daraus folgerte, dass diese Menschen nur unter Verdacht stehen konnten. Dabei ließ sich zwar leicht überprüfen, wo mein Onkel Hüseyin den ganzen Tag war, er ist Taxiunternehmer, es gab Zeugen, Kunden, und auch meine Mutter war nachweislich den ganzen Tag weit weg von Nürnberg – aber die Polizei hatte eine Antwort auf diese Tatsachen: Sie malte sich wohl aus, dass meine Familie Auftragsmörder angeheuert haben könnte. Warum sind die Ermittler gleich nach den Schüssen auf meinen Vater so aufgetreten? Warum haben sie uns, die Familie, die wir gelähmt waren vom Schock, auch noch verdächtigt? Man hat uns darauf eine Antwort gegeben, Jahre später, als längst klar war, dass niemand aus der Familie sich schuldig gemacht hatte. Es war eine kalte Antwort, die sich nur auf Zahlen stützte: Statistisch gesehen, hieß es, steckt nun mal bei etlichen Morden die Familie dahinter, viele Frauen brächten ihre Männer um. Ich verstehe das bis zu einem gewissen Punkt. Ich kann akzeptieren, dass die Polizei alle Möglichkeiten prüfen musste, dass sie auch in die Familie hineinleuchtete. Aber die Art, wie sie es tat, war unerträglich, all die Verdächtigungen und Unterstellungen. Der Druck, dem sie uns aussetzte, sollte in den folgenden Wochen immer heftiger werden.

Aber zunächst stand uns ein schwerer Gang bevor. Wir mussten meinen Vater zu Grabe tragen. Zu Hause packten wir seine Sachen zusammen, das ist so Tradition: Die Anzüge des Toten behält man, aber alles andere, Hosen, Socken, Kleider, räumt man aus dem Schrank und verschenkt es an arme Leute. Die Verwandtschaft kam nach Schlüchtern in unser Haus, viele halfen uns, denn es gibt noch andere Bräuche: Wenn jemand gestorben ist, darf man in seinem Haus nicht kochen. Das Essen bereiten die Bekannten und Verwandten zu und bringen es mit. Sie helfen im Haushalt und sorgen dafür, dass die alltäglichen Dinge ihre Ordnung behalten, man isst zusammen. Wir hatten dauernd Besuch, die ganze Familie, viele Freunde und Bekannte. Die Verwandten kümmerten sich auch um die Organisation der Beerdigung, damit meine Mutter Zeit für die Trauer fand.

Bei uns ist es wichtig und üblich, dass viele Menschen sich zusammenfinden, wenn eine Familie einen Toten beklagt. Es ist im Schmerz ein gutes Gefühl, wenn man nicht allein ist, wenn alle da sind, einen begleiten und trauern. Bei uns stand in diesen Tagen die Haustür immer offen. Niemand musste klingeln, jeder trat einfach ein. Die Besucher saßen in allen Zimmern, Frauen lasen Suren aus dem Koran. Kerim musste mit seinen dreizehn Jahren stark sein, er versuchte, unserer Mutter beizustehen: Mama, weine nicht, sagte er immer wieder, Allah holt die, die er gern hat, früh zu sich, Mama, hör auf, wenn du weinst, tust du seiner Seele weh.

Die Mutter meines Vaters, seine Brüder und engsten Verwandten in der Türkei wussten in diesen ersten Tagen noch nicht, dass er tot war. Meine Onkel hatten ihnen nur gesagt, dass Enver angeschossen worden sei und im Krankenhaus liege. Am Montag hatten die Ärzte die Geräte abgeschaltet, und erst am Freitag wurde der Leichnam nach der Autopsie freigegeben. Es waren furchtbare Tage. Meine Mutter und meine Onkel hatten keine Vorstellung, wie sie das alles aus der Ferne Vaters Familie beibringen sollten. Ich weiß nicht, was los gewesen wäre in dieser Woche, wenn meine Großeltern und Onkel von seiner Ermordung gewusst hätten, es wäre für sie eine Zeit äußerster, grausamster Verwirrung gewesen. Deshalb beschlossen wir, weitere Entwicklungen abzuwarten, bevor wir ihnen alles enthüllten. Wenn sie anriefen, ging ich ans Telefon. Ich musste ihnen sagen, dass es Papa den Verhältnissen entsprechend gutgehe, damit sie nicht in Panik verfielen. Meine Mutter wäre außerstande gewesen, solche Telefonate zu führen, ein Gespräch mit den Verwandten in der Türkei hätte sie zusammenbrechen lassen. Und wenn Onkel Hüseyin oder einer der anderen Erwachsenen, die jetzt im Haus waren, an den Apparat gegangen wäre, dann hätten sie sich in Salur gewundert und gleich geahnt, was los ist. Also war es an mir, dem älteren Kind, die Fragen nach meinem Vater zu beantworten: Macht euch keine Sorgen, ihm geht's gut, Mama ist gerade bei ihm im Krankenhaus. Ich weiß nicht mehr, wie ich das geschafft habe. Ich habe in dem Moment nicht an mich gedacht. Ich fühlte mich dazu verpflichtet, alle zu schützen, auch wenn mich die Situation emotional heillos überforderte, immer hatte ich Angst um meine Oma, Angst, dass sie krank wird vor Kummer.

Am Freitag nach der Autopsie flogen wir mit dem Sarg in die Türkei, das hatten wir in der Zwischenzeit organisiert.

Fast zwanzig Leute aus Deutschland begleiteten uns zur Beerdigung. In einem kleinen Konvoi fuhren wir von Antalya ins Heimatdorf meines Vaters, in der Nacht, drei Stunden über Landstraßen, mein Onkel und meine Mutter voraus, dahinter der Leichenwagen und ein Bus mit den übrigen Verwandten und Freunden. Um fünf Uhr morgens, kurz vor Salur, hielten wir an einer Tankstelle und warteten auf das erste Tageslicht, damit die Erwachsenen das Morgengebet verrichten konnten, das die Gläubigen nach den Regeln des Korans zwischen Dämmerung und Sonnenaufgang sprechen. «Wahrlich, der Mensch ist in einem Zustand des Verlustes», heißt es darin, «außer denjenigen, die glauben und gute Werke tun und sich gegenseitig zur Wahrheit und zur Geduld mahnen.»

Jetzt war es an der Zeit, um die Verwandten in Salur anzurufen und ihnen zu sagen, dass wir auf dem Weg waren und Vaters Leichnam bringen, dass sie sich vorbereiten sollen auf seine Ankunft. In Salur gibt es wie in vielen türkischen Dörfern eine Lautsprecheranlage, über die zu Hochzeiten eingeladen wird und über die man auch verkündet, wenn jemand gestorben ist. So erfuhr Salur an diesem Morgen vom Tod meines Vaters. Den Schock, der alle traf, kann ich nicht beschreiben. Bei unserer Ankunft war schon die ganze Verwandtschaft im Haus meines Vaters versammelt. Die Männer trugen Vater, in ein weißes Leinentuch gehüllt, durch die Trauernden die Holztreppe hoch ins Schlafzimmer im ersten Stock. Dort wurde er auf dem Ehebett aufgebahrt, damit sich jeder von ihm verabschieden konnte. Eine Familie nach der anderen ging nach oben, trat an sein Bett und betete für ihn.

Er lag da, der Kopf bandagiert, die Augen geschlossen. So konnte niemand sehen, wie schlimm die Wunden waren. Er lag ganz friedlich da.

Dem Brauch folgend, legten die Männer ihn dann wieder in den Sarg und trugen ihn über den Schotterweg zur Moschee und zum Friedhof. Immer vier Männer betteten meinen Vater auf ihre Schultern, und nach einem Stück Weges übernahmen andere, so wechselten sie sich ab und teilten sich diesen letzten Dienst für meinen Vater. Fast das ganze Dorf kam zur Beerdigung, es müssen mehr als tausend Menschen gewesen sein. Alles stand still in Salur an diesem Tag.

Die Frauen, auch meine Mutter und ich, gingen der Tradition gemäß den Weg zur Beisetzung nicht mit, wir blieben zurück im Haus, waren am Ende unserer Kräfte. Aber Kerim begleitete die Männer, er schritt im Trauerzug mit, hinter unserem Vater, durch die Hitze. Auch er war müde, die Beine ließen ihn fast im Stich. Doch er ging weiter, mit einer das Maß eines Dreizehnjährigen weit übersteigenden Tapferkeit. Auf dem Friedhof schüttete er Erde auf den Leichnam unseres Vaters, und danach erst rannte er weg, floh hinter Bäume, hinter schützendes Gestrüpp.

Man muss sich ein türkisches Grab vorstellen wie einen Bettkasten aus weißem Marmor, in den der Tote gelegt und dann mit Erde bedeckt wird. Mit den Jahren wachsen Kräuter und Blumen darauf und können frei und wild dort gedeihen. Wenn sie sich im Wind bewegen, sagt man, fallen die Sünden von dem Toten ab. «Mustafa Oglu», Sohn des Mustafa, steht auf dem Grabstein meines Vaters, sein Name, Geburts- und Sterbedatum, und darunter der Satz: «Ruhuna Fatiha». Das ist eine Aufforderung, die erste Sure des Korans: Wer hierherkommt, möge seiner Seele ein Gebet schenken.

Wenn ich heute am Grab sitze, sehe ich in der Ferne die Berge, in die im Frühling die Hirten ziehen, ich kann den Platz erkennen, an dem sie im Spätsommer vor der Rückkehr das große Feuer machen. Der Friedhof liegt nicht weit vom Haus meines Vaters. Man sieht die Grabstätte vom Balkon aus, auf der wir damals saßen, als wir die Glöckchen der Schafe hörten. So ist mein Vater in seine Heimat zurückgekehrt.

Diese Tage in Salur waren, trotz unserer Trauer und unseres Schmerzes, eine Zeit der Ruhe – einer Ruhe, die man uns in den folgenden Monaten, ja Jahren in Deutschland nicht mehr ließ. Als wir zurück in Schlüchtern waren, gingen die Befragungen weiter und weiter und wurden immer belastender. Jedes Familienmitglied, jeder noch so entfernte Bekannte wurde vernommen und noch mal vernommen. Auch ich selbst. Wie schon im Krankenhaus fragten sie mich, ob mein Vater eine Pistole hatte, und auch diesmal konnte ich nur antworten: Ich habe nie eine gesehen, nein, ich glaube nicht, dass er eine besaß. Und plötzlich wechselten sie das Thema: Ich sollte ihnen die muslimischen Gebetszeiten erklären. Ich antwortete, dass man fünfmal am Tag betet und sich dabei nach dem Sonnenstand richtet. Ich hatte keine Ahnung, was das mit den Schüssen auf meinen Vater zu tun haben sollte.

Am schlimmsten traf es von Anfang an meine Mutter. Schon am 28. September, nur wenige Tage nach der Beerdigung, wurde sie in der Polizeistation Schlüchtern von Nürnberger Ermittlern stundenlang mit Fragen traktiert. Sie wird das nie wieder vergessen können – den Druck, die Angriffe und Verdächtigungen, all das, was nun über sie hereinbrach, nachdem sie gerade unter unbegreiflichen Umständen ihren Mann verloren hatte.

Von der ersten Vernehmung an haben sie sie hart angefasst. Sie hauten auf den Tisch und schrien sie an, dass sie damit zu tun habe, sie solle es endlich zugeben. Sie stellten meiner Mutter immer dieselben, quälenden Fragen, wahrscheinlich wollten sie herausfinden, ob sie wirklich jedes Mal das Gleiche erzählte oder die Geschichten plötzlich voneinander abwichen, ob sie sich in Widersprüche verwickelte. Manchmal wurde sie auf der Polizeistation vernommen, manchmal kamen die Beamten zu uns nach Hause und saßen im Wohnzimmer, tranken Tee und fragten dabei. Wenn die Polizisten sich ankündigten, backte oder kochte meine Mutter etwas. So bedrückt sie vor diesen Besuchen auch war, sie stellte sich in die Küche und bereitete etwas für die Gäste vor. So ist das bei uns, alles andere hätten wir als unhöflich empfunden. Ich frage mich heute, was die Beamten wohl gedacht haben, als die tief verzweifelte Witwe, die sie verdächtigten, ihnen immer wieder Gebäck servierte.

Uns Kinder hatte meine Mutter bereits Ende September zurück ins Internat geschickt. Sie wollte, dass wir nach dem wochenlangen Ausnahmezustand wieder ein geregelteres Leben führten. Im Internat und in der Schule in Aschaffenburg wusste inzwischen jeder, was geschehen war. Man ließ mich da in Ruhe. Die Lehrer hatten den Kindern ans Herz gelegt, Rücksicht zu nehmen. Es war gut, dass ich schnell dorthin zurückging. Ich hatte da meine Freunde, sie waren ein kleines Stückchen Halt und lenkten mich ein bisschen ab. Natürlich kamen mir öfter die Tränen, und die anderen trösteten mich damit, dass Gott es so wollte und ich stark sein muss. Aber ich bin ein Mensch, der seine Gefühle nicht so deutlich zeigt, und richtig weinen konnte ich meistens nur, wenn ich alleine war.

Selbst nach Aschaffenburg kam die Polizei einmal. Sie suchten mich am 29. September mittags in der Schule auf, zeigten mir Fotos und fragten: Ist dein Vater mal bedroht worden von einem Blumenhändler namens Cakir? Ich hatte den Mann noch nie gesehen. Dann legten sie mir Fotos von Hüseyin, von meiner Mutter, von Verwandten und von wildfremden Menschen vor. Ich wusste nicht, was all das zu bedeuten hatte. Ob mir jemand aufgefallen ist, wollten sie wissen, ob mir in Holland jemals etwas merkwürdig vorkam. Ob mein Vater mit jemandem Streit hatte. Ob er bedroht worden war. Warum er eigentlich irgendwann im Lauf dieses Jahres aufgehört hatte, selber am Stand zu verkaufen. Ich antwortete, dass er an den Wochenenden einfach mehr Zeit mit uns Kindern hatte verbringen wollen, aber ich spürte, dass sie mir nicht glaubten. Das ängstigte mich, aber ich konnte mit niemandem darüber reden.

Meine Mutter wusste in dieser ersten Zeit nicht, wie sie mit ihren Gefühlen umgehen sollte. Sie hatte ihren geliebten Mann verloren. Aber wer hatte uns das angetan? Und waren jetzt wir Kinder in Gefahr? Bedrückende Verdächtigungen lasteten auf ihr, sie musste die Vernehmungen über sich ergehen lassen, sich um Kerim und mich kümmern und um den Blumenhandel – von dem unklar war, wie es weitergehen sollte. Kein Wunder, dass sich die gesundheitlichen Probleme, die sie schon zuvor gehabt hatte, verschärften. Meine Mutter bekam psychisch bedingte Hautausschläge, litt unter Schwindelanfällen, schließlich suchte sie einen Therapeuten auf. Ihr Glaube hat ihr geholfen und verhindert, dass sie an alldem zerbrochen ist.

Der Verdacht aber lag nun auf uns, blieb bei uns, schwappte über unsere Familie in mehreren Wellen. Zuerst standen meine Mutter und ihre Brüder selbst im Fokus. Ich habe keine Ahnung, ob die Polizei wirklich von ihrer Schuld ausging oder einfach immer wieder nachbohrte, um zu sehen, ob sie damit vielleicht weiterkäme. Als das nicht der Fall war, kam die Drogentheorie auf – angeblich habe mein Vater mit Rauschgift gehandelt oder es zumindest transportiert. Die «Sabah», eine türkische Tageszeitung, brachte im Oktober einen Artikel mit der Überschrift: Steckte die türkische Mafia hinter dem Mord? Dass eine türkische Zeitung das schrieb, gab mir zu denken. Die Welt war nicht schwarz-weiß, es waren nicht nur die Deutschen, die schnell mit Verdächtigungen bei der Hand waren. Auch dieser Artikel wurde in den Vernehmungen öfter thematisiert, er hat wohl auch viele Bekannte zu Mutmaßungen veranlasst. Es schien ja auf der Hand zu liegen: Woche für Woche war mein Vater nach Holland gefahren, die Hafenstadt Rotterdam gilt als Drogendrehscheibe... Bald darauf durchsuchten die Polizisten unseren Lastwagen, sie suchten nach Spuren von Opiaten, Rückständen von Kokain, Bröseln von Hasch, sie suchten nach doppelten Böden und versteckten Hohlräumen, überall, im Fahrerbereich, im Motorblock, am Unterboden. Sie suchten mit Spürhund und mit Stabkamera. Sie fanden nichts. Dennoch sollte uns der Drogenverdacht mehr als ein Jahrzehnt lang verfolgen.

Dann setzte die Polizei ein psychisches Druckmittel ein. Irgendwann erzählten sie uns, dass mein Vater noch eine zweite Familie gehabt hätte. Angeblich eine deutsche Frau – blond soll sie gewesen sein –, mit der er ebenfalls zwei Kinder hätte. Sie zeigten meiner Mutter sogar Fotos: Schauen Sie, Ihr Mann war mit dieser Frau zusammen. Auch diese bizarre Szene wiederholte sich, die Polizisten erzählten immer wieder, dass Vater andere Frauen hatte. Meine Mutter fiel darauf nicht herein, sie hat das nie geglaubt und antwortete: Wenn das stimmt, können seine anderen Kinder bei uns wohnen, und die Frau kann auch zu uns ziehen. Das sind dann auch meine Kinder, unser Haus ist ihr Haus.

Die Polizei hat wohl einfach ausgetestet, wie wir reagieren. Einer von ihnen räumte lange nach einer dieser Vernehmungen ein, dass es nur ein Versuch war, reine Taktik. Er redete meiner Mutter zu, sie solle ihren Mann genauso in Erinnerung behalten, wie sie ihn kannte. Ihnen sei es nur darum gegangen, die Möglichkeiten abzuklopfen, sie zu verunsichern, herauszufinden, ob sie, mit solchen Behauptungen konfrontiert, etwas aussagt, das den Verdacht erhärtet. Meine Mutter empfand dieses Eingeständnis als faire Geste, den Trick hatte sie längst durchschaut. Ich bewundere meine Mutter für diese Größe, ich selbst kann das bis heute nicht so gelassen sehen. Die Ermittler haben in Kauf genommen, dass meine Mutter ihre gesamte Ehe, ihren geliebten Mann in Frage stellt – ohne dass sich mein toter Vater je dagegen wehren konnte.

Meine Onkel, die ebenfalls mit Behauptungen über heimliche Liebesbeziehungen ihres Schwagers konfrontiert wurden, fragten zurück: Wann soll das gewesen sein mit der angeblichen Freundin, vor oder nach 1998? Später, sagten die Polizisten. Und meine Onkel konterten, das könne nicht sein. Nach der Mekkareise? Unmöglich.

Einer weiteren Theorie zufolge soll mein Vater in schmutzige Geschäfte verwickelt gewesen sein und Schulden nicht bezahlt haben. Selbst wenn es solche Geschäfte und Schulden gegeben hätte, kamen meiner Mutter die Schlussfolgerungen vollkommen abwegig vor. Denn hätte er sich gefährdet gefühlt, dann hätte er sich doch nicht an die Straße gestellt! Er hätte es seiner Frau gesagt, sie tauschten sich doch über alles aus, es gab nichts, was sie nicht miteinander beredeten. Und er hätte meinen Bruder und mich geschützt, hätte uns vielleicht in die Türkei gebracht, aber sicher nicht fern aller Verwandtschaft in unseren Internaten gelassen.

Für mich war immer hundertprozentig klar, dass niemand aus unserem Familienkreis in die Tat verwickelt sein konnte. Von den Ermittlungen gegen unsere nächste Verwandtschaft haben mein Bruder und ich uns nie anstecken lassen. Dass wir uns auf unsere Onkel und Tanten verlassen können, das wussten wir, sie waren es doch, die uns aufgefangen hatten, die uns halfen. Wir hatten erlebt, wie entsetzt sie selber waren nach dem Mord. Die Polizisten hätten das Gesicht meines Onkels sehen sollen, als er uns weinend und verzweifelt im

Krankenhausgarten die Nachricht überbrachte, dass die Maschinen abgeschaltet worden waren und es keine Hoffnung mehr gab.

Die Polizei hat mit ihren Ermittlungen in Kauf genommen, das Urvertrauen in unserer Familie zu zerstören. Jenen Zusammenhalt zwischen uns, die Nähe meiner Mutter zu ihren Brüdern, die Freundschaft zwischen meinem Vater und seinen Schwagern, all das wurde beschmutzt. Es blieb zum Glück nichts davon haften. Meine Onkel wurden neben unserer Mutter für Kerim und mich die stärksten und wichtigsten Bezugspersonen nach dem Tod unseres Vaters, der ihnen wie ein Bruder war. Das Misstrauen konnte unsere Familie nicht zersetzen. Natürlich fragten wir uns, ob der Mörder jemand gewesen sein könnte, den wir kennen. Jemand aus dem weiteren Verwandtenkreis? Ein Bekannter? Jemand aus der Nachbarschaft? Einer, der bei meinem Vater Blumen gekauft oder einen seiner Stände betreut hatte? Wir fanden keinen Anhaltspunkt.

Allerdings kam es zu Spannungen zwischen uns und den Brüdern meines Vaters in der Türkei. Das hatte mehrere Ursachen: Die beiden hatten einen Bruder verloren und wussten nicht, wie es uns in Deutschland mittlerweile erging. Und sie hatten gegenüber meiner Mutter Erwartungen. Mein Vater hatte seine Verwandten in der Türkei immer unterstützt, er hatte ihnen oft Geld gegeben. Meine Mutter konnte das jetzt nicht mehr leisten, was die Beziehungen nicht verbesserte. Der Kontakt wurde loser, von Jahr zu Jahr trafen wir uns seltener und kürzer, und ohne die Begegnungen im Urlaub gab es immer weniger, was uns verband. Es war mein

Vater gewesen, der die Kontakte zwischen den Familien Simsek und Bas gehalten und regelmäßig alle zu geselligen Festen zusammengebracht hatte. Das war nun vorbei. Meine Oma hat wohl am meisten darunter gelitten. Vater war als einziger ihrer Söhne so weit fort gewesen, hatte ein Leben geführt, von dem sie wenig wusste, in einem unbekannten Land – und eines Tages wird er dort ermordet. Sie hat geweint, wann immer ich sie bei Türkeireisen traf. Immer. Ich kann mich an keinen einzigen Tag erinnern, an dem sie nicht geweint hat.

Die Falle war sorgsam aufgebaut. Sie wollten Adile Simsek und Hüseyin Bas zu Vernehmungen nach Nürnberg einbestellen, aber diesmal würden sie zuvorkommend sein. Am Anfang zumindest. Ein Polizist sollte sie mit dem Dienstfahrzeug in Schlüchtern abholen. Nach der Ankunft im Polizeiquartier konnten sie die beiden dann erst mal ins Gebet nehmen. Getrennt, in verschiedenen Zimmern, sie in dem einen Raum, ihn gleich nebenan. Bruder und Schwester wussten das, würden an den anderen denken, jeder würde für sich überlegen, was der andere wohl direkt hinter dieser Wand gerade zu Protokoll gab. Die Vernehmungsbeamten würden die beiden ordentlich unter Druck setzen, wie üblich: hier mal andeuten, dass die Polizei schon einiges wisse, da eine kleine Verdächtigung fallenlassen, wohldosiert. Nach ein paar unangenehmen Stunden würden die Polizisten die Vernehmungen beenden und Adile Simsek und Hüseyin Bas nach Hause entlassen: Danke, Sie können jetzt gehen, und übrigens, das Tatfahrzeug, der Sprinter, ist mittlerweile gesäubert, wir haben die Spuren gesichert, wir brauchen den Wagen nicht mehr. Sie dürfen ihn mitnehmen.

Adile Simsek und Hüseyin Bas würden einsteigen, losfahren, und nun – erleichtert, weil die strapaziöse Vernehmung endlich vorbei war – würden sie reden. Es würde ihnen die Zunge lockern, dass der Druck endlich vorüber war, befreit und sicher würden sie sich fühlen. Und die Polizei würde mithören, jedes Wort. Das war der Plan, und alles dafür war seinen bürokratisch geordneten Weg gegangen: Ein Kriminalhauptkommissar stellte den korrekt formulierten Antrag auf «Abhören und Aufzeichnen des nicht öffentlich gesprochenen Worts» an die Staatsanwaltschaft Nürnberg-Fürth, ein Staatsanwalt machte daraus einen ebenso ordentlichen Antrag ans Amtsgericht, drückte einen Stempel darauf, der besagte, dass die Sache höchst dringlich sei, ließ das Papier via Boten ins Gericht bringen, und noch am selben Tag, am 4. Oktober kurz nach zwölf, legte ein Amtsrichter die Genehmigung ins Faxgerät.

Der Paragraph 100c des Strafgesetzbuches macht strenge Vorgaben. Zu rechtfertigen war dieser Lauschangriff nur, wenn der Verdacht bestand, dass einer der Abzuhörenden «als Täter oder Teilnehmer» eine «besonders schwere Straftat begangen» hatte, oder zumindest die Aussicht, dass sich so enthüllende Aussagen gewinnen ließen. Und auch dann wurde diese Aktion nur genehmigt, wenn ohne sie die Aufklärung des Falles «unverhältnismäßig erschwert oder aussichtslos» wäre, und mit genau diesen Worten begründete der Kriminalhauptkommissar seinen Antrag, nämlich mit der vagen Behauptung: Bei den bisherigen Recherchen habe sich gezeigt, dass Adile Simsek und ihre Brüder nicht alles erzählt hätten, was sie wüssten. Möglicherweise habe die Familie also ein Motiv für die Tat.

Der Amtsrichter fand diese wacklige Begründung stabil genug, er gab seinen Segen. Es sei wahrscheinlich, schrieb er, dass die Familie mit den Tätern in Kontakt stehe, und deshalb sei damit zu rechnen, dass ein Lauschangriff zur Aufklärung des Verbrechens führen werde. So leicht ließ sich in der alltäglichen Praxis der Justiz über das hinweghuschen, was eigentlich nach strengen Gesetzesvorgaben klang. Die Polizei, die Staatsanwaltschaft und das Amtsgericht wussten, dass sie sich rechtlich auf dünnem Eis bewegten. Das Gesetz sprach in Paragraph 100c ja eine eindeutige Sprache: Eine solche Maßnahme dürfe nur dann angeordnet werden, wenn «anzunehmen ist, dass durch die Überwachung Äußerungen, die dem Kernbereich privater Lebensgestaltung zuzurechnen sind, nicht erfasst werden». Das heißt: Abhören ist erlaubt, aber nur, wenn man davon ausgehen kann, dass die Lauscher nicht Privatestes und Intimes aufschnappen. Die tatsächliche Situation sprach also auf den ersten Blick gegen den Lauschangriff: Bruder und Schwester waren allein unterwegs, nach der anstrengenden Vernehmung, natürlich konnte da Privates zur Sprache kommen. Und gibt es einen ungestörteren, geschützteren Ort für ein vertrauliches Gespräch als ein fahrendes Auto? Allerdings heißt es weiter im Paragraphen: «Gespräche in Betriebs- oder Geschäftsräumen sind in der Regel nicht dem Kernbereich privater Lebensgestaltung zuzurechnen.» Jeder Gesetzestext ist deutbar: War der Sprinter nicht ein Geschäftsfahrzeug?

Also wurden Adile Simsek und Hüseyin Bas am 12. Oktober von einem freundlichen Polizisten abgeholt und nach Nürnberg chauffiert. Ein Beamter vernahm Hüseyin Bas, von kurz vor zwölf bis kurz vor zwei, in Zimmer 254, und daneben, in Zimmer 253, litt zur selben Zeit Adile Simsek.

Wo er zur Tatzeit gewesen sei, fragte der Vernehmer Hüseyin Bas.

Nun, das konnte er leicht beantworten, er hatte ein Taxiunternehmen, er hatte gearbeitet.

Der Beamte fragte weiter, die üblichen Fragen, nach denkbaren Motiven für den rätselhaften Mord, nach einer anderen Frau in Enver Simseks Leben. Er stocherte hier, bohrte da, und ab und zu flocht er kleine, spitze Bemerkungen ein: Wissen Sie eigentlich, was passiert, wenn eines Tages herauskommen sollte, dass Sie hier mit der Wahrheit hinter dem Berg halten?

Ob sie öfter Streit mit ihrem Mann gehabt habe, fragte ein anderer Polizist im Nebenzimmer Adile Simsek, Nachbarn hätten von einer lautstarken Auseinandersetzung zu berichten gewusst. Und jetzt, wo ihr Mann tot sei, könne man ja wohl noch viel mehr Geld aus dem Verkauf des Blumengeschäfts ziehen, für die Familie Bas wohlgemerkt, oder?

Am Ende der lavazähen Gespräche fragten die Beamten die beiden Vernommenen: Gibt es etwas, das Sie uns verheimlichen?

Mit dieser Frage, auf die es natürlich keine Antwort gab, wurden Bruder und Schwester entlassen. Damit war die Falle aufgespannt, nun musste sie nur noch zuschnappen. Jetzt würden Adile Simsek und Hüseyin Bas in den Sprinter steigen und erleichtert aufatmen – unter der in der Decke des

Führerhauses versteckten Wanze, die ein Technikexperte der «Polizeidirektion Spezialeinheiten Nordbayern» eingebaut hatte. Und jetzt begann die eigentliche Vernehmung. Jetzt mochten die beiden sprechen, worüber sie wollten, idealerweise darüber, wie und warum sie den Mord verübt hatten.

Und alles, was sie sagten, wurde aufgezeichnet. Zunächst war nur ein Brummen und Dröhnen zu hören. Es rauschte auf, wenn der Fahrer hochschaltete, es schwoll leicht ab, wenn der Motor sich auf niedrigerer Drehzahl einschwang, laut war es immer. Vielleicht war die Falle ja doch nicht ganz so gut.

Aber mit der Zeit schälten sich Gesprächsfetzen aus dem Lärm. Die Leute, die das gemacht hatten, sagte Adile Simsek bitter, hätten es bestimmt vorab gut durchdacht. Vielleicht, überlegte sie laut vor sich hin, hätten die Mörder ja sogar die Minuten ausgenutzt, als Enver ein Gebet verrichtete und in sich versunken war, unaufmerksam und besonders verletzlich.

Das Brummen verstummte. Offensichtlich hatten sie angehalten. Jemand stieg aus. Stille. Jemand stieg wieder ein. Der Motor sprang an, der Lärm flutete das Mikro. Ansonsten nichts. Schweigen.

Die Polizei, fingen sie endlich wieder an, die Polizei. Da hatte es doch immer wieder diese merkwürdigen Anzeigen gegen Enver gegeben, immer wieder hatte er Ärger am Stand gehabt, wegen Überschreitung von Verkaufszeiten oder falsch aufgestellten Werbeschildern, jedes Mal ging es um irgendeine andere lächerliche Kleinigkeit.

Der Wagen nahm Fahrt auf, das Gespräch versank für ein paar Sekunden im Brummen und wurde dann verständlich:

Könnte es sein, überlegten die beiden, dass ein überstrenger Polizist sich wieder mal wegen einer «Ordnungswidrigkeit» am Blumenstand aufgeregt, seine Dienstwaffe gezogen und Enver erschossen hatte? Nein, sagte Adile Simsek, nein. Das geht zu weit. Das kann nicht sein.

Aber umgekehrt, sagte Hüseyin, habe die Polizei die Familie im Verdacht. Adile ging darauf nicht ein.

Es sei so bitter, murmelte Hüseyin irgendwann, dass Enver genau jetzt gestorben sei. Wo er all die Pläne schmiedete, so viel vorhatte, sich so auf die Zukunft freute.

Er habe wohl einen heimlichen Todfeind gehabt, sagte Adile.

Aber nein, widersprach ihr Bruder, da hatte es doch niemanden gegeben, nie war etwas Ernsthaftes vorgefallen!

Sicher, sagte Adile, andererseits: Die stillen Feinde seien die gefährlichsten. Die, von denen man nichts weiß. Die nicht herumlärmten und drohten, sondern einfach zuschlugen. Warum auch immer.

Der Motor brüllte jetzt. Offenbar waren die beiden auf der Autobahn unterwegs. Wenn sie einen anderen Wagen überholten, wuchs sich das Brüllen zu einem regelrechten Lärmbeben aus.

Vielleicht sei doch dieser Cakir in die Sache verstrickt, spekulierten sie ratlos. Die Polizei, sagte Hüseyin, habe erklärt, sie werde den Mörder finden.

Das hoffe sie so sehr, sagte Adile. Inschallah: So Gott will.

Diese Polizisten, murmelte sie, diese Polizisten ... es sei doch erstaunlich, wie lange die arbeiten, wie viele Fragen die stellen konnten, ohne eine Essenspause zu brauchen.

Die beiden verfielen in Schweigen. Die Lauscher waren nun allein mit dem Röhren des Fahrzeugs.

Hatte sich der Familienverdacht damit erledigt? Nicht im Entferntesten. Ein paar Wochen später wollten die Ermittler den Sprinter wieder abhören. Diesmal allerdings gab das Mikrophon komplett den Geist auf.

Dass sie unseren Sprinter verwanzt hatten, war nur der Anfang. In den folgenden Monaten trafen die Verdächtigungen uns mit immer größerer Wucht. Auch meinen Vater, über seinen Tod hinaus. Er hatte ein normales Leben geführt, nur an seinem Ende war nicht das Geringste normal gewesen. Die Ermittlungen infizierten sein Leben nachträglich. Es war paradox: dass er brutal ermordet worden war, verwandelte meinen Vater posthum in einen Verdächtigen.

Jedes Detail konnte ja vielleicht eine Erklärung für seinen Tod bergen, und so wurde alles in Frage gestellt: War die Beziehung zwischen meinen Eltern stark und eng oder in Wahrheit zersetzt von Geldgier und Missgunst? Die Chrysanthemen, Rosen, Gerbera – waren das einfach Blumen und Handelsware oder eine Fassade, hinter der schmutzige Dinge versteckt wurden? Der unermüdliche Fleiß meines Vaters – trieben dunkle Geschäfte ihn an? Das Geld, das er sich erarbeitet hatte, war es in Wahrheit ergaunert? Am bittersten war für meine Familie aber, dass wir selbst unter Verdacht standen und der Polizei nicht klarmachen konnten, wie absurd das war. Einmal sagte Onkel Hursit verzweifelt zu den Beamten: «Wir sind doch verwandt!»

Eine andere Theorie der Polizei lautete, dass ein Konkurrent im Blumengeschäft dahinterstecke. Diese Möglichkeit war für uns noch am ehesten zu verkraften, und eine Zeitlang kam sie uns in unserer Ratlosigkeit auch irgendwie einleuchtend vor. Tatsächlich gab es da ja Cakir, und zwischen ihm und meinem Vater war es öfter zu Streit gekommen, auch Drohungen wurden wohl ausgesprochen. Bald wussten die Ermittler, dass die beiden nicht gerade Freunde waren, geschäftlich wie politisch, mein Vater nationalbewusster Türke, Cakir mit seiner angeblichen Sympathie für die Kurden-Partei PKK. Wir erinnerten uns an jenen Streit am Telefon, als Cakir angeblich gesagt hatte, er wolle meinen Vater «fertigmachen». Aber sicher waren wir nicht: Hatte er wirklich genau das gesagt, in diesen Worten, und selbst wenn, was hatte er damit gemeint? Die Geschichte von diesem Telefonat kursierte schon länger, Verwandte erzählten sie Bekannten, die redeten mit den Nachbarn darüber, und in den Vernehmungen gab jeder seine Version zum Besten. Ja, «fertigmachen» habe er gesagt, das bestätigte eine Verwandte der Polizei. Sie hatte im Frühjahr 1999 im Lager beim Sträußebinden geholfen und war dabei gewesen, als Vater nach dem Telefonat ganz bleich aus dem Büro kam, weil sein Konkurrent ihn «fertigmachen» wolle.

Ein paar Tage später fragte ein Polizist Onkel Hüseyin, ob er eigentlich wisse, dass Cakir gedroht habe, er wolle Enver Simsek «vernichten»?

So ähnlich, antwortete Hüseyin, sein Bruder Hursit habe erzählt, Cakir wolle angeblich «Enver kaputtmachen».

Stimmt, sagte meine Mutter, als die Polizei bei ihr nachhakte, ihr Mann habe ihr von dem Telefonat erzählt und gemeint: Dieser Cakir will mich nicht leben lassen ...

Fertigmachen? Vernichten? Oder gar «liquidieren», «umbringen»? Auch diese Worte raunte man mittlerweile in Friedberg und Schlüchtern, unter den Blumenhändlern und den Taxifahrern meines Onkels. In Wahrheit hatte sich damals nach dem Streit niemand viel gedacht, niemand hatte das ernst genommen. Umso mehr deuteten die Leute jetzt in diese Geschichte hinein. Bald schlug die Sache Kapriolen. Nachdem meine Mutter sich noch mal umgehört hatte, berichtete sie den Ermittlern, sie habe mit Hüseyin telefoniert, und Hüseyin habe ihr von einem Gespräch mit einem Bekannten namens Ihlas erzählt, und dieser Ihlas habe gesagt, er habe mit einem gewissen Hassan gesprochen, und dieser Hassan habe verkündet, er habe sich unlängst mit Cakir unterhalten, und Cakir habe behauptet, er habe vor etwa einem Jahr mit meinem Vater telefoniert – und in diesem Gespräch habe mein Vater erklärt, er wolle Cakir töten!

Jahre später habe ich erfahren, dass die Polizei damals Cakir in die Mangel nahm und ihn am Ende einer langen Vernehmung klipp und klar fragte, wo er war am Tag, als die Schüsse fielen. Cakir hatte ein wasserdichtes Alibi, er war in einem türkischen Sportvereinsheim, beim Kartenspielen. Im Lauf der Wochen breitete sich das Gift des Verdachts immer weiter aus, bald auch auf andere Familien. Nicht nur nähere Verwandte, auch flüchtige Bekannte wurden vernommen und unter Druck gesetzt. Nein, sagten die Blumenverkäufer, mit Schutzgelderpressungen oder sonstigen Bedrohungen hätten sie nie zu tun gehabt.

Abgesehen von einer Ausnahme, von der ich viele Jahre später erfuhr. Einer der Händler hatte der Polizei erzählt: Ein türkischer Kleinhändler sei bei Berlin von Skinheads verprügelt worden, und ein anderer Türke sei mit Brandwunden davongekommen, als die Glatzen versucht hätten, ihn mitsamt seinem Stand anzuzünden ... Das fand der Vernehmungsbeamte aber uninteressant. Er wechselte das Thema und fragte weiter nach Kurdenbanden und PKK. Als die Ermittler merkten, wie viele der Türken in Schlüchtern und Friedberg über ein paar Ecken miteinander verwandt sind, wie viele aus ein und demselben Dorf Salur stammen, vermuteten sie wohl, wir würden alle unter einer Decke stecken, uns in einer Art Parallelwelt verschanzen. Denn die meisten Vernommenen sagten immer wieder das Gleiche: Mein Vater sei ein höflicher und geselliger Mann gewesen, der sich eigentlich mit jedem verstand, der vielen half, hier für die Moschee spendete, da jemanden mit einer Anschubfinanzierung für ein kleines Geschäft unterstützte. Wahrscheinlich argwöhnten die Polizisten: Wenn alle diesen Enver Simsek so loben, dann muss da ja was faul sein. Dass all diese Leute einfach deshalb nichts zur Aufklärung beitrugen, weil sie schlicht nichts wussten, diese naheliegende Möglichkeit kam der Polizei unglaubwürdig vor.

In der Familie rätselten wir, was es bedeutete, dass mein Vater mit so einer kaltblütigen Präzision und Professionalität umgebracht worden war. Fest stand damit, dass die Mörder Routine im Umgang mit Waffen hatten. Deshalb brachte Onkel Hursit in einer Vernehmung vorsichtig zum Ausdruck, dass vielleicht ein Polizist aus Nürnberg hinter der Tat stecken könnte, wegen der dauernden Schwierigkeiten mit dem Blumenstand, schließlich bestand er darauf: Nehmen Sie diesen Verdacht bitte ins Protokoll auf. Der Beamte tat es widerwillig: Das ist doch total grotesk, was Sie da von sich geben.

Natürlich war es unwahrscheinlich. Aber in einem so nebulösen Fall hätte es einfach zur polizeilichen Pflicht der Ermittler gehört, erst mal jede auch noch so abwegige Hypothese zu überdenken – um sie dann mit Sicherheit ausschließen zu können. Stattdessen liefen die Ermittlungen eindimensional weiter: Die Polizisten durchkämmten nicht nur das persönliche, sondern auch das geschäftliche Umfeld unserer Familie. Sie riefen zum Beispiel nicht nur die Bekannten meines Onkels Hüseyin an: Dieser Herr Bas, was macht der eigentlich, was ist er für ein Typ? Könnte er ein Mörder sein? Sie hörten auch sein Telefon ab. Als er einmal mit einem deutschen Stammkunden telefonierte, der sich regelmäßig von Taxi-Bas chauffieren ließ, befragten sie auch diesen Mann: Wie wirkt Herr Bas auf Sie? Wie schätzen Sie seinen Charakter ein, trauen Sie ihm zu, jemanden umzubringen? Wie tief es meine Onkel und meine Mutter getroffen haben muss, dass man Bekannte, Verwandte, Geschäftspartner derartig ausfragte und berufliche wie private Beziehungen damit ins Zwielicht rückte, das wurde mir erst später wirklich klar. Mit meinen vierzehn Jahren war ich damals noch zu sehr mit mir selbst und meinem eigenen Schmerz beschäftigt.

Ende November gab es eine Hausdurchsuchung. Die Polizei nahm so ziemlich alles mit, was nicht niet- und nagelfest war, Ordner, Unterlagen, Papiere. Sie stellten unsere

Wohnung auf den Kopf, trugen Kartons und Kisten hinaus, geschäftliche Dokumente, Privates, Intimes, Handys, Reisepässe, Aktenkoffer, Geburtsurkunden, Schmuck, Visitenkarten, Rechnungen, einen Fotoapparat, ärztliche Atteste, Kontoauszüge, Schmierzettel, Notizhefte, Schnürsenkel, Knöpfe. Besonders schmerzlich war, dass sie mindestens ein halbes Dutzend Fotoalben mitnahmen, Urlaubsbilder, Gruppenbilder, Schnappschüsse aus Flieden, aus Schlüchtern, aus Salur. Es fühlte sich an, als wollten sie unsere Erinnerungen an ein glückliches Leben wegschleppen, alles, was unsere Familie einmal ausgemacht hatte.

Auf den Fotoalben, die wir später zurückbekommen haben, prangt heute ein Polizeistempel. Aber die meisten unserer Bilder sind weg. Ich habe keine Ahnung wo, man hat uns nie eine richtige Auskunft gegeben. Ein paar haben wir zurückerhalten, mal dies, mal das. Aber in der jahrelangen Unordnung verloren wir den Überblick. Bis heute bekommen wir einzelne Sachen zurück. Erst letztens schickten sie uns einen Satz kroatische und holländische Münzen, die mein Vater damals zu Hause hatte. Nach zwölf Jahren.

Sie nahmen Speichelproben, auch von uns Kindern. Vielleicht brauchten sie diese DNA-Muster, um den Spuren im Wagen nachzugehen. So versuche ich heute, mir das zu erklären. Damals war das alles einfach nur beängstigend. Und sie machten Bilder von meinen Onkeln. Frontal. Im Profil. Mit einer Nummer versehen. Wie für das Verbrecheralbum, wie im Film. Als wären das Terroristen, Leute, deren Gesichter man auf Fahndungsplakaten zeigen will. Im Laufe der Jahre haben wir uns mit dem Gedanken beruhigt, dass die Polizei nur ihre Arbeit tut, dass das alles schon irgendwie seine Richtigkeit haben wird. Dennoch war es bitter. Und wir hatten nie den Eindruck, dass irgendwer versuchte, bei alldem wenigstens rücksichtsvoll zu sein.

Mittlerweile hing ein Nebel aus Gerüchten über Friedberg und Schlüchtern, ein Dschungel aus Mutmaßungen wucherte, wir spürten, die Leute redeten über uns, auf der Straße und am Familientisch, in der Moschee und an den Blumenständen. Keiner sagte offen etwas, die Leute tuschelten, wir hörten davon: Mein Vater war schnell erfolgreich geworden – ob das wohl mit rechten Dingen zugegangen sein mochte, was womöglich dahinterstecke? Manche, das weiß ich heute, haben ihre Vermutungen auch in Vernehmungen ausgesprochen. Die Polizei wiederum griff die Gerüchte auf, thematisierte sie in der nächsten Befragung und trug die Spekulationen so in unseren Bekannten- und Verwandtenkreis: Wisst ihr, was die Polizei mich gefragt hat …? Eine verhängnisvolle Spirale setzte sich in Gang, die Verdachtsmaschinerie kam nicht mehr zur Ruhe.

Die abwegige Vermutung, dass mein Vater eine Geliebte gehabt haben könnte, spann die Polizei immer weiter aus. Ein besonders absurdes Beispiel: Sie vernahmen die Ehefrau eines Neffen meines Vaters, das Paar hat eine Tochter. In der Geburtsurkunde des Mädchens ist allerdings nur die Mutter eingetragen, nicht der Vater, was daran liegt, dass die beiden bei der Geburt des Kindes noch nicht verheiratet waren. Das war ihnen peinlich, deshalb verzichteten sie auf den Namen des Vaters in der Urkunde. Die Polizei entdeckte das und zog ihre Schlüsse: Sind Sie sicher, fragte der Vernehmer die Frau, dass Ihr Mann der Vater dieses Kindes ist?

Ja, sagte sie, natürlich.

Wissen Sie, ob der erschossene Enver Simsek früher mal fremdging?

Davon weiß ich nicht das Geringste, antwortete sie.

Hatten Sie, fragte er nun unverblümt, ein sexuelles Verhältnis mit Enver Simsek?

Aber nein, sagte sie, Herr Simsek war für mich wie ein Onkel, fast wie ein Vater!

Es ist offensichtlich, worauf all das zielte. Die Polizei vermutete, mein Vater könne dieses Kind gezeugt haben.

Noch irrwitziger war ein anderer Vorfall, der sich bald in Friedberg herumsprach. Die Beamten besuchten eine türkische Frau, die wir überhaupt nicht kannten. Sie legten ihr Fotos mit den Gesichtern von Männern vor. Kennen Sie einen dieser Männer, fragten die Ermittler.

Nein, sagte die Frau, sie kenne keinen von denen, keinen einzigen, lauter Fremde seien das für sie.

Eines der Bilder zeigte meinen Vater, die Polizisten deuteten darauf und fragten: Kennen Sie den etwa auch nicht?

Nein, antwortete die Frau, nie gesehen.

Bestehen Sie darauf, den nicht zu kennen?

Ja, wirklich, den kenne ich nicht.

Und dann fragte der Polizist: Ist es denn nicht in Wahrheit so, dass Sie mit diesem Mann eine Affäre gehabt haben?

Nein, beteuerte die Frau, nein! Sie war noch nie in Schlüchtern gewesen, sie kannte niemand dort, geschweige denn die Familie Simsek.

Wie mag diese Frau sich gefühlt haben? Noch am selben Tag ging ihr Ehemann zur Friedberger Polizeistation und redete verzweifelt auf die diensthabende Kriminalkommissarin ein: Seine Frau, eine Affäre? Ein Missverständnis, eine Unmöglichkeit! Die Polizei sagte nichts dazu, nahm nichts zurück. Der Mann war so erschüttert, dass er sich auf der Polizeistation mehrmals übergeben musste. Mittlerweile weiß ich, wie die Polizei damals auf diese Idee kam. Ein anonymer, verleumderischer Hinweis hatte sie auf die Spur dieser armen Frau gebracht. Irgendjemand, der erklärte, er hätte da was Wichtiges. Solche Spuren gab es öfter, keine davon erwies sich als haltbar. Aber ich stelle mir vor, wie der Verdacht, den die Polizei ohne Vorwarnung in diese Ehe trug, die beiden gequält und auf die Probe gestellt haben muss. Diese Ermittlungen haben viele Leben vergiftet, nicht nur das unserer Familie.

So furchtbar es auch war, natürlich muss die Polizei jede und wirklich jede Spur verfolgen, wenn sie konsequent ermitteln will. Ich frage mich nur, warum nach all den Misserfolgen niemals Fremdenhass als Motiv in Erwägung gezogen, warum nie in diese Richtung ermittelt wurde. Stattdessen machten Gerüchte die Runde, plausible, schrille, bösartige: Enver Simsek war ein erfolgreicher Mann, vielleicht hatte er Neider, die ihn schließlich hassten? Hatte womöglich Adile Simsek ein Verhältnis mit einem anderen Mann gehabt, und Enver hat das herausgefunden und musste deshalb sterben? Auffällig kühl habe meine Mutter die Todesnachricht aufgenommen, befremdlich unberührt hätten meine Onkel gewirkt nach der

Tat, nicht mal ich hätte richtig getrauert. Diese Gemeinheiten erzählte ein Blumenhändler herum, und manch anderer Mist wurde mir später zugetragen.

Diese Verdächtigungen entfalteten noch zweieinhalbtausend Kilometer entfernt ihre Wirkung. Sogar in Salur sprachen sich die Drogen- und Ehebruchsgerüchte herum, im Dorf wurde getratscht, ob bei Enver Simseks Erfolg wirklich alles sauber zugegangen sei, und wenn sogar die deutsche Polizei ihre Zweifel hat... Für die Brüder und die Eltern meines Vaters war das bitter und verletzend. Bei uns in Schlüchtern ging noch eine andere Behauptung um, der die Polizei offenkundig Glauben schenkte. Mein Vater hätte sich in seinen letzten Monaten verändert, sei auffällig in sich gekehrt gewesen, vor allem um den Muttertag 2000 herum habe sich dieser Persönlichkeitswandel gezeigt.

Das stimmte. Tatsächlich beschäftigte ihn die bevorstehende Geschäftsübergabe, er sah der Zukunft, den anstehenden Umbrüchen in seinem Leben voller Vorfreude entgegen und sicher auch mit etwas Sorge. Die Polizei leitete daraus etwas anderes ab: Warum sollte ein scheinbar so unbescholtener Mann plötzlich sein gutgehendes Geschäft loswerden wollen? Da musste etwas faul sein. Dass mein Vater das schon länger geplant, mit Verwandten und Interessenten besprochen hatte, war belanglos. Für die Polizei wollte mein Vater einfach verdammt eilig sein Unternehmen abstoßen und sich davonmachen. Da half es auch nichts, dass wir immer wieder erklärten, wie es wirklich war, wie einfach: Er wollte weniger arbeiten und mehr Zeit für uns haben. Man glaubte uns nicht.

Wie lange hält Vertrauen? Wie lange bleibt es unangreifbar? Wie oft muss man darauf einschlagen, bis es nachgibt, dünn wird, sich verbiegt und bricht? Wie lange widersteht das Vertrauen solchen Angriffen, und wann verwandelt es sich in Verunsicherung, Wut und Verzweiflung? Falls die Ermittler vorhatten, diese Fragen zu ergründen, war meine Mutter ihr Forschungsobjekt. Im April 2001, nach einer zermürbenden, sich über Monate hinziehenden Serie von harten, bisweilen verletzenden Befragungen, in denen sie sich so tapfer wie unbeugsam gezeigt hatte, brach sie zusammen. Allein im Oktober war sie dreimal einbestellt worden. Immer und immer wieder wurde sie befragt nach dem dunklen Punkt im Leben meines Vaters. Es müsse doch einen dunklen Punkt geben, jeder Mensch habe seinen dunklen Punkt.

Nein, sagte sie bei einer Vernehmung im Oktober. Nein. Nein! Keinen Alkohol hat er getrunken, er war nicht der Spielsucht verfallen, mit Drogen hatte er nichts zu tun. Er hat doch derart viel gearbeitet, wie hätte er denn überhaupt Zeit finden sollen für solche Laster! Und nein, sagte meine Mutter, es gab keine anderen Frauen, niemals, wir haben uns zuletzt doch wie frisch verheiratet gefühlt. Er hatte sie so gut behandelt in diesem letzten Jahr vor seinem Tod, dass sie jetzt gar nicht wisse, wozu sie ohne ihn überhaupt noch am Leben bleiben solle. Am liebsten, sagte meine Mutter, wäre sie dort, wo er nun sei.

Aus anderen Zeugenaussagen, erklärte ein Polizist, habe sich ergeben, dass Enver Simsek einmal in der Pension, in der er immer übernachtete, von einer Frau geküsst worden sei. Was habe Adile Simsek dazu vorzubringen?

Auch dadurch war meine Mutter nicht zu erschüttern. Sie kannte die Geschichte ja, oft war sie im Bekanntenkreis erzählt worden, unter großem Gelächter: Ein Blumenverkäufer hatte einen anderen ärgern wollen und eine Pensionsangestellte gebeten, den Kollegen zu umarmen und ihn so in Verlegenheit zu bringen – ein alberner Spaß, Kinderkram. Die Angestellte aber hatte die Männer verwechselt und sich Papa an den Hals gehängt.

Der Polizist, von Verdacht zu Verdacht weiterstochernd, startete die nächste Attacke: Recherchen haben ergeben, dass Sie fünfundzwanzigtausend Mark heimlich, ohne das Wissen Ihres Mannes, bei einer türkischen Bank eingezahlt und ebenso heimlich vor Enver Simseks Tod wieder abgehoben haben ... Die Frage, die unausgesprochen mitklang, lag auf der Hand: War dies das Geld, mit dem Sie die gedungenen Mörder bezahlt haben?

Nein, sagte meine Mutter, nein. Sie druckste herum und enthüllte nur zögernd die Geschichte dieses Geldes, es war ihr peinlich. Sie hatte es unter der Matratze gefunden, wiedergefunden. Ein halbes Jahr zuvor, zwischen Ostern und Muttertag, war es im Betrieb derart drunter und drüber gegangen, war so viel zu erledigen gewesen, wurde so viel Bares hin und her geschoben, dass meine Eltern die Einnahmen einfach unters Bett stopften und vergaßen. Irgendwann entdeckte sie das Geld wieder, zahlte es ein und erzählte dann meinem Vater davon. Der tadelte sie: Warum hast du es bei der Bank angelegt? Du weißt doch, dass wir uns nicht an Zinsen bereichern dürfen!

Der Polizist fragte weiter: Und Sie verschweigen uns wirklich nichts? Nein, beteuerte meine Mutter, nein, wirklich nicht! Schon während sie es aussprach, spürte sie, dass er ihr nicht glaubte. Dann forderte er sie auf, eine Speichelprobe abzugeben. Natürlich war meine Mutter dazu bereit.

Am 17. November wurde sie erneut vernommen, und erneut beantwortete sie geduldig alle Fragen. Was denn da los gewesen sei in den Monaten vor dem Mord, wollte der Vernehmungsbeamte wissen, sie hätten doch immer geschuftet wie die Packesel, und auf einmal hätten sie so auffällig kürzergetreten, warum das denn?

Geld, antwortete meine Mutter, ist nicht alles. Mein Vater und sie hatten gespürt, dass es nicht ewig so weitergehen konnte, und materieller Besitz zähle nicht im Paradies. Was habe ihr Mann denn mitgenommen in jene andere Welt, außer den neun Metern Leichentuch, in die sein zerschossener Körper gewickelt war?

Wie war die Ehe, fragte der Polizist weiter, war sie wirklich gut? Und wie gut? Hatten Sie noch regelmäßig Sex? Auch diese Zumutung ertrug meine Mutter, sie beantwortete jede übergriffige Frage: Ja, es war eine gute Ehe, gerade in jenem letzten Jahr.

Von 11 Uhr 5 bis 18 Uhr 35 zog sich die Vernehmung an diesem Tag hin, sieben quälende und entnervende Stunden lang, unterbrochen nur für dreißig Minuten Pause, in der meine Mutter sich kurz ausruhen konnte und das Nachmittagsgebet verrichtete.

Am 16. Januar folgte der nächste Akt in dem wiederholungsarmen Stück. Noch mal, fragten sie, was hatte es mit den fünfundzwanzigtausend Mark auf sich? Sie habe dieses

Geld doch in Wahrheit heimlich eingezahlt, sie solle das doch zugeben, heimlich eingezahlt und heimlich wieder abgehoben, hinter dem Rücken ihres Mannes. Wozu brauchte sie das Geld, was oder wen wollte sie damit bezahlen?

Nein, antwortete meine Mutter, so war es nicht!

In dieser Ehe, bohrte der Polizist weiter, habe es offenbar Heimlichkeiten, Unehrlichkeiten, Unklarheiten in Geldangelegenheiten gegeben, so gut könne diese Ehe ja wohl doch nicht gewesen sein.

Doch, antwortete meine Mutter, das war sie!

Und hatte er eine Freundin?

Nein. Nein!

Vielleicht, sagte meine Mutter dann müde, vielleicht vor dem Hadsch. Womöglich vor der Pilgerreise nach Mekka, das wäre die einzige denkbare Zeit, womöglich damals. Aber nicht danach.

Aha, hakte der Polizist ein: Sie geben also zu, dass Ihr Mann vielleicht ein Verhältnis hatte. Wie heißt die Frau?

Nein, sagte meine Mutter verzweifelt, nein, so war das nicht gemeint! Sie wusste nichts von einer Affäre, nicht das Geringste, nie hatte mein Vater ihr irgendeinen Anlass zum Misstrauen gegeben, weder nach dem Hadsch noch davor, er war ihr doch treu gewesen!

Von 12 Uhr 5 bis 16 Uhr 30 dauerte diese Vernehmung, mehr als vier zehrende Stunden lang.

Es gab andere, ähnlich verlaufende Befragungen, und dann kam der Samstag, der 9. April 2001. Und diese Vernehmung, die wer-weiß-wievielte, stürzte meine Mutter in den Abgrund der Ratlosigkeit, in den Sog der Verzweiflung und

Wut. Wieder einmal wurde sie belehrt und auf ihre Wahrheitspflicht hingewiesen, wieder wurde ihr erklärt, dass sie Angaben, mit denen sie sich selbst belaste, verweigern könne. Und wieder spielte der Vernehmer die längst bekannten Themen und Motive durch, nur rhetorisch hier und da anders instrumentiert. Vor meiner Mutter auf dem Schreibtisch lag ein Bild von Vater. Während des Gesprächs glitt ihr Blick immer wieder dorthin ab, das Foto wurde ihr zu einem Anker in der Bedrängnis. Die Fragen tröpfelten vor sich hin, zehn, fünfzehn, zwanzig Minuten ging es nur um Belangloses, Kleinigkeiten, Beiläufiges, Alltäglichkeiten, die schon hundertmal durchgekaut worden waren: Wo hatten Sie Ihre Blumenstände? Wer verkaufte dort wann? Was gab es da zu verdienen?

Es ging schleppend voran, irgendwann nahm meine Mutter das Foto in die Hand und sah es ein paar Sekunden lang gedankenverloren an, als stünden die Antworten auf all diese Fragen Vater ins Gesicht geschrieben.

Freitags, sagte sie und legte das Bild zurück auf die Tischplatte, freitags verkaufte sie oft Sträuße an einem Stand in Flieden. Mein Vater half ihr beim Aufbauen, danach ging er in die Moschee, zum Gebet.

Wie läuft das Blumengeschäft jetzt, wollte der Polizist wissen. Ach, nicht mehr so gut? Dann, ein Hakenschlagen, die Frage: Und haben Sie mittlerweile eine Idee, wer Ihren Mann umgebracht haben könnte?

Meine Mutter senkte den Blick, hielt sich mit den Augen am Foto fest. Nein, sagte sie, sie wisse nicht, weshalb ihr Mann sterben musste. Sie erzählte dem Polizisten, dass sie mittlerweile an Depressionen litt, sie habe Angst, selber ermordet zu werden, habe Angst um ihre Brüder und um uns Kinder.

Anderthalb Stunden waren bereits in diesem routiniert quälenden Rhythmus dahingegangen, vielleicht auch zwei. Der Ermittler schwieg vor sich hin, als falle ihm keine weitere Frage ein. Die Polizei –, sagte er, machte eine Pause, setzte neu an, die Polizei habe herausgefunden, dass Enver Simsek Streckmittel für Heroin transportierte. Er sei als Drogenkurier von Holland nach Deutschland gefahren, habe Verbindungen zu Dealern in Frankfurt gehabt.

Der Beamte stellte alles dar, als handle es sich um unumstößliche Tatsachen. Dann schwieg er und beobachtete die Wirkung seiner Worte. Er sah meine Mutter an, sah auf das Foto, dann wieder auf sie: Was sagen Sie dazu?

Nein, antwortete meine Mutter, nein. Ich glaube das nicht. Er ist doch ein gläubiger Mann gewesen. Unvorstellbar. Nein.

Sie stockte, hob die Hände, als wolle sie nach Vaters Bild tasten, dann ließ sie die Arme wieder sacken. Wenn das stimmt, murmelte sie. Wenn das wahr ist ... wenn das wirklich wahr sein sollte ... dass wir von Drogengeld gelebt haben, dass wir unsere Kinder mit Drogengeld aufgezogen haben, dass wir unser Essen mit Drogengeld gekauft haben ...

Und diesmal siegten die Verunsicherung, die Wut und Verzweiflung. Die Wut der alleingelassenen Ehefrau auf diesen Mann, der sich einfach davongemacht hatte in den Tod, die Verzweiflung über den Verlust und die Verunsicherung angesichts all der Fragen und nervenzehrenden Vernehmungsrunden, die Wut auf die Polizisten, die Verzweiflung ob der zersetzten Gewissheiten und der Umstände. Und meine Mutter begann zu seufzen, zu stöhnen und zu schluchzen, sie schrie unter Tränen, mehrere Minuten lang schüttelte der Weinkrampf sie. Der Polizist hatte es letztlich doch geschafft, sie zu brechen, ihren Glauben an ihren Mann, zumindest für diesen Moment: War denn, so schoss es meiner Mutter durch den Kopf, ihr ganzes Leben eine Lüge gewesen, ihre Ehe eine Lüge, ihre Ehrbarkeit, ihr Fleiß, ihr Glaube, ihre Mekkareise, alles Lüge, Lüge, Lüge? Konnte das möglich sein, was der Polizist da behauptete?

Nein, konnte es nicht!

Und wenn doch?

Und sie griff nach dem Foto ihres Mannes, das vor ihr auf dem Tisch lag. Sie hielt sich an ihm fest in ihrer Verunsicherung, zerknüllte es in ihrer Wut und zerriss es in ihrer Verzweiflung.

Meine Mutter hatte viel durchzumachen in ihrem Leben in Deutschland. Es fing bei meiner Geburt an, obwohl diese Geschichte noch etwas Lustiges hat: Als ich zur Welt kam, wurde meinem Vater so schlecht, dass er angesichts dessen, was da vorging, ohnmächtig wurde. Die Ärzte mussten sich um ihn kümmern und haben kurzzeitig meine Mama vergessen.

Nach Vaters Tod musste meine Mutter einfach funktionieren. Sie konnte sich nicht erlauben, sich in ihrer Trauer gehenzulassen, musste sich um zwei Kinder und das ganze Geschäft kümmern. Vielleicht wäre das damals die Möglichkeit gewesen, in die Türkei zurückzukehren. Aber Kerim und ich waren in Deutschland geboren und aufgewachsen, hier hatte sie uns erzogen. Nun, nachdem wir gerade unseren Vater unter unbegreiflichen Umständen verloren hatten, war nicht der richtige Zeitpunkt, uns Kinder auch noch irgendwohin zu verpflanzen, wo wir uns womöglich nicht zurechtfinden würden. Zudem lebten hier unsere Onkel, die uns unterstützten.

In den Jahren nach dem Tod meines Vaters hatte Mutter große Angst um Kerim und mich. Sie hatte das Vertrauen verloren, dass das Leben sicher sei. Das belastete unser Verhältnis, als ich mit siebzehn anfing, abends auszugehen, erst spät in der Nacht heimkam oder gleich bei einer Freundin übernachtete. Dies beunruhigte meine Mutter, sie rief uns immer an, um zu fragen, wo ich war, wann ich heimkäme, warum ich überhaupt weg sei. Ich konnte damals ihre Sorge nicht verstehen, vielleicht wollte ich sie auch nicht verstehen. Heute kann ich mich in die Lage meiner Mutter versetzen, damals fand ich es nur nervig. Meinem Bruder fielen die Dinge nicht leichter. Er ist impulsiv und tat schon immer einfach, was er wollte, Machtworte seiner Mutter hat er zeitweise nur schwer akzeptiert.

In diesen Jahren wurde meine Mutter sehr krank. Sie war depressiv, was mir damals nicht bewusst war. Sie litt unter Schlafstörungen und oft unter völliger Antriebslosigkeit. Sie leidet bis heute darunter. Meine Mutter, die früher immer gearbeitet hat, bleibt manchmal den ganzen Tag im Bett, in einer Erschöpfung, gegen die sie nicht ankommt. Wenn sie heute bei einer Verkehrskontrolle angehalten wird, befällt sie immer noch die Panik. Ihre Hände beginnen zu zittern, weil die Erinnerungen an den Moment wieder hochdrängen, als die Polizisten mit der Todesnachricht und den Verdächtigungen in die Wohnung kamen, an die langen, quälenden Vernehmungen.

Nach meiner Internatszeit lebte ich einige Jahre wieder bei ihr zu Hause, und da gab es Höhen und Tiefen. Dennoch gelang es ihr trotz ihrer eigenen Zweifel, Kerim und mir das Gefühl zu vermitteln, dass sie immer für uns da ist. Mit innerer Größe hat sie uns getragen, und ihr Glaube stützte sie darin. Nach muslimischer Anschauung kennt Gott das Schicksal eines jeden Menschen im Voraus. Es heißt: Wir kommen zur Welt, und jeder Atemzug ist bereits vorgeschrieben in unserem Lebensbuch, und das Schlimme zu tragen, ist unsere Aufgabe. Meine Mutter hat diese Aufgabe angenommen. Bei allem Leid wurde sie nie verbittert, sie blieb offen, sie fällt keine schnellen Urteile und nimmt die Menschen an, wie sie sind. Von ihr habe ich gelernt, tolerant zu sein und die Menschen in ihrer Eigenart zu akzeptieren.

Meine Mutter war sechsunddreißig, als Vater starb. Sie hätte noch einmal heiraten und ein anderes Leben beginnen können, aber sie wollte diesen Schritt nicht vollziehen. Sie betet viel für ihren Mann, und wenn sie in der Türkei ist, besucht sie oft sein Grab. Sie glaubt fest an ein Leben nach dem Tod und ist überzeugt, dass sie ihm treu bleiben muss, um nachher an seiner Seite weiterzuleben. Sie hat all ihre Energie und Kraft in uns Kinder gesteckt. Meine Eltern wollten nur zwei Kinder haben, aber heute sagt meine Mutter manchmal: Hätte ich gewusst, was passiert, hätte ich noch fünf weitere bekommen. Für sie lebt mein Vater in uns fort.

Auch Onkel Hursit wurde krank von dem, was nach dem Mord über uns hereinbrach. Er fühlte sich verantwortlich, wollte für uns da sein, wir waren auch seine Familie. Deshalb zog Hursit mit Frau und Kindern nach Schlüchtern. Er wollte der Aufgabe gerecht werden, die ihm durch den Tod meines Vaters zugefallen war, und den Blumengroßhandel weiterführen. Einige Monate lang tat er sein Bestes, aber es war nichts für ihn. Er ist ein anderer Mensch als mein Vater, kein Geschäftsmann. Zwar hatte er seit seiner Ankunft in Deutschland immer gearbeitet, erst in der Fabrik, später als Lkw-Fahrer, aber für das Blumengeschäft hatte er kein Gespür. Bei den Versteigerungen in Holland wusste er nicht, wann er drücken und wann er zögern sollte. Manchmal kaufte er zu viele Blumen zu teuer ein, manchmal brachte er zu wenig und schlechte Ware mit nach Hause.

Später hat er uns erzählt, wie ihn in dieser Zeit die Angst und die Fragen quälten, während des Tages und darüber hinaus: Was war mit seinem Schwager geschehen? Warum beharrte die Polizei auf dem Drogenverdacht? Hatten ihn womöglich Dealer abgepasst, als er auf seinen Rückfahrten an einem Rastplatz hielt? Hatten sie ihn zu Kurierdiensten gezwungen? Hatten sie ihn umgebracht, weil er sich dem entziehen wollte? Mit solchen Ängsten stand Hursit dann selber an der Autobahn und versuchte, in den Gesichtern der Menschen auf dem Parkplatz zu lesen: Wollte ihm hier jemand Böses? Wurde er vielleicht beobachtet, beschattet? Machte Hursit sich zum nächsten Opfer, weil er den Lastwagen mit dem Aufdruck «Simsek» fuhr?

Wenn er nachts aus Holland heimkehrte und die Rampe

hinab ins Dunkel des Lagers fuhr, erwartete er fast, dass jemand aus dem Schatten in den Lichtkegel der Scheinwerfer treten und auf ihn schießen würde. Zu Hause, im Traum, sah er oft noch einmal die nächtliche Rampe vor sich, aber aus dem Finstern entgegen kam ihm sein Schwager. Nie sagte Papa etwas in diesen Träumen. Er stand da, wie ein Vorwurf, wie eine Anklage. Nach solchen Nächten fand Hursit seine Ruhe nicht leicht wieder.

Die Verdächtigungen der Polizei verfolgten uns in das alltägliche Leben hinein, noch lang nach den Vernehmungen. Einmal schrieb uns eine türkische Investmentgesellschaft, bei der mein Vater sechzigtausend Mark angelegt hatte, dass wir uns das Geld auszahlen lassen könnten. Hursit riet seiner Schwester davon ab. Sicher, das Geld könnte sie gebrauchen, aber wie sähe das aus? Die Polizei würde das doch nur als weiteren Anhaltspunkt nehmen, dass die eigene Verwandtschaft meinen Vater ermordet habe, um an sein Vermögen zu kommen... Also ließen wir das Geld liegen. Nach dem 11. September 2001, als nach dem Terroranschlag auf das World Trade Center die Börsenkurse abstürzten, war die Anlage nichts mehr wert. Keiner von uns machte Hursit deshalb einen Vorwurf. Er hat sich aufopferungsvoll für unsere Familie eingesetzt, aber die Jahre waren niederdrückend, und die Depression schlich sich auch in sein Leben. Immer öfter peinigten ihn schlimme Kopfschmerzen, bis er nur noch mit Medikamenten leben konnte. Später hat er uns erzählt, dass er in manchen Monaten jeden Tag daran dachte, sich umzubringen. Seiner neuen Aufgabe als Blumengroßhändler war er nicht gewachsen, irgendwann warf das Geschäft keine Einkünfte mehr ab und war nicht mehr zu halten, meine Mutter wurde Sozialhilfeempfängerin. Und das Finanzamt kam mit Steuernachforderungen daher, die wir natürlich nicht zahlen konnten. Auf einmal hatten wir einen Berg Schulden.

Dass sich unsere materiellen Lebensumstände so sehr veränderten, war eine weitere drastische Erfahrung. Ob neue Kleider oder eine Autoreparatur, wir mussten plötzlich nachrechnen, ob wir uns das gerade leisten konnten. Aber damit sind wir klargekommen, das war kein Drama. Etwas anderes bedrückte uns viel mehr: die Angst.

Ich wusste nicht, was geschehen war, ich wusste nicht, was noch geschehen konnte. Ob der Mörder es auch auf meine Mutter abgesehen hatte. Oder auf uns. Angst, das bedeutet: Wenn es dämmerte und dunkel wurde, schaute ich oft hinter mich. Wenn ich spürte, dass hinter mir jemand ging, nahm ich all meinen Mut zusammen, blieb stehen und wartete, bis er mich überholt hatte. Ich drehte mich um, zehnmal auf hundert Metern. Kleinste Geräusche konnten mich in Panik versetzen. Ob ich zur Schule ging oder von einer Freundin nach Hause kam: Die Angst war immer gegenwärtig, es musste nur eine Tür zufallen, und ich erschrak zutiefst und dachte automatisch, vielleicht bin ich jetzt dran. Es ist bis heute schlimm, wenn mich jemand nachts aufweckt. Mich umfängt dann immer dieses bedrohliche Gefühl wie in jener Nacht, als sie mich weckten.

Wenn ich einen Film sehe und jemand wird erschossen, weiß ich natürlich, dass alles nur gespielt ist, aber es nützt mir nichts. Es reicht, wenn ich im Elektromarkt an der Wand aus Bildschirmen zufällig eine brutale Filmszene sehe – und eine Lawine von Empfindungen und Gedanken löst sich in mir: Was fühlte mein Vater, als die Waffe auf ihn gerichtet wurde? Das ist heute nicht anders als damals, die Intensität solcher Momente lässt nicht nach. Meine Ängste wie unsere Nöte haben sich über die Jahre nicht verändert, aber auch die Liebe zu meinem Vater blieb. Ich habe nicht an ihm gezweifelt. Als Jugendliche erklärte ich der Polizei, es müssten bestimmt zwei gewesen sein, die ihn überfallen haben, denn meinen Vater fand ich so stark, dass er sich gegen einen bestimmt hätte wehren können.

Die andauernden Verdächtigungen aber wirkten nach. Im Unbewusstsein hallen die ständigen Unterstellungen nach. Frau Simsek, Ihr Mann hatte eine Affäre mit jemandem ... Herr Bas, Ihr Schwager hat Ihre Schwester betrogen ... Er hat mit Drogen gehandelt, er war Kurier ... Irgendwann fragt man sich: Woher kommt das, dass diese Polizisten das glauben? Jeder Mensch hat eine dunkle Seite ... Irgendeinen Anhaltspunkt müssen die Ermittler doch haben, wenn die das so sagen, es ist doch schließlich die Polizei. Eine Autorität.

Irgendwann taucht am Rande des Bewusstseins ein Fragezeichen auf. Ein Vielleicht. Ein Vielleicht-doch. Man drängt es weg, man will es nicht glauben. Man glaubt es auch nicht. Aber was, wenn doch? Immer wieder hörte ich von der anderen Frau, den Drogen, den schmutzigen Geschäften, nein, ich zweifelte nicht an meinem Vater. Aber.

Wir alle waren diesem Druck ausgesetzt, und am schlimmsten war es für meine Mutter. Sie hatte einen Mann, sie liebte ihn, plötzlich wurde er ermordet, sie wusste nicht, warum. Und die Polizei beharrte auf seinen Verfehlungen. Da gerätst du in einen Zwiespalt.

Wenn wir darauf pochten, dass er nicht so war, dass er so etwas doch nie getan hätte, dann hieß es selbst nach Jahren noch: Das können Sie doch gar nicht sicher wissen, wir wissen es ja auch nicht. Irgendetwas muss es doch gegeben haben – sonst wäre er nicht erschossen worden. Was konnte man dagegen sagen?

Der Druck ließ nicht nach. Dann geschah der zweite Mord.

VIERTES KAPITEL
MAFIA, DROGEN, IRRTÜMER

Der Passant kam gegen 21 Uhr 20 an dem Eckhaus in der Nürnberger Südstadt vorbei. «Änderungsschneiderei aller Art» stand auf der Fensterscheibe. In dem Laden brannte Licht. So spät noch? Der Mann blickte durchs Schaufenster hinein. Der Raum war nicht groß, vielleicht fünfundzwanzig Quadratmeter. Drinnen, zwischen dichtbehängten Kleiderständern und zwei Tischen, auf denen ein paar alte Nähmaschinen standen, saß ein Mensch, er trug Strickweste, Stoffhose und Filzpantoffeln. Aber er saß nicht auf einem Stuhl, sondern auf dem Boden, den Kopf zur Seite geneigt, an die Wand gelehnt. Blut war ihm aus Mund und Nase geronnen und auch von der Schläfe, breitete sich um ihn her auf dem Boden aus. Der Mann vor dem Fenster rief sofort die Polizei.

Am Tag seines Todes, dem 13. Juni 2001, hatte Abdurrahim Özüdogru wie so oft um 5 Uhr 45 seine Karte in die Stechuhr gesteckt, er arbeitete als Maschinenführer im Schichtbetrieb. Um 13 Uhr 51 hatte er ausgestempelt, war mit einem Kollegen nach Hause gefahren, und am Spätnachmittag war er in die Schneiderei gegangen. Er betrieb das Geschäft nach Feierabend.

Die erste Kugel traf den Neunundvierzigjährigen aus höchstens zwei Metern Entfernung ins Gesicht, der zweite Schuss drang aus kürzester Distanz in die Schläfe des bereits Niedergesunkenen. Die ballistische Untersuchung ergab: Die Tatwaffe war dieselbe Ceska, mit der Enver Simsek ermordet worden war.

Danach ereigneten sich in rascher Folge der dritte und der vierte Ceska-Mord. Am Morgen des 27. Juni 2001 belegte Ali Tasköprü Brötchen in seinem kleinen Lebensmittelmarkt in Hamburg-Bahrenfeld, während Süleyman Tasköprü den Tresen für die Kunden richtete. Vater Ali hatte den Betrieb aufgebaut, Sohn Süleyman, einunddreißig, sollte schrittweise in die Rolle des Nachfolgers hineinwachsen. Am späteren Vormittag bemerkte der Sohn, dass die Oliven zur Neige gingen, und schickte seinen Vater los, um bei einem anderen Händler zwei Straßen weiter Nachschub zu holen. Als Ali Tasköprü zurückkehrte, sah er zuerst die Flüssigkeit: Neben dem Tresen breitete sie sich auf dem Boden aus, er dachte, es könnte irgendwo Öl ausgelaufen sein. Und dann sah er seinen Sohn liegen. Ali Tasköprü trat näher heran und erkannte, dass die Flüssigkeit Blut war. Er sank nieder, kauerte sich neben Süleyman und nahm den Kopf des Jungen in den Schoß. Der lebensgefährlich Verletzte war noch bei Bewusstsein, bewegte Zunge und Lippen, aber es kam keine Stimme mehr aus ihm. Zwei Kopfschüsse, ergab die Autopsie.

Kopfschüsse aus nächster Nähe töteten auch Habil Kilic, achtunddreißig, in seinem Obst- und Gemüseladen im Münchner Stadtteil Ramersdorf. Die Ladentür war hier immer offen, «Türkische Spezialitäten» stand über einem Fenster, draußen unter der Markise stapelten sie die Kisten mit Äpfeln und Birnen, Melonen, Trauben, Aprikosen und Tomaten, drinnen gab es Oliven und Schafskäse, und hier fand man Habil Kilic am 29. August 2001.

Wenn die Polizei einen schwierigen Fall aufzuklären hat, gründet sie eine Sonderkommission. Die Soko zur Aufklärung der Morde an Enver Simsek, Abdurrahim Özüdogru, Süleyman Tasköprü und Habil Kilic erhielt den Namen «Halbmond». Diese Namenswahl verrät die Richtung, in die die Ermittlungen zielten: Offenbar ging es aus der Sicht der Polizisten um Geschehnisse in einer hermetischen, abgeschotteten Welt, einer «Halbmond-Welt», es ging um «Halbmond-Opfer» und «Halbmond-Täter», anders gesagt, um schmutzige Geschäfte unter Türken, Morde unter Türken. «Halbmond-Mafia» war ein gängiges Wort der Boulevardmedien für Organisierte Kriminalität im Türkenmilieu.

Dieser Spur folgten die Ermittler im Falle Enver Simseks immer entschlossener. Dieser Blumenhändler, so vermuteten sie, war ein Transporteur für Heroinstreckmittel. Im April 2001, in jener endgültig verstörenden Vernehmung, in der Adile Simsek aus Ratlosigkeit und Verzweiflung die Fassung und einen Moment lang auch das Vertrauen in ihren Mann verlor, hatte die Polizei diese Theorie dargestellt wie eine Tatsache. Wie aber kam sie dazu? Sie hatte tatsächlich Anhaltspunkte. Eine Rückblende.

Mit sieben Kilo Heroin hatte die Polizei einen Mann namens Yildirim erwischt. Das war ein paar Jahre zuvor geschehen, seit Oktober 1997 saß Yildirim bereits in Haft. Aber er hoffte, dass es einen Notausgang für ihn gab, nämlich dann, wenn er singen würde. Yildirim saß in Ludwigshafen ein. Wieder und wieder befragten die Beamten ihn zu Zusammenhängen, Hintermännern, Drahtziehern, Lieferwegen. Yildirim packte aus, was es auszupacken gab, denn diese Vernehmungen konnten ihm den Weg in ein Zeugenschutzprogramm ebnen. Aber er musste der Polizei auch Brauchbares liefern, und so war er fest entschlossen, ihnen zu erzählen, was sie hören wollten. In einer dieser Gesprächsrunden legten sie Yildirim eine Mappe mit Fotos vor, darauf Männer, Frauen, Alte wie Junge. Alle frontal abgelichtet und mit Nummern versehen, hundertvierundvierzig Bilder.

Yildirim blätterte die Mappe durch, beim einen oder anderen sagte er: Ja, den kenne er aus der Drogenszene. Danach meldeten die Beamten des Landeskriminalamtes Rheinland-Pfalz den Nürnberger Kollegen: Wir haben da einen, der euch weiterhelfen könnte. Wir haben ihm die Mappe mit den Fotos aus dem Fall Simsek gezeigt, der weiß was. In der Mappe befanden sich Bilder von Enver Simsek, seinen Bekannten, Moscheefreunden, Blumenhändlerkollegen, auch Adile Simsek, Hüseyin Bas und Hursit Bas waren drin. Die Spur war heiß.

Am 5. März 2001 wurde Yildirim nach Nürnberg gebracht und in der Kriminalpolizeidirektion am Jakobsplatz vernommen. Wieder schaute er die Mappe durch. Achtlos blätterte er über Adile Simsek hinweg. Für Hüseyin Bas interessierte er sich nicht. Aber den da, sagte er und deutete auf Bild Nummer zwanzig, den kenne ich. Der Vernehmungsbeamte ließ sich nichts anmerken. Das Foto zeigte Enver Simsek.

Und nun erzählte Yildirim, von diesem Bild ausgehend, eine Geschichte, die sich angeblich im Sommer oder Frühherbst 1997 abgespielt hatte. Yildirim war damals als Herointransporteur tätig. Er hatte gerade den Auftrag erhalten, nach Holland zu fahren und dort hundertdreißigtausend Mark zu übergeben, zum einen, um eine Altschuld zu begleichen, zum anderen, um zwanzig Kilo Heroinstreckmittel zu bezahlen, die man ihm dort überreichen würde. Sie waren zu zweit unterwegs. Mit dem Auto fuhren Yildirim und ein gewisser Ersin von Ludwigshafen nach Frankfurt, von da mit dem Zug weiter nach Rotterdam. Für die Rückfahrt wäre gesorgt. In einem Rotterdamer Lokal trafen sie ihren Geschäftspartner, einen Kerl mit Namen Mahir. Mahir nahm die hundertdreißigtausend Mark entgegen, Ersin stand auf, um zu telefonieren. Eine knappe halbe Stunde später ging die Tür des Lokals auf, und herein kam, so erzählte Yildirim, die Nummer zwanzig. Zu viert tranken sie Tee, dann fuhren sie miteinander los, zu einer etwas abseits gelegenen Gärtnerei.

Mahir verschwand dort im Keller und kam mit einer Reisetasche zurück. Ersin zog den Reißverschluss auf und kontrollierte den Inhalt: Zwanzig Pakete lagen darin, Pakete mit weißem Pulver, Streckmittel, um das teure Heroin mit einem billigeren Stoff zu verschneiden, wahrscheinlich Valium oder Koffein oder Rohypnol, sauber kiloweise portioniert und in Plastikfolie eingeschweißt. Während Ersin und Yildirim die Ware prüften, stand Nummer zwanzig daneben und sah zu. Danach nahm er die Tasche und kletterte in den Stauraum seines Lkw, der draußen parkte, zog eine Schublade auf und verstaute den Stoff. Ja, eine Schublade, bestätigte Yildirim, als einer der Polizisten nachfragte, sie befand sich an der rechten Wand des Laderaums.

Ersin und Yildirim packten zwei Beutel mit Klamotten vor die heiße Ware und besprühten das Schubfach mit einer Deowolke, für den Fall, dass sich bei einer Grenzkontrolle ein Drogenspürhund in den Laster verirren sollte. Sie schlossen die Schublade und den Laderaum, das Geschäft war gelaufen. Mahir verabschiedete sich. Ersin, Yildirim und Nummer zwanzig fuhren zurück. Den niederländisch-deutschen Grenzübergang bei Aachen passierten sie ohne Probleme. In Frankfurt holte Nummer zwanzig das Streckmittel wieder hervor und drückte es Ersin in die Hand. Der warf die Tasche in den Kofferraum seines Passat, mit dem Ersin und Yildirim weiterfuhren, dann lagerten sie die Ware, bis sie gebraucht würde, in einem Erdversteck.

Der Vernehmungsbeamte legte noch mehr Fotos vor Yildirim auf den Tisch: Was ihm dazu einfalle?

Genau, sagte Yildirim, das ist der Wagen. Die Bilder zeigten einen Lkw aus verschiedenen Perspektiven. Unübersehbar die roten Buchstaben an den weißen Seiten und der Rückfront des Lasters: «Simsek Blumen». Absolut, sagte Yildirim zu dem Polizisten, das war der Lkw, «Simsek» stand drauf, definitiv.

Der Ermittler klappte die Bildermappe zu, geplättet von so viel Mitteilungsdrang. Vier Stunden lang hatte Yildirim erzählt, Details und Einzelheiten ausgemalt. Am nächsten Morgen kurz nach halb neun ging es weiter. Nun wollte der Beamte wissen, wie die Fahrt zurück von Rotterdam nach Frankfurt verlaufen sei.

Fünfeinhalb Stunden waren sie unterwegs, erklärte Yildirim, vielleicht etwas länger. Nummer zwanzig saß am Steuer, er, Yildirim, rechts am Fenster, Ersin auf dem mittleren Sitz. Nummer zwanzig und Ersin unterhielten sich, Yildirim schwieg meist. Nummer zwanzig sagte irgendwann: Es sei doch denkbar, dass mal einer aufhören, nicht mehr mitmachen wolle bei diesen Drogendeals. Ersin antwortete: So einen gebe es nicht. Was er damit meinte, war klar: Keiner sei so verrückt, auszusteigen, das wäre der sichere Tod.

Enver Simsek, ein Drogentransporteur. Da war sie endlich, die heiße Spur. Bis hierhin hatten die Ermittler alles richtig gemacht, sie hatten diesem Yildirim eine detailreiche Aussage entlockt. Der polizeilichen Kunstlehre entsprechend musste nun der zweite Schritt erfolgen, Punkt für Punkt musste das Protokoll geprüft werden: Kann das alles stimmen, was Yildirim gesagt hat? Decken sich seine Aussagen mit polizeibekanntem Faktenwissen? Auch sollte der systematische Abgleich bald erfolgen. Im April 2001 allerdings, als der Vernehmungsbeamte gegenüber Adile Simsek so tat, als sei alles schon bewiesen, hatte man Yildirims Geschichte in Wahrheit noch keinerlei Faktencheck unterzogen.

Vom zweiten Mord erfuhren wir durch die Polizei. Sie kamen vorbei und erzählten uns, dass jemand umgebracht worden sei, mit derselben Waffe, der Ceska. Dann suchten sie nach Verbindungen, wollten wissen, ob wir die betroffene Familie kennen. Wir kannten sie nicht im Entferntesten. So schlimm die Nachricht war, sie brachte uns auch eine Gewissheit. Denn damit war klar, dass es niemand aus der Familie oder unserem Bekanntenkreis gewesen sein konnte. Mein Vater war nicht aus Neid oder Missgunst ermordet worden. Die Familie des zweiten Opfers stammte aus Bursa, einer Stadt, die fast zwölf Autostunden von Salur entfernt liegt. Es gab keine Gemeinsamkeit, keine Bekannten. Das Einzige, was uns verband, waren die Waffe und der Tatort Nürnberg.

Die Familie Özüdogru war in ihrer Trauer so ratlos wie wir. Für die Polizei gewann durch den zweiten Mord die Rauschgifttheorie sogar noch an Bedeutung. Bei einer Untersuchung hatte sie offenbar Spuren entdeckt und ging nun davon aus, dass sich in Koffern des zweiten Mordopfers Drogen befunden hatten. Ich fragte mich, wie zwingend diese Schlussfolgerung war. Vielleicht hatten die Koffer einmal jemand anderem gehört. Vielleicht hatte er sie mal ausgeliehen. Aber für die Polizei war jedes kleinste Zeichen schon ein Hinweis, um die Drogenspur bestätigt zu sehen. Auch wenn die Ermittler uns nie genau mitteilten, welchen Theorien sie gerade nachgingen, erfuhren wir meist auf Umwegen, was sie dachten. Irgendein Beamter redete gegenüber einer Zeitung von Drogen, und bald erzählte man uns davon. Manchmal informierten uns die Nürnberger Polizisten immerhin in groben Zügen, was sich bei ihnen tat. Sie kamen zwar nie, um uns aufzuklären, immer nur, um Fragen zu stellen, aber am Ende der Gespräche gaben sie bisweilen dies oder das preis.

In den ersten Jahren nach dem Tod meines Vaters war es für mich eine willkommene Ablenkung, mich auf die Schule zu konzentrieren. Ich war nun zur Selbständigkeit gezwungen und hatte das Gefühl, mehr selbst leisten und tun zu müssen. Den Vater, der sich immer um alles für uns gekümmert hatte, gab es nun einmal nicht mehr. 2002 schloss ich in Aschaffenburg die Berufsfachschule ab. Meine Mutter war froh, dass ich das trotz unserer schwierigen Situation gut schaffte. Danach machte ich mein Fachabitur in Hanau. Wer die Berufsfachschule absolviert hatte und sich ein großes Lernpensum zutraute, dem konnte die Abiturzeit von zwei Jahren auf eines verkürzt werden. Ich nahm die Herausforderung an.

Bis zur mittleren Reife war ich eine gute Schülerin gewesen, sodass ich mir den Weg zum Fachabi ein bisschen leichter vorstellte, doch bei den ersten Hausaufgaben und Klausuren merkte ich, dass die Sache härter würde als vermutet. Aber ich ziehe Sachen durch, die ich anfange. Zu dieser Zeit lebte ich wieder bei meiner Mutter in Schlüchtern, und das hieß: Um fünf Uhr stand ich auf, marschierte zum Bahnhof, fuhr nach Hanau, um schließlich gegen acht Uhr in der Schule anzukommen. Der Unterricht ging bis zwei, drei Uhr, manchmal bis vier, vor sechs kam ich selten nach Hause, nach dem Essen lernte ich bis acht oder neun. Danach traf ich meine Freundinnen, oft nur für eine Stunde, aber das war mir wichtig. Insgesamt war es ein hartes Programm, aber Gott sei Dank ging die Zeit schnell vorbei. Es war eins der anstrengendsten Jahre in meinem Leben – aber auch eines der schönsten. In Hanau kannte ich niemanden, aber das ging allen so, und für Freundschaften blieb sowieso nicht viel Zeit. Zudem waren die meisten anderen Schüler mehrere Jahre älter als ich, oft Mitte zwanzig, da knüpft man als Teenager nicht so leicht Kontakt. Manchmal habe ich mich überfordert gefühlt, vor allem in Mathe stieß ich an meine Grenzen. Aber ich habe es geschafft, 2003, mit siebzehn Jahren, machte ich mein Fachabitur.

Ich hatte zu kämpfen, es war keine leichte Zeit, und ohne meine vier besten Freundinnen hätte ich vielleicht nicht durchgehalten. Sie haben mich unterstützt, indem sie einfach da waren. Ich wusste, ich bin nicht allein, ich bin es ihnen wert, dass sie sich Zeit für mich nehmen. Havva kannte ich schon ewig, ihre Mutter hatte bei uns Blumen gebunden, und ein paarmal waren wir mit ihrer Familie in Urlaub gefahren. Sie kann wunderbar zuhören, und umgekehrt interessierte mich immer alles, was sie tat. Ich gab ihr oft Tipps in Herzensdingen – Ratschläge, an die ich mich selber oft nicht hielt. Und dann die drei Schwestern: Nadire, die älteste, ist sehr sensibel, aber sie zeigt das nicht, sie wirkt immer stark. Neslihan sagt nicht viel, aber im richtigen Moment kann sie sehr deutlich werden. Zeynep kann richtig stur sein, aber sie ist für jedes Thema offen. Mit ihr kann ich stundenlang diskutieren, über Politik, über Religion, über alles.

Am Abend unter der Woche stellte meine Mutter immer fünf Gläser bereit und wunderte sich, wenn ausnahmsweise eines unbenutzt in der Küche stehen blieb: Was ist denn hier los, fehlt da heute eine? Diese Abende und vor allem die Wochenenden mit meinen Freundinnen waren kleine Fluchten aus dem Schulalltag. Mit ihnen war es nie langweilig, wird es bis heute nicht, auch wenn wir mittlerweile leider in alle Richtungen versprengt sind und uns selten sehen. Nadire hat geheiratet und wohnt in Wiesbaden, sie ist Betriebswirtin. Neslihan absolvierte die Abendschule, lernte dort ihren jetzigen Verlobten kennen und studiert heute Architektur. Zeynep hat in Mainz International Business studiert, und Havva ist vor zweieinhalb Jahren mit ihren Eltern in die Türkei zurückgekehrt und macht dort eine schulische Ausbildung. Unsere Eltern kommen aus einfachen Verhältnissen, aber bei ihren Töchtern haben sie viel Wert auf Bildung gelegt.

In den ersten Jahren nach seinem Tod träumte ich häufig von meinem Vater. Ich sprach mit ihm bei diesen nächtlichen Begegnungen, manchmal antwortete er mir, manchmal nicht. Niemals waren es Albträume. Tagsüber verfolgten mich die Bilder aus dem Krankenhaus, wie er dalag, mit all den Schläuchen und seinen Verletzungen; oder die Szenen aus Salur, als er auf dem Bett aufgebahrt war, bevor die Männer seinen Leichnam zum Friedhof trugen und beerdigten. Aber in meinen Träumen sah ich ihn nie so, nie als Blutenden und tödlich Verwundeten, sondern immer als meinen lebendigen Vater. Manche dieser Träume sind wirr und gehorchen einer eigenen Logik, andere fühlen sich an wie echt. Und gerade in diesen Träumen war es, als besuche er mich, als wäre er wieder da. Ich erinnere mich an einen, in dem wir gemeinsam einen Ausflug machten. Ich sah sein Gesicht nicht, aber ich spürte, dass er es war. Ich fragte ihn, wer ihn umgebracht hatte, aber er antwortete nicht. Es tat weh, beim Aufwachen zu merken, dass ich nur geträumt hatte, und er fehlte mir danach umso mehr. Die Träume kamen und gingen, wurden seltener. Ich wünsche mir heute manchmal, wieder so von ihm zu träumen. Ich vermisse es, mit ihm zu reden. Ich will sein Gesicht nicht vergessen, will nicht, dass die Erinnerung verblasst. Natürlich habe ich Fotos, natürlich sehe ich ihn vor meinem inneren Auge. Aber das Lebendige fehlt. Manchmal schimpfe ich fast mit ihm, wenn ich zum Beispiel an seinem Grab stehe: Papa, warum musstest du uns verlassen? Was hast du dir dabei bloß gedacht?

Vor dem Mord war ich sehr gläubig, und ich bin es immer noch, aber anders als früher. Ich möchte nicht sündigen, aber ich muss zugeben: Durch das, was geschah, habe ich ein kleines Stück meines Glaubens verloren. Natürlich glaube ich an Gott, an Allah, auch an ein Leben nach dem Tod, und die Gebote sind mir wichtig. Man soll beten als Muslim. Aber man sollte es aus Liebe tun, nicht, weil man muss. Das Gebet soll keine leere Übung sein, sondern aus dem Inneren kommen. Das gelingt mir seither nur selten. Kerim dagegen ist sehr gläubig geworden. Er fastet im Ramadan und geht freitags in die Moschee. Für ihn hat der Glaube einen alltäglichen Stellenwert. Auch meine Mutter konnte sich nach dem Tod meines Vaters an ihrem Glauben festhalten, das bewundere ich. Vielleicht wird es bei mir irgendwann ähnlich sein. Dabei ist mir der Glaube nach wie vor wichtig, er bleibt mein moralischer Kompass. Ich kann mir nicht vorstellen, dass jemand, der Ehrfurcht vor Gott hat, einen Mord begehen würde. Manchmal bin ich immer noch so wütend über das, was ich erleben musste, dass ich Gott zur Rede stelle. Womit habe ich das verdient? Womit hat mein Vater das verdient? Warum müssen wir das erdulden? Was habe ich dir getan, dass du mir so eine Strafe auflädst? Ich weiß, dass man so mit Gott nicht reden soll, aber diese Gedanken wühlten einfach in mir, und sie veränderten mich. Ich spreche auch anders mit Gott: Allah, ich danke dir, dass es mir wieder bessergeht, danke, dass ich so leben kann, wie ich lebe, danke, dass ich nicht krank bin. Bitte, bitte gib mir Ruhe, bitte gib mir Kraft!

Mehmet Turgut starb am 25. Februar 2004 im Rostocker Ortsteil Toitenwinkel. Er wurde mit drei Schüssen aus der Ceska in Kopf, Hals und Nacken ermordet, fünfundzwanzig Jahre wurde er alt. Er half in der Dönerbude «Mister Kebab-Grill» aus, als kurz nach zehn Uhr morgens die Todesschützen kamen.

Ismail Yasar starb am 9. Juni 2005 in Nürnberg. Er wurde mit fünf Schüssen aus der Ceska in Kopf und Oberkörper ermordet, im Alter von fünfzig Jahren. Kurz vor neun lieferte ein Bäckereifahrer Fladenbrote zu Yasars Dönerstand im Süden der Stadt. Ein Bekannter fuhr vorbei und winkte, Yasar grüßte zurück. Als gerade keine Kundschaft da war, verließ Ismail Yasar kurz die Bude und rauchte eine Zigarette. Gegen zehn kamen die Mörder und schossen ihm ins Gesicht.

Theodoros Boulgarides starb am 15. Juni 2005. Er wurde mit drei Kopfschüssen aus der Ceska ermordet, einundvierzig Jahre war er alt. Erst kurz zuvor hatte er gemeinsam mit einem deutschen Partner im Münchner Westen einen Schlüsseldienst eröffnet, einen kleinen Laden mit einem ziemlich anstrengenden Geschäftsmodell: Schlüsselservice, Notdienst, vierundzwanzig Stunden erreichbar. Der Kompagnon rief ihn an jenem 15. Juni gegen 18 Uhr 30 mehrmals an. Niemand hob ab, das war seltsam, das Telefon sollte rund um die Uhr besetzt sein. Auch auf seiner Handynummer war Boulgarides nicht zu erreichen, das Freizeichen ertönte, aber keiner ging ran. Der Kompagnon beschloss, nachzusehen. Der Laden stand offen und wirkte leer, doch als der Mann um den Tresen herumging, sah er Boulgarides auf dem Boden liegen.

Wer steckte hinter alldem? «Türken-Mafia schlug wieder zu», titelte die «Münchner Abendzeitung», «Die Welt» mutmaßte, die Mörder hätten den «Auftrag einer aus den Bergen Anatoliens heraus operierenden Bande» vollstreckt, und die «Nürnberger Zeitung» fragte: «Geht es um Drogendepots bei biederen und somit unverdächtigen Geschäftsleuten, die durchaus ein paar Euro nebenbei brauchen können?»

Im Falle Enver Simsek lässt ein polizeilicher Zwischenbericht aus dem Jahr 2004 keinen Zweifel, auf welche Richtung die Ermittler sich fokussiert hatten. Der Text umfasst sechsundfünfzig Seiten, erwähnte hier eine Dealerbande, dort eine Rauschgifthändlerorganisation, ließ ein ganzes Defilee von Drogengangstern aufmarschieren. Am Ende dieses für den internen Gebrauch bestimmten Berichts listet der Autor, ein Nürnberger Kriminalhauptkommissar, mögliche Motive auf und sortiert sie ihrer Bedeutung nach. Er beginnt mit der offenkundig abwegigen Raubabsicht und landet nach Hypothesen über eine Beziehungstat und Schutzgelderpressung am Ende bei den Drogen. Die Möglichkeit, dass Fremdenfeindlichkeit hinter alldem stecken könnte, wird in keinem Abschnitt, keinem Satz, keinem Wort erwähnt.

Vor allem die Yildirim-Spur, schrieb der Beamte, sei erfolgversprechend. Wenn man Enver Simsek als Rauschgiftkurier betrachtete, ergab sich das weitere Geschehen als logische Konsequenz: Um den Muttertag des Jahres 2000 herum veränderte sich sein Wesen, um diese Zeit versuchte er auch, das Geschäft zu verkaufen. Alles Weitere schien naheliegend: Da hatte einer Ärger bekommen mit den Leuten weiter oben in der Drogenhierarchie, war bedroht worden, hatte gespürt, wie die Luft für ihn dünn wurde, wollte aussteigen und sich davonmachen. Er hatte es nicht mehr geschafft. Ja, das ergab Sinn.

Mit der Drogentheorie ließen sich auch die anderen Fälle der Mordserie verklammern: Verschiedene Drahtzieher aus dem Milieu hatten Ärger mit Untergebenen, und um sich des Problems zu entledigen, wählten sie alle denselben, bewährten Weg, sie wandten sich an Profikiller. Wahrscheinlich waren die Auftragsmörder Türken, schrieb der Beamte, es könne sich allerdings auch um Albaner handeln.

All das waren Vermutungen aufgrund der Yildirim-Aussage. Die einzige Wahrheit zu diesem Zeitpunkt lautete: Die Ermittler hatten den angeblichen Heroinstreckmitteltransport nach mehr als drei Jahren immer noch keinem abschließenden Faktencheck unterzogen.

Es gab eine weitere Spur, die die Polizei ernst nahm. Nachdem man sich hilfesuchend an türkische Kollegen gewandt hatte, brachten diese die deutschen Beamten auf den Verdacht, dass womöglich Faschisten, Rechtsradikale hinter den Morden stecken könnten. Genauer gesagt, türkische Faschisten, türkische Rechtsradikale. Vielleicht ging es um interne Abrechnungen im schwer durchschaubaren Milieu aus Untergrundpolitik und Organisierter Kriminalität, großtürkischen Ideologien und Drogenhandel?

Kollegen aus Fulda stellten den Nürnberger Ermittlern einen Kontakt her, der tief in diese Szene führen sollte. Das erste Treffen fand in einem Café, auf neutralem Terrain statt. Dort erwarteten die Beamten den Informanten. Ein seltsamer Alter war es, der da zur Tür hereinwankte. Ungeschlachte Bewegungen, schlieriger Blick, geplatzte Adern auf der Nase. Um die sechzig Jahre alt mochte er sein. Er hatte einen jungen Vertrauten dabei, der gleich das Gespräch an sich riss: Er arbeite manchmal auch für die Polizei, behauptete er, aber das sei geheim.

Die Beamten gingen auf das ungereimte Geschwätz nicht ein. Der Junge störte nur mit seinen Aufschneidereien, aber der Alte schien interessant und war eine zweite, ungestörte Befragung wert. Denn den wenigen Sätzen, die er gesagt hatte, ließ sich entnehmen, dass er Enver Simsek kannte. Und er murmelte etwas von den Grauen Wölfen.

Graue Wölfe nennen sich die militanten, paramilitärischen Aktivisten der MHP, der Milliyetci Hareket Partisi, der rechtsextremen «Partei der Nationalistischen Bewegung». Sie träumen von einer pantürkischen Großnation, die sich vom Balkan bis nach China erstrecken soll, und sie kultivieren eine ganze Reihe von Feindschaften: Hass gegen Juden, gegen Amerikaner, gegen Kurden, gegen christliche Überfremdung. Mehmet Ali Agca, der 1981 auf Papst Johannes Paul II. schoss, hatte den Grauen Wölfen nahegestanden. In den siebziger Jahren verübten deren Kommandos eine Vielzahl politischer Morde. Ihre schlimmsten Feinde sind die Marxisten der PKK, der Arbeiterpartei Kurdistans, die je nach Sichtweise politische Kämpfer für einen unabhängigen Kurdenstaat oder eine terroristische Organisation sind. Eines haben die Grauen

Wölfe und die PKK allerdings gemeinsam. Nach Auffassung von Experten finanzieren beide ihre Pläne unter anderem mit Drogenhandel, Schutzgelderpressung, Geldwäsche. In den siebziger und achtziger Jahren war die MHP in ihrem Kampf gegen die PKK fast so etwas wie ein verlängerter Arm der türkischen Regierung gewesen. Später war die Partei phasenweise verboten, aber selbst da gelangten einzelne ihrer Mitglieder an Schaltstellen in Armee und Verwaltung. Als Tiefen Staat bezeichnet man das Labyrinth aus Verbindungen zwischen wichtigen Köpfen der nationalistischen Szene, des Geheimdienstes, der Polizei, der Justiz und des Organisierten Verbrechens. War dies das düstere Panorama, vor dem die Mordserie deutbar wurde?

Der Alte lebte in einem Betonblock, einem von fünfzehn oder zwanzig Wohnklötzen in einer Fuldaer Siedlung. Es war etwa zehn Uhr morgens, als die Ermittler bei ihm läuteten. Eine enge, heruntergekommene Wohnung. Ein Geruch nach was auch immer stand im Flur. Der Alte schleppte sich voran ins Wohnzimmer. Er könne nicht mehr richtig laufen, sagte er, Lähmung nach einem Schlaganfall. Es war nicht leicht zu verstehen, was er vor sich hin brummelte, offenbar hatte auch sein Artikulationsvermögen gelitten. Sie waren zu dritt gekommen, zwei Polizisten samt einem türkischstämmigen Kollegen als Übersetzer. Der schaute oft so ratlos drein wie seine Begleiter, denn der Alte nuschelte nicht nur, er sprach auch in Rätseln, redete wild durcheinander, kaum schien sich eine zeitliche Abfolge und Logik abzuzeichnen, vollführte seine Erzählung auch schon wieder einen bizarren Sprung. Was stimmte in diesen Geschichten? Und was war hier Phantasmagorie? Früher, erklärte der Mann, habe er gesoffen, eine Flasche Anisschnaps am Tag. Jetzt kiffe er bloß noch. Früher, da sei er viel rumgekommen, habe Mitglieder geworben für seinen Verein.

Seinen Verein?

Er habe in Fulda das Vereinsheim gebaut, ja, er habe das geschaffen und möglich gemacht.

Welches Vereinsheim?

Hochgestellte Persönlichkeiten seien zur Einweihung erschienen, bedeutende Leute. Aber er dürfe keine Namen nennen. In Fulda sei er der Boss gewesen, pries der Alte sich.

Der Boss?

Einstimmig sei er gewählt worden. Einstimmig! Der Boss von Fulda, früher, vor dem Schlaganfall, bei seinem Verein. Der MHP.

MHP, die Grauen Wölfe. Die Ermittler sahen einander an.

Allein in der Moschee in Schlüchtern, prahlte der Alte, habe er ein halbes Hundert Mitglieder gekeilt. Auch Haschischverkäufer und Heroindealer. Und dort habe er den Simsek getroffen.

Der Alte warf sich in die Brust. Ja, er sei ein Kerl gewesen, einer mit Schneid, schon immer, auch als er noch in der Türkei lebte. Stets habe er eine Waffe bei sich gehabt. Und auf Zypern, in den siebziger Jahren, im Kampf mit den Griechen, hätten sie auch getötet.

Interessant, sagte einer der Ermittler, aber wie war das noch mal mit den Hasch- und Heroindealern? Und Enver Simsek? War der auch bei der MHP?

Nein, sagte der Alte, der doch nicht.

Aber, hakte der Polizist nach, der Simsek war doch bestimmt interessant für die Grauen Wölfe. Zum Beispiel, weil er einen Lastwagen hatte. Weil er regelmäßig nach Holland fuhr. Konnte der nicht bei gewissen Geschäften helfen? Ach was, winkte der Alte ab, für Geschäfte sei Simsek doch nicht schlau genug gewesen. Geschäfte habe nur er gemacht, der Boss. Viele Geschäfte, im Auftrag der Türkei! Direkt aus Ankara gingen die Weisungen ein, zweihundert, dreihundert Mark im Monat liefen früher allein an Telefonkosten auf!

Keiner der drei Zuhörer widersprach. Das alles war elend wirres Zeug, aber vielleicht war ja doch in alldem ein Fetzen Wahrheit greifbar, irgendwo zwischen Politik, Verbrechen, Halbmond-Geschäften, Tiefem Staat.

Und schon war der Alte woanders, jetzt erzählte er von Mekkapilgern, unter denen es wirklich Fromme gab und solche, denen die Religion in Wahrheit egal war, von denen hatte er viele für seinen Verein angeworben, massenhaft Beiträge hatte er damit für die Zentrale rangeschafft, sogar eine Auszeichnung hatte er dafür erhalten: Er deutete auf ein Fähnchen hinter sich an der Wand.

Echt, fragten die Beamten, so viel Geld habe er eingetrieben?

Und der Alte, überlegen: Wenn er ins Schwitzbad gehe, dann laufe ihm auch das Wasser aus allen Poren – was er anpacke, das mache er richtig.

Zwei Stunden saßen sie nun schon hier und hörten ihn quasseln. Wenn dieses Gespräch irgendwohin führen sollte, dann musste es bald geschehen.

Einer der Polizisten fragte: Gab es Schießübungen bei den

Grauen Wölfen? Lernt man da, wie man einen tödlichen Treffer setzt?

Klar gab es Tötungskommandos, raunzte der Alte. Klar, auch er habe eine Waffe gehabt, Riesenlöcher habe das Ding gemacht. Ende der sechziger Jahre, schob er stolz nach, sei er sogar türkischer Meister gewesen. Im Skifahren. Das könnten die Ermittler gerne überprüfen!

Es war jetzt schon fast ein Uhr. Drei Stunden hatten sie zugehört, wie der Mann von Grauen Wölfen, Drogen, Killertrupps faselte. Irgendwie war diese Melange aus Aufschneiderei und Geheimniskrämerei faszinierend, auch wenn man nicht wusste, ob man darüber lachen oder sich fürchten sollte. Die Frage war nur: Was von alldem war brauchbar, was war blanker Unsinn? Ein Beamter machte einen letzten Versuch. Woher kennen Sie Enver Simsek?

Ich, lobte der Alte sich, ich bin es gewesen, der Enver Simsek beibrachte, wie man Blumen zu Sträußen bindet! Mal habe er Simsek nach Holland zur Blumenbörse begleitet, mal nicht, wie es ihm gerade passte, er war ja der Boss! Und in Holland, raunte der Alte und blickte die Ermittler verschwörerisch an, in Holland könne man Rauschgift kaufen ...

Vielleicht jetzt! Vielleicht kam sie jetzt endlich, die brauchbare Enthüllung über Geschäftsverbindungen, Transportwege, Komplizen, Hintergründe, Streit, das Mordmotiv ...

In Holland an Rauschgift zu kommen, sagte der Alte, sei ganz einfach: Das Zeug gebe es dort in Coffeeshops.

Von den weiteren Ceska-Morden erfuhren wir hauptsächlich aus den Nachrichten, die Polizei gab uns nur noch selten Bescheid. Jeder der Fälle kam groß in den Medien, die «Bild» berichtete ebenso wie die türkischen Blätter «Hürriyet» oder «Sabah». Ich erinnere mich, wie ich einmal zufällig eine Zeitung aufschlug und las: «Die Ceska war wieder im Einsatz». Ein anderes Mal rief Onkel Hüseyin an und sagte: Habt ihr gehört, wieder ist jemand ermordet worden. Einmal machte ein Nachbar uns darauf aufmerksam. Bei jedem weiteren Mord spürte ich ein Gefühl von Zorn, Machtlosigkeit und Unverständnis. Schon wieder, kann das wahr sein? Ich las von den Betroffenen und dachte: Wieder eine Familie, die jetzt den gleichen Schmerz erlebt wie wir damals. Wieder ein paar Menschen, die ratlos sind in ihrer Trauer und sich fragen: Warum? Warum gerade er? Wieder eine Familie, die wahrscheinlich abgehört oder auf Drogen durchsucht wird, die unter Verdacht gerät.

Wir mussten lernen, damit umzugehen. Das Leben musste weitergehen, und ich entwickelte Übung darin, mich mit neuen Schreckensnachrichten abzufinden. Damals stand für mich die Entscheidung für einen Beruf an. Eine Weile überlegte ich, Betriebswirtin zu werden, aber nach meinen Erfahrungen mit Mathe im Fachabijahr wusste ich, das ist nichts für mich. Ich wollte etwas Kommunikatives machen, mit Menschen arbeiten, und so bewarb ich mich nach dem Abitur um einen Studienplatz für ein FH-Studium, Soziale Arbeit. Ich bekam rasch Zusagen aus Fulda, Frankfurt und Darmstadt und entschied mich für Fulda. Das Studium machte mir Spaß, das Fach war die richtige Entscheidung gewesen, nur das Studentenleben hatte ich mir weniger verschult vorgestellt. Aber ich gehörte zu den Ersten, die den

Bachelorstudiengang absolvierten, sodass von der berühmten studentischen Freiheit nicht viel übrig blieb. Neben den Hausarbeiten in den Semesterferien fand ich noch Zeit, in unserem alten Blumenlager, das wir mittlerweile verpachtet hatten, zu jobben.

Wieder fand ich gute Freundinnen: Heidi, Susanne und ich begegneten uns am ersten Tag im Hörsaal, und wir fanden sofort Verbindungen, die unsere Freundschaft begründeten. Susanne kommt aus Aschaffenburg, wo ich auf dem Internat war. Heidi war älter als ich und hatte eine Tochter, die in Malaysia lebte, sie hatte selber viele Jahre dort verbracht. Sie fragte mich, ob ich Malaiin wäre. Nee, sagte ich, Türkin. Wir lachten beide, und da hat es gefunkt. Susanne hat rumänische Vorfahren, Heidi ist Deutschrussin. Wir sind alle drei an eine Mischung aus verschiedenen Kulturen in unserem Leben gewöhnt.

Ich erzählte Heidi und Susanne in groben Zügen die Geschichte meiner Familie. Ab und zu sprachen wir darüber, aber es war kein großes Thema. Genau das hat mir gutgetan. Wir konzentrierten uns auf die Gegenwart, lernten zusammen, aßen zusammen, wir bauten Mist, und wir unterstützten einander. Für Klausuren lernten wir gemeinsam, und wenn eine hängenblieb oder ins Stolpern geriet, wurde sie mitgezogen. So haben wir es zusammen geschafft, eigentlich hätten wir ein gemeinsames Abschlusszeugnis bekommen müssen.

Über meinen Vater sprach ich in dieser Zeit nur noch selten. Das war die beste Möglichkeit, mich gegen Vorurteile zu schützen. Es kam immer wieder zu der Situation, dass bei Festen oder in Gesellschaft irgendwer irgendwas über die Mordserie erzählte, das er gelesen oder gehört hatte, und plötzlich raunte wer: Das ist die mit dem Vater, der ... aha, soso. Ich spürte das Misstrauen, dass da doch etwas faul sein müsse, man wird doch nicht einfach umgebracht wegen nichts. Ich wurde sensibel für die Töne, die mitschwangen, wenn jemand nach meinem Vater fragte. Wann immer ich sagte, er ist umgebracht worden, ähnelten sich die Reaktionen: Wie, von wem? Ach, das weißt du nicht? Ach so, er gehört zu den Opfern dieser Mordserie? Steckt da nicht die Drogenmafia dahinter? Und schon musste ich mich rechtfertigen, nein, er war ein guter Mensch, nein, das mit den Drogen stimmt nicht. Und oft spürte ich, dass man mir nicht ganz glaubte. Mit der Zeit bekam ich Übung, den Argwohn der Leute wahrzunehmen, ich erkannte ihn an ihrer Mimik, an kleinen Gesten, am Tonfall.

Deshalb habe ich irgendwann nichts mehr davon erzählt. Ich empfand es nicht als notwendig, jedem Rechenschaft darüber zu geben, was meinem Vater widerfahren war. Niemand hatte ein Recht, über ihn zu urteilen. Wenn mich jemand nach ihm fragte, antwortete ich: Er ist tot. Keine weiteren Erklärungen.

Jahrelang war für die Nürnberger Ermittler Enver Simseks angebliche Heroinstreckmittelfahrt aus der Geschichte Yildirims der wichtigste Grundstein gewesen, auf den sie ihre Drogentheorie bauten. Aber erst im Jahre 2006 erledigte ein neu in den Fall eingestiegener Beamter endlich die polizeilichen Hausaufgaben. Mit fünf Jahren Verspätung übernahm dieser

Ermittler den überfälligen Routinejob, die Aussagen des angeblichen Zeugen Yildirim vom März 2001 systematisch und gründlich auf ihren Wahrheitsgehalt hin abzuklopfen. Punkt für Punkt nahm der Polizist sich den Bericht vor und glich ihn mit anderen Unterlagen aus dem Aktenberg ab.

Im Sommer oder im Frühherbst 1997 hatte die Streckmittelfahrt angeblich stattgefunden, so hatte Yildirim es erzählt, vier bis acht Wochen vor seiner Festnahme sei das gewesen. Der Beamte studierte den zeitlichen Ablauf. Verhaftet wurde Yildirim am 27. Oktober 1997, demnach hätte der Transport irgendwann zwischen Ende August und Ende September stattgefunden. Und Enver Simsek hatte seinen Lkw, das ließ sich leicht herausfinden, laut Kaufvertrag am 12. September 1997 erworben. Auf einmal blieb nur noch ein verdammt schmaler Zeitkorridor übrig. Aber gut, möglich wäre es. Der Beamte forschte weiter.

Simsek, so hatte Yildirim es geschildert, ging mit dem Streckmittel in den Laderaum und packte die Tasche in eine Schublade. Das Regal mit der Lade habe an der rechten Wand gestanden.

Dazu gab es in den Akten einen ausführlichen Vermerk. Bereits drei Tage nach den Schüssen auf Enver Simsek, am 13. September 2000, hatte sich ein Polizist den Lkw angeschaut und einen sorgfältigen Bericht über den Laderaum verfasst. Dort fand er Pappschachteln, Plastikkisten, eine Kühlanlage und zwei Stahlregale. Allerdings nicht rechts, sondern an der Stirnseite des Laderaums, zum Fahrerhäuschen hin. Und nicht die Spur einer Schublade, nirgends.

Dabei hatte Yildirim doch eingängig erzählt, wie sie dieses

Fach mit Deo vollstanken, um die Drogenhunde zu verwirren! Das war ein erster augenfälliger, Yildirims Glaubwürdigkeit ins Zwielicht rückender Widerspruch. Er hätte jedem Polizisten, der die Akten gelesen hätte, bereits vor fünf Jahren ins Auge stechen können.

Weiter, zur Rückfahrt im Lastwagen: Simsek saß am Steuer, hatte Yildirim beschrieben, er selbst am Fenster, jener Ersin saß zwischen ihnen, in der Mitte. Nur gab es in diesem Lkw keinen mittleren Sitz. Es gab einen rechten und einen linken, aber dazwischen nichts als eine Mittelkonsole mit Gangschaltung. Das ließ sich durch einen einzigen Anruf beim Fahrzeughersteller ermitteln, und auch dieser zweite Widerspruch hätte der Polizei bereits fünf Jahre zuvor auffallen können. Je tiefer der Polizist in Yildirims Geschichte einstieg, desto windiger wurde sie.

«Simsek Blumen», hatte Yildirim in der Vernehmung zu Protokoll gegeben, das hätte in roten Druckbuchstaben links, rechts und hinten auf dem Kastenaufbau des Lastwagens gestanden. Genau so habe der Wagen ausgesehen, hatte Yildirim erklärt, als man ihm Fotos davon vorlegte. Dieser Schriftzug allerdings, wie sowohl Zeugen als auch Unterlagen bestätigten, war erst im Lauf des Jahres 1999 auf dem Wagen angebracht worden. Fast zwei Jahre nach der angeblichen Fahrt.

Es gab also nun drei Probleme in Yildirims Bericht. Eine Schublade, die nicht existierte; eine Lkw-Aufschrift auf rätselhafter Zeitreise; und einen – im Übrigen nie identifizierten – Drogendealer, der während einer stundenlangen Lastwagenfahrt von Rotterdam bis Frankfurt auf der Mittelkonsole ausgeharrt hatte, mit dem Schaltknüppel im Hintern. Drei Probleme? Yildirims Erzählung war ein einziges Problem.

Vielleicht hatte der Kerl, um den Ermittlern ihren sehnlichen Wunsch nach Informationen zum Mordfall Simsek erfüllen zu können, einfach Gerüchte, Dealergarn, Knasttratsch weitergegeben. Sich hier etwas zusammengereimt, da etwas hinzufabuliert und auf diese Weise ein Mosaik aus Wahrheitsscherben und Erfundenem zusammengefügt. Wahrscheinlich war die ganze Geschichte erstunken und erlogen. So oder so war sie typisch für diesen vermaledeiten Fall: Was immer die Ermittler anfassten, es zerfiel ihnen unter den Fingern.

Es gab einen Drogenboss, den die Ermittler aus dem Bereich Organisierte Kriminalität schon länger auf dem Radar hatten. Der Mann war auch als Schutzgelderpresser bekannt, im September 2000 war er verhaftet worden. Drei seiner damaligen Mitarbeiter wurden in ein Zeugenschutzprogramm aufgenommen, nach dem Motto: Ihr packt aus, wir helfen euch. Die drei berichteten, ihr Boss habe im großen Stil Drogen hin und her geschoben, zwischen Rumänien und Deutschland, Holland und der Türkei. Die Ermittler legten ihnen Fotos vor, und einer deutete auf das Bild Enver Simseks: Den kenne er, der sei in einem Spielclub in Frankfurt gewesen, zwei Männer hätten ihn hereingeführt, der Boss habe mit ihm geredet. Der Typ habe ängstlich gewirkt, und am Ende habe er dem Boss noch die Hand geben wollen, aber der habe nur mit einer Geste gegrüßt und später erklärt, der Kerl sei Dreck.

Die Aussage erwies sich als Luftnummer.

Ein anderer Mann, der in ein Zeugenschutzprogramm

aufgenommen werden wollte, erklärte: Simsek hatte hohe Spielschulden. Ein türkischer Blumenhändler aus den Niederlanden half ihm aus, lieh ihm Geld. Die beiden verstanden sich so gut, dass der Spender sogar eine Nichte aus der Türkei einfliegen ließ, um sie Enver Simsek zur Heirat in Holland zuzuführen. Aber dann versöhnte sich Simsek mit seiner Frau und kehrte nach Deutschland zurück. Das fand der holländische Türke so ehrverletzend, dass er einen Killer buchte.

Die Geschichte war abstrus und erwies sich als Märchen.

Einmal sprudelte es aus einer vertraulichen Quelle des Bundeskriminalamtes, das seit 2004 mit einer «Ermittlungsgruppe Ceska» parallel zu den mit der Mordserie befassten Länderpolizeien eigene Recherchen betrieb: Die Tatwaffe, die Ceska, befinde sich bei einem Türken in einer Asylbewerberunterkunft in Bielefeld.

Das stellte sich als Unsinn heraus.

Dann war da eine kurdische Gruppe, die von Bremen aus Drogenhandel betrieb. Deren Mitglieder waren bei Kontrollen öfters mit Ceska-Modellen angetroffen worden, und diese Leute hatten Kontakte in Hamburg und Nürnberg, in Städten also, wo türkische Gewerbetreibende erschossen worden waren ...

Auch diese Fährte: ein Flop.

Ein in Bayern wegen Rauschgiftdelikten zu neun Jahren Haft verurteilter Türke erklärte, er wisse Bescheid. Er kenne die Auftraggeber, er kenne die Ausführenden. Den Hamburger Mord an Tasköprü könne er mindestens halb aufklären, den Mord an Enver Simsek hundertprozentig. Warum er jetzt plötzlich auspacke? Der Mann zählte moralische Motive auf, Gewissensgründe. Aber dann wurde er konkreter. Erstens hoffe er auf eine Belohnung, zweitens wolle er nicht in die Türkei abgeschoben werden, dort sei wegen alter Geschäfte sein Leben in Gefahr, ob man sich da nicht arrangieren könne? Dann nannte er den Beamten als Täter zwei Männer aus Rotterdam, die zu einer Geldeintreibergruppe aus dem Dunstkreis der Grauen Wölfe gehörten.

Es stellte sich heraus, dass es diese Leute wirklich gab.

Und es stellte sich heraus, dass zu den Morden keinerlei Verbindung bestand.

Ein Mann, der in Berlin im Gefängnis saß, nannte die Vornamen der Mörder, nannte die Nachnamen der Mörder, nannte ihre Verstecke in den Niederlanden.

Nichts davon war wahr.

In England, hieß es, sei es vermehrt zu Morden an türkischen Drogendealern gekommen. Also wurden Kunststoffreproduktionen der Ceska-Kugeln angefertigt und über den Ärmelkanal geschickt.

Fehlanzeige.

Die Ermittler hatten bei ihrer Fahndung nach dem Mörder Massen von Telefonnummern zusammengetragen, nun glichen sie diesen Pool mit anderen Fernsprechlisten aus Drogenverfahren in ganz Europa ab – und tatsächlich, es gab Nummern, die immer wieder auftauchten.

Es handelte sich um die Servicenummern von Telekommunikationsprovidern.

Wir wurden älter und mussten unseren Weg gehen. Irgendwann wagten wir kaum mehr zu hoffen, dass die Wahrheit je ans Licht käme. Mein Onkel Hüseyin fuhr in seinem Taxiunternehmen, mein Onkel Hursit lernte, mit dem Kopfschmerz umzugehen, Kerim und ich arbeiteten an unserer beruflichen Zukunft, und wir stützten uns als Großfamilie gegenseitig. Dass wir so eng zusammenhielten, war unsere Stärke.

Natürlich wollte ich immer noch wissen, wer meinen Vater umgebracht hatte. Und vor allem, wieso er ermordet worden war. Aber im Lauf der Zeit fanden wir uns mit der bitteren Einsicht ab, dass wir womöglich nie eine Antwort bekommen würden. In all diesen Jahren blieb der Schmerz. An Vaters Todestag trauerten wir besonders intensiv, aber auch sonst fehlte er. Oft gab es Momente, in denen ich mir gewünscht hätte, dass er mir beisteht. Auch die türkischen Festtage verliefen jetzt anders. Früher hatte sich immer die ganze Verwandtschaft bei uns versammelt, und das war auf einmal nicht mehr so, denn mein Vater, der für alle eine Art älterer Bruder und damit der Gastgeber gewesen war, fehlte. An ganz normalen Tagen tauchten aus dem Nichts plötzlich Fragen auf: Hatte er Schmerzen? Musste er in den zwei Tagen, bevor sie die Geräte abschalteten, leiden? Was für ein Schock muss es für ihn gewesen sein in der Sekunde, als er begriff, dass da einer auf ihn schoss? Ich lernte, das Gefühl des Verlusts im Alltag so weit auszublenden, dass das Weiterleben mit der Ungewissheit möglich wurde. Ich musste es lernen.

Als sich die Mordserie in den folgenden Jahren fortsetzte, wurden mir andere Dinge klar. Anders als die zum Teil noch sehr kleinen Kinder anderer Opfer hatte ich vierzehn Jahre lang mit meinem Vater leben dürfen. Die meisten anderen verbanden kaum eigene Erinnerungen mit ihren Vätern. Ich habe viel Zeit mit meinem Vater verbracht, ich weiß, wie er war. Das immerhin bleibt mir: Ich teile mit ihm eine Vergangenheit und das Schöne, das ich mit ihm erlebt habe. Das kann mir keiner nehmen.

Unser Umgang mit der Polizei änderte sich. Irgendwann ließen wir nicht mehr einfach alles mit uns geschehen, wir waren wütend. Ich erinnere mich an ein Gespräch, es war im Jahr 2006. Zwei Polizisten kamen zu uns und wollten wieder einmal mit uns reden, aber meine Mutter und ich erklärten: Das ist doch sinnlos, Sie haben in all den Jahren vor allem gegen uns ermittelt und nicht für uns!

Die Polizisten argumentierten, dass es einfach ihre Pflicht gewesen sei, auch den Verdacht gegen die Familie zu prüfen. Und sie umwarben uns. Wenn wir wissen wollten, wer das getan hat, dann sollten wir ihnen helfen und ihre Fragen mit ihnen durchgehen.

Na gut, sagten wir, fangen wir an.

Sie legten uns Fotos vor, wollten wissen, ob wir die Leute kennen würden. Auch wenn sie uns nichts weiter erklärten, konnten wir uns schon zusammenreimen, dass das Drogendealer waren. Sie fragten: Kamen jemals türkische Gäste aus Holland nach Schlüchtern? Vielleicht in die Moschee? Oder in ein Café? Wir verneinten alles, und meine Mutter versicherte, dass es nie solchen Besuch gegeben habe. Sie hätte doch davon erfahren, ihr Mann hatte ihr alles erzählt, und Schlüchtern ist klein, die Türken hier kennen einander.

Es ging weiter mit immer denselben Fragen, den Fragen wie beim letzten Mal, wie beim vorletzten Mal, teilweise hörten wir dieselben Fragen wie beim allerersten Mal. Wir versuchten, zu vergessen und Abstand zu gewinnen, aber dann kamen die Polizisten wieder vorbei, fast nach dem Motto: Schon lang nicht mehr gesehen, schon lang nichts mehr gefragt, haben Sie uns nicht vielleicht doch mittlerweile etwas mitzuteilen? Irgendwann wurde es lächerlich, immer wieder das Gleiche durchzukauen. Es kostete Zeit und Kraft. Jeder Tag mit solchen Gesprächen war ein verlorener Tag, jedes Mal wühlten die Fragen alles wieder auf, die schlimmen Erinnerungen und den Schmerz. Auch, weil wir merkten, dass sie meinen Vater noch immer im Verdacht hatten.

Im Lauf der Jahre warfen wir immer wieder ein: Könnte Ausländerfeindlichkeit das Motiv gewesen sein? Jedes Mal lautete die schnelle, stereotype Antwort: Wären es Rechtsextreme gewesen, hätten sie ein klares Bekennerzeichen hinterlassen, zum Beispiel ein Hakenkreuz. Damit war das Thema wieder vom Tisch. Die Polizisten, so dachten wir, sind doch Experten, die müssen doch wissen, was sie tun und sagen. Wir hatten ja trotz allem immer Vertrauen in die fachliche Kompetenz der Behörden. Wenn sie sagten, Fremdenfeindlichkeit, das könne nicht sein, glaubten wir ihnen. Heute ist mir klar, wir haben uns zu leicht abspeisen lassen. Aber was blieb uns anderes übrig, als uns in die Hände der Polizei zu begeben?

Hätte sie die Hypothese von der rechtsextremen Gewalt nicht mindestens mit derselben Hartnäckigkeit wie die anderen Spuren verfolgen müssen? War es nicht in hohem Maße unprofessionell und fahrlässig, das grundlegend auszuschließen, bloß weil ein Bekennerzeichen fehlte? Woher nahmen die Ermittler die Gewissheit, dass Neonazis immer so etwas hinterlassen? Es gab auch vorher schon genug Beispiele für äußerst brutale rassistische Übergriffe, bei denen die Täter ihre politische Gesinnung nicht schön ordentlich am Tatort für die Polizei dokumentierten.

Dann sprachen Ermittler aus der Türkei mit uns, die die deutschen Kollegen um Hilfe gebeten hatten. Aber auch die türkischen Polizisten hatten keine neuen Ideen. Wieder wurden wir vernommen, wieder liefen die Vernehmungen genau gleich ab, nur diesmal auf Türkisch. Wir schlossen daraus, dass auch sie glaubten, wir verheimlichten ihnen etwas. 2007 schaltete sich das Bundeskriminalamt in Wiesbaden ein und löcherte uns mit den üblichen Fragen. Im Lauf der Jahre kamen die Nürnberger so oft zu uns, dass wir ein paar Ermittler mit der Zeit etwas besser kennenlernten. Wir haben mit ihnen gegessen und getrunken, und einen dieser Polizisten kenne ich mittlerweile recht gut. Er stieg, soweit ich weiß, erst ein paar Jahre nach dem Mord an meinem Vater in den Fall ein und hatte, glaube ich, wohl auch die Aufgabe, uns als eine Art Betreuer und Ansprechpartner zu begleiten. Bei den Gesprächen im Jahr 2006 erzählte er auch öfters, dass der Fall ihn quälte, einmal offenbarte er uns, dass er deswegen manchmal nicht schlafen konnte. Er gab uns sogar seine Privatnummer, damit wir uns jederzeit an ihn wenden könnten, wenn uns etwas einfiele oder falls wir eine Frage hätten. Ich tat das ein paarmal. Wenn ich in der Zeitung wieder von der angeblichen Drogenspur gelesen hatte, rief ich ihn an und fragte, was denn dran sei, und er war offen mit mir. Mal erzählte er, dass sie tatsächlich neuen, wenn auch ungesicherten Anhaltspunkten folgten, mal erklärte er mir, dass es in Wahrheit leider gar nichts Neues gab.

Ich habe das Gefühl, irgendwann glaubten uns zumindest ein paar von ihnen, dass wir mit dem Mord nichts zu tun hatten. Und mit der Zeit begriff der eine oder andere auch, wie sehr wir unter alldem litten. Womöglich bewunderten sie sogar, wie unsere Familie zusammenhielt und sich half. Deutlich gesagt haben sie nie etwas dergleichen, aber ich habe es gespürt.

Trotzdem blieben die Gespräche zermürbend. Es war wie in einer Zeitschleife, immer dieselben Fragen, seit Jahren nun. Ich schätze, allein 2006 und 2007 waren die Ermittler ein Dutzend Mal bei uns. Dafür gab es einen Grund: Der achte und neunte Ceska-Mord waren gerade geschehen.

Er war ein friedlicher, beliebter Mensch und guter Vater. Ohne Berufsausbildung war er als junger Mann aus der Türkei gekommen und hatte dennoch in Deutschland seinen Weg gemacht. Als einfacher Hilfsarbeiter fing er an, später machte er sich selbständig. Geld zu verdienen, um seiner Familie die Zukunft zu sichern, das war sein Hauptantrieb, und so arbeitete er viel und schlief wenig. Er führte eine glückliche Ehe, es war eine Liebesheirat gewesen. Seine Frau fand keine Laster an ihm, allenfalls das Rauchen. Sie teilten Aufgaben und Pflichten, sie packte im Geschäft mit an, er kümmerte sich um die Kinder, er war ein Familienmensch, zu seiner Tochter hatte er ein ungewöhnlich vertrauensvolles

Verhältnis. Allerdings klagte seine Frau immer öfter, die Arbeit fresse sie auf, sie hätten kaum mehr Zeit füreinander, für die Kinder. Auch er fand, dass es zu viel wurde, und deshalb wollte er sein Geschäft verkaufen. Es gab auch schon einen Interessenten, der mehrmals da gewesen war und sich genau angeschaut hatte, was der Laden abwarf. Oft trug er ein Bündel Geldscheine in der Hosentasche. Politik trieb ihn nicht sonderlich um, manchmal bekam er Ärger mit dem Ordnungsamt, weil er sich nicht an die gesetzlichen Verkaufszeiten hielt. Am Morgen bevor er starb, frühstückte er noch mit seiner Frau. Mehmet Kubasik war neununddreißig Jahre alt, als er erschossen wurde. Der Mann, dessen Leben in so vielen Details dem von Enver Simsek geähnelt hatte, war das achte Opfer der Ceska-Killer, er starb am 4. April 2006 in der Mallinckrodt-Straße in Dortmund, knapp sechs Jahre nach dem ersten Mord.

Kubasik betrieb einen Kiosk mit Trinkhalle an einer vierspurigen Straße, er verkaufte Zeitschriften, Süßigkeiten, Getränke, Zigaretten. Der Laden war geöffnet von morgens um sieben bis nachts um eins, und um das zu bewältigen, arbeitete die ganze Familie zusammen: Die erste Schicht übernahm oft die Ehefrau, mittags nach der Schule half manchmal die Tochter Gamze aus, am Nachmittag, am Abend, in der Nacht war Mehmet Kubasik dran. Gamze war als kleines Kind mit ihren Eltern nach Dortmund gekommen, war hier in den Kindergarten und zur Schule gegangen, nun besuchte sie die Oberstufe des Berufskollegs für Wirtschaft und Verwaltung.

Am Morgen des 4. April brachte Gamze Kubasik ihren kleinen Bruder zum Kindergarten, damit der Vater noch etwas schlafen konnte, um 8 Uhr 45 ging sie zur Schule. Um 13 Uhr 10 war die zu Ende, und Gamzes Heimweg führte sie vorbei am Kiosk. Schon von weitem sah sie die Menschentraube, die Absperrbänder, die Blaulichter. Ihr Vater war zwei Kopfschüssen erlegen.

Auch bei den Kubasiks suchte die Polizei mit einem Drogenspürhund die Wohnung, das Auto, den Kiosk ab – und auch im Fall Halit Yozgat wiederholte sich eine Geschichte. Ismail Yozgat betrat am 6. April 2006 das Internetcafé in Kassel, um seinen Sohn abzulösen, der es betrieb, sah etwas Rotes auf der Theke und dachte zunächst, jemand habe Farbe verschüttet. Er ging um den Tresen und fand dahinter seinen Jungen – ähnlich, wie es Ali Tasköprü im Jahr 2001 ergangen war.

Halit Yozgat war ein gutmütiger, lustiger Kerl, der eine Weile nach seinem Weg gesucht hatte. Er war temperamentvoll, und nach einer stürmischen, etwas orientierungslosen Schulzeit gelang es ihm im Jahr 2006 gerade, sein junges Leben neu zu ordnen, pflichtbewusster zu werden. Mit dem Internetcafé sammelte er erste unternehmerische Erfahrungen, seit Februar des Jahres besuchte er die Abendschule, um seinen Realschulabschluss nachzumachen. Er war gläubig und ging regelmäßig in die Moschee. Nach seiner Ermordung sprang die Verdächtigungsmaschinerie mit unerbittlicher Zuverlässigkeit an. Ein Reporter wies die Ermittler darauf hin, dass Ismail Yozgat angeblich Kontakte zu den Grauen Wölfen gepflegt habe. Die «Bild» spekulierte über «vier heiße Spuren», nämlich «Drogenmafia, Organisierte Kriminalität, Schutzgeld, Geldwäsche». Der «Focus» zitierte einen führenden Nürnberger Ermittler, der angab, er halte «überhaupt nichts» von einem rechtsextremen Hintergrund bei dieser Mordserie. Über diese Möglichkeit wurde zu der Zeit immerhin schon offen gemutmaßt. Derselbe Polizist erklärte dem «Hamburger Abendblatt»: «Wir dringen in Gesellschaftsteile vor, die offensichtlich eine enge, vertrauensvolle Zusammenarbeit mit der Polizei nicht gewohnt sind.» Und die Zeitung knüpfte daran die Überlegung, vielleicht seien ja alle Opfer «letzte Glieder einer Kette» gewesen, «Geldwäscher eines Drogenrings womöglich, die einen Fehler gemacht hatten, der sie das Leben kostete».

In einer Hinsicht allerdings unterschieden sich die Fälle Kubasik und Yozgat von den vorherigen: Die Familien der Opfer akzeptierten es nicht mehr lautlos, selber zu Verdächtigen gemacht zu werden, sie weigerten sich, den ermordeten Vater und den ermordeten Sohn als Menschen zu sehen, die womöglich in schlimme Dinge verstrickt waren und ihren Tod quasi selbst verschuldet hatten.

Die Yozgats wandten sich in einem Brief an die hessische Landesregierung unter dem CDU-Ministerpräsidenten Roland Koch, doch die Politik wollte sich nicht zu einem Treffen mit den Angehörigen durchringen. Der Hilfeschrei verhallte ungehört. Mehmet Kubasiks Frau und seine Tochter Gamze erklärten früh und deutlich: Diese Tat rieche nach Fremdenfeindlichkeit. Sie wurden vom Alevitischen Kulturverein Dortmund unterstützt, dessen Sprecher «die tageszeitung» mit den Worten zitierte: «Alle Opfer sind Migranten. Da ist doch ein rechtsextremistischer Hintergrund sehr einleuchtend. Stattdessen gucken die Ermittler nur nach links und wollen wissen, ob Mehmet in der PKK aktiv war.» Immerhin schrieb auch die «Frankfurter Rundschau», der «Gedanke an einen fremdenfeindlichen Hintergrund» liege nahe.

Im Mai 2006 habe ich Gamze Kubasik in Kassel bei einer Kundgebung kennengelernt, zu der nach dem neunten Mord aufgerufen wurde. Der Vater von Halit Yozgat hatte uns dazu eingeladen. Es sollte endlich darauf aufmerksam gemacht werden, was diese Geschehnisse wirklich waren – neun brutale, abgebrühte Mordtaten, die die Polizei nicht aufklären konnte. Das schien aber niemanden in Deutschland zu beschäftigen oder zu empören.

Die letzten beiden Morde waren innerhalb von nur drei Tagen geschehen. Alle Angehörigen waren schockiert, so dicht aufeinander war noch nicht gemordet worden. Deshalb kam es zu der Aktion in Kassel, zu der auch meine Onkel und ihre Familien fuhren. Die Teilnehmer trugen Plakate mit Aufschriften: «Kein 10. Opfer!» und «Wie viele müssen noch sterben, damit die Täter gefasst werden?»

In Kassel bin ich Gamze begegnet, sie war zwanzig, genauso alt wie ich, und vom ersten Moment an erkannte ich mich in ihr wieder. Es war, als blickte ich in einen Seelenspiegel. Ich sah die Trauer in ihren Augen, und vermutlich konnte niemand sie besser verstehen als ich, die ich wusste, was in ihr vorging, was sie durchmachte. Mich packte in dem Moment auch eine ohnmächtige Wut. Mein Vater war der erste gewesen, der sterben musste, und ihr Vater war der achte, sechs Jahre später! Nach sechs Jahren musste wieder jemand dasselbe erleiden wie wir, wie konnte, wie durfte das geschehen?

Gamze und ich mussten von Anfang an nicht viel reden,

um uns zu verständigen. Sie kann in mein Innerstes sehen, wir teilen den Schmerz und das Schicksal, ohne Vater klarkommen zu müssen. Sie ist eine gute Freundin geworden, und oft habe ich mir gewünscht, ich hätte sie unter anderen Umständen kennengelernt. Manchmal finden wir es schade, dass wir fast nur über schlimme Dinge reden, wir würden lieber mehr miteinander lachen, und einmal beschlossen wir sogar, uns künftig nur noch über Schönes zu unterhalten. Es gelingt uns natürlich trotzdem bis heute fast nie.

Gamze und ich stellten bald fest, dass die Ermittlungen bei uns allen fast gleich verliefen. Warum fragten die Ermittler beim siebten, achten, neunten Mord immer noch, ob es ein Motiv in der Familie geben könnte? Obwohl doch jedes Mal die Ceska im Spiel war? Obwohl die Opfer nichts miteinander zu tun hatten, einander noch nicht einmal flüchtig kannten?

Irgendwann um 2006 stieß ich auf ein Wort, das mich unglaublich wütend machte. Ich schlug ahnungslos eine Zeitung auf, sah das Foto meines Vaters – und las daneben etwas vom «Döner-Killer». Was hatte mein Vater mit Dönern zu tun? Wenn die Erschossenen Deutsche gewesen wären, hätte man dann «Kartoffel-Morde» geschrieben? Das war achtlos, zynisch und rassistisch. Als Erster, so weiß ich heute, hat wohl ein Nürnberger Lokaljournalist den Begriff «Dönermord» verwendet, die anderen schrieben dann bei ihm ab.

Der Ausdruck war herabwürdigend und beleidigend gegenüber den Opfern, die so unterschiedliche Biographien hatten: Mein Vater hatte sich zum erfolgreichen Blumenhändler hochgearbeitet, seine Persönlichkeit und seine Lebensleistung wurden durch die abfällige Bezeichnung für unwichtig erklärt. Neun Menschen waren ermordet worden, nur eines der Opfer hatte einen Dönerstand betrieben, nur ein anderer hatte an einem Döner-Imbiss ausgeholfen.

Als Gamze und ich uns kennenlernten, beschlossen wir, nicht mehr länger zu schweigen, sondern an die Öffentlichkeit zu gehen. Wir gaben ein Fernsehinterview. Vor Wut, dass nichts passierte, dass die Angehörigen nur mit den ewig gleichen Verdächtigungen traktiert wurden, dass der Möglichkeit der Ausländerfeindlichkeit nie nachgegangen wurde. Neun Menschen sterben, und sie haben nur eine einzige Verbindung: Alle sind Migranten, führten türkische oder griechische Geschäfte oder arbeiteten dort.

Das war 2006, fünf Jahre bevor die Wahrheit herauskam. Heute weiß ich, wir hätten damals insistieren müssen. Wir hielten Fremdenfeindlichkeit zwar für einen denkbaren Antrieb des Mörders, aber wir stellten uns dabei einen Psychopathen vor, der womöglich einmal schlechte Erfahrungen mit einem Türken gemacht hatte. Wenn ich es heute bedenke, war diese Sichtweise schon von der Perspektive der Ermittler beeinflusst, die uns einmal erklärt hatten, der Mörder könnte vielleicht ein Mensch sein, der von einem Türken gedemütigt worden sei und sich nun auf kranke Weise rächen wollte. Aber neben einem verrückten Einzeltäter lag die Möglichkeit einer durchgeplanten, rassistisch motivierten Mordserie für uns jenseits des Vorstellbaren. Meine Familie und ich waren nie mit Fremdenfeindlichkeit in Form von Beleidigungen oder Aggression konfrontiert worden. Wir sahen uns nicht einmal als Ausländer, Kerim und ich sind in Deutschland aufgewachsen, wir empfanden uns nie als Fremde.

Als ich mit Gamze das Interview gab, hofften wir auf Hinweise, dass sich vielleicht ein Zeuge meldet. Wir wollten auch Druck ausüben, auf diese Geschichte aufmerksam machen. Später haben wir auch in Dortmund noch einmal demonstriert. Das alles verpuffte ohne Nachhall.

Keiner konnte behaupten, sie hätten nichts getan. Jahr um Jahr hatten sich die Ermittler versenkt in eine Unterwelt aus PKK und Grauen Wölfen, Schutzgelderpressung und Drogenhandel, hatten im Dunkeln den immer gleichen Spuren nachgetastet, aber sie waren nie ins Licht vorgestoßen. Wer hatte sich nicht alles um Aufklärung bemüht: die Kriminaldirektion Nürnberg und das Polizeipräsidium Mittelfranken, bei dem erst die «Sonderkommission Halbmond» angesiedelt war und später die «Besondere Aufbauorganisation (BAO) Bosporus»; dann die Polizeipräsidien München, Dortmund und Nordhessen; die Landeskriminalämter Hamburg und Mecklenburg-Vorpommern; und irgendwann, ab 2004, auch das Bundeskriminalamt in Wiesbaden mit der «Ermittlungsgruppe Ceska». Koordinierungsstellen wurden eingerichtet, Steuerungsgruppen tagten, örtliche Kripochefs und Präsidenten der Landespolizei mischten mit, die Experten der Bundesbehörde brachten ihre Sichtweise ein. Alle arbeiteten verbissen, mal miteinander, mal nebeneinander, mal aneinander vorbei. Jeder wollte den Fall lösen, und so kooperierten sie und konkurrierten.

Jahr für Jahr schrieben die Zeitungen weiter von der «Drogenmafia» und einer «Istanbul-Connection», und die Ermittler soufflierten. Der Leiter der Soko Bosporus mutmaßte im Interview, vielleicht seien alle Ermordeten zuvor «in der Drogenszene aktiv» gewesen, ein anderer Polizist brachte «Waffenschmuggel» und «Menschenhandel» ins Spiel. Ein Ermittler kritisierte die «Mauer des Schweigens» in der türkischen Szene und meinte, diese Leute seien einfach «noch nicht in dieser Gesellschaft angekommen», eine Zeitung nannte die Opferfamilien «äußerst zugeknöpft», und ein Nachrichtenmagazin erklärte sich ihre Sprachlosigkeit mit «Angst vor den Killern».

Immerhin, nach dem neunten Mord begannen manche Ermittler in ihrer Hilflosigkeit auch sogenannte «Alternativ-Hypothesen» zu erwägen. Ein Kasseler Hauptkommissar äußerte in einem Interview: Vielleicht seien die Opfer einfach nach ihrer ethnischen Herkunft ausgesucht worden. Und nun kam die OFA, die «Operative Fallanalyse» ins Spiel, was immer dann geschah, wenn die Polizei bei schweren Verbrechen feststeckte. Die Experten der OFA versuchten, aus den vorhandenen Fakten ein Täterprofil zu destillieren und alte Daten neu zu interpretieren. Sie saßen sozusagen hinter den Ermittlern. Weiter weg vom Fall und doch dichter dran, da es ihre Aufgabe war, sich in den Kopf des Mörders hineinzudenken. Das Prinzip stammte aus den USA, wo es als «Profiling» bekannt ist.

2006 analysierte die OFA Bayern zunächst die ersten sieben Morde und kam zu dem Ergebnis, dass das Organisierte Verbrechen dahinterstecken müsse, hier wären Tötungsfachmänner am Werk gewesen, die im Auftrag einer Gruppe oder Bande arbeiteten. Kurz darauf bezogen die bayerischen Profiler die Morde an Kubasik und Yozgat mit ein und folgerten diesmal: Es könne auch ein Einzel- oder ein Serientäter sein, vielleicht jemand, der einmal negative oder demütigende Erfahrungen mit einem Türken gemacht habe. Oder vielleicht einer, der der rechtsradikalen Szene nahestand. Man vermutete, der Mörder wäre wohl in den Jahrgängen zwischen 1960 und 1982 geboren, ein Deutscher, der im Raum Nürnberg zu Hause oder zumindest verwurzelt war.

Also prüften die Ermittler alle Schützenvereinsmitglieder und Inhaber einer Waffenbesitzkarte im Großraum Nürnberg. Wer hatte eine Ceska? Wer passte ins Profil? Kein Ergebnis, nichts. Sie checkten Leute, die einmal in und um Nürnberg gewohnt hatten und umgezogen waren. Wieder nichts. Das Bundeskriminalamt Wiesbaden blieb derweil bei der These von den Auftragsmorden im Drogenmilieu – auch wenn andere Erklärungsmodelle «zurzeit noch nicht vollständig ausgeschlossen werden» könnten. Und die BAO Bosporus beauftragte noch im selben Jahr 2006 zusätzlich die OFA-Kollegen aus Baden-Württemberg mit einer Expertise. Auch die schwäbischen Profiler kamen zu dem Urteil, dass man es hier mit Organisierter Kriminalität zu tun habe. So half also auch die Operative Fallanalyse nicht weiter. Die Urteile schwankten und widersprachen sich: Die einen sagten erst dies und die anderen dann jenes, binnen eines einzigen Jahres wurde ein ausländerfeindlich motivierter Einzeltäter ausgeschlossen, dann als reelle Möglichkeit betrachtet, schließlich wieder verworfen.

Längst hatte sich der Fall zu einem Rätsel der kriminologischen Superlative ausgewachsen: Mehrmals berichtete die Fernsehsendung «Aktenzeichen XY ... ungelöst» darüber, wobei der Moderator unter anderem fragte: «Haben sich die Opfer selbst in kriminelle Geschäfte verwickelt?» Die Belohnung für Hinweise erreichte die Rekordhöhe von dreihunderttausend Euro. Zeitweise arbeiteten bis zu hundertsechzig Beamte an dem Fall: Sie werteten sechzehn Millionen Funkzellendaten aus, dreizehn Millionen Banktransaktionsdaten, dreihunderttausend Hotelübernachtungsdaten, sechshunderttausend Einwohnermeldedaten, und im März 2007 baten sie hunderttausend Haushalte im Süden Nürnbergs per Postwurfsendung um Mithilfe. Die Ermittlungsakten füllen fünfzehnhundert Ordner.

Keiner konnte sagen, sie hätten nichts getan – sie versuchten es mit den unorthodoxesten Ermittlungsmethoden: Die Soko Bosporus begann undercover, in Nürnberg einen türkischen Döner-Imbiss zu betreiben, und bezahlte dann mutwillig die Lieferantenrechnungen nicht – vielleicht würde ein Geldeintreiberteam aufkreuzen und die Waffe ziehen, vielleicht war es auch bei den Erschossenen so gelaufen? Eine Ermittlerin tarnte sich als Journalistin und hörte sich bei türkischen Gewerbetreibenden um – vielleicht würde sie so einen Zugang zur Halbmond-Mafia finden? Hamburger Polizisten trafen sich 2008 mit einem aus dem Iran eingeflogenen Geisterbeschwörer, der den Beamten angeboten hatte, über ein Medium Kontakt ins Jenseits zu dem sieben Jahre zuvor ermordeten Süleyman Tasköprü herzustellen. «Versuch macht klug, und verlieren können wir letztlich nichts», begründete ein Ermittler das bizarre Rechercheprojekt in einer E-Mail gegenüber Kollegen. Und es gab eine Razzia in türkischen Vereinen – vielleicht würden die Leute, wenn man sie ruppig aufscheuchte, wieder über die Fälle reden, und vielleicht ließe sich dann bei einer Abhöraktion etwas erlauschen.

Aber niemand versuchte, den säumigen Dönerverkäufer umzubringen. Kein türkischer Händler gab der «Journalistin» einen Tipp. Der Hellseher förderte keine Neuigkeiten aus dem Schattenreich zutage. Und die Razzia sorgte zwar für Unruhe und Unmut, aber sonst kam nichts dabei heraus.

Sie analysierten DNA-Proben, sammelten Fingerabdrücke, holten Schusswaffengutachten ein, gaben chemisch-toxikologische Untersuchungen in Auftrag. Sie tingelten durch Spielhöllen, Kneipen, Absteigen, Bordelle. Sie besuchten aussagewillige inhaftierte Kriminelle und hörten sich deren Räuberpistolen an, sie bestellten türkische Hausfrauen ein und hörten sich deren «Ich weiß doch wirklich nichts» an. Sie gruben und bohrten, vernahmen und verwanzten. Zwischen Herbst 2006 und Frühjahr 2008 befragten die Nürnberger Ermittler noch einmal viele Bekannte und Verwandte Enver Simseks, klopften noch einmal bei dreiundsechzig Leuten an, bei manchen mehrmals, bei einem Blumenhändlerkollegen gar siebenmal. Immer und immer wieder wurde dasselbe umgerührt und durchgekaut. All diese Vernehmungen brachten nichts außer dem Echo des Verdachts, das immer wieder genährt wurde: Hast du gehört? Die Polizei glaubt immer noch, dass Enver Dreck am Stecken hatte, das muss doch einen Grund haben ...

Anfangs hatten die Ermittler geschrieben, «zweifelsohne» gebe es Belege für die Drogenthese, sie «erhärte» sich. Mit den Jahren verschwanden die forschen Formulierungen aus den Zwischenbilanzen. Anfang 2008 verfassten die Nürnberger Kommissare von der BAO Bosporus noch einmal einen Sachstandsbericht. Er war zweiundneunzig Seiten stark, aber die Quintessenz passte in vier Zeilen: Trotz all des Aufwands lasse sich im Prinzip nur sagen, dass für diese Mordserie entweder eine Organisation verantwortlich sei oder ein Einzeltäter. Für das eine gebe es keine wirklich belastbaren Indizien. Und für das andere auch nicht.

Keiner konnte behaupten, sie hätten nichts getan, aber was hielten sie in Händen? «Nichts, nichts, nichts», antwortete der Nürnberger Polizeipräsident in einem Zeitungsinterview, «nicht mal das Schwarze unter dem Fingernagel.» Das war nur fast richtig: Bei ihren Ermittlungen hatten die Polizisten im Hause Simsek Kontoauszüge, Rechnungsbücher, Bankunterlagen beschlagnahmt. Sie studierten das Material, entdeckten, dass da nicht alles steuerlich korrekt gelaufen sei, und leiteten ein Verfahren ein. Dies also war die Bilanz der Ermittlungen im Mordfall Enver Simsek: Sie suchten seinen Mörder und fanden Steuerschulden.

2007 begann ich mein letztes Studienjahr, das Anerkennungsjahr, in dem mir der Sprung in die Berufspraxis gelang: Abwechselnd ging ich zur Uni und arbeitete im Sportjugendhaus in Frankfurt-Rödelheim, und nach diesem Jahr hatte ich meine Ausbildung abgeschlossen, ich war jetzt Sozialpädagogin. Mein Bruder hatte an der Fachhochschule in Friedberg einen Studienplatz bekommen und studierte zunächst Maschinenbau, bevor er zur Medizintechnik wechselte. Wir fanden es naheliegend, zusammen nach Friedberg zu ziehen, wo auch unsere beiden Onkel leben. 2008, als ich im Sportjugendhaus fest übernommen wurde, mieteten Kerim und ich uns eine kleine Wohnung. Ich ging zur Arbeit, er zur Uni, und da ich in der Regel erst nach 22 Uhr nach Hause kam, kochte er oft für uns, meistens Pasta, das kann er sehr gut. Oder Fleisch, die Liebe dazu hat er von Papa. Wir haben uns wegen des Haushalts noch nie gestritten. Allenfalls schnauzte ich ihn mal an, wenn er in der Küche geraucht hatte, anstatt auf den Balkon zu gehen. Aber im Grunde war er oft ordentlicher als ich. Es tat uns einfach gut, beisammen zu sein. Wenn einer von uns beiden heimkam und die Wohnungstür öffnete, sagte er immer erst: Hallo, ich bin da! Mal auf Deutsch, mal auf Türkisch.

Unsere Onkel Hursit und Hüseyin waren in all den Jahren für uns da, sie übernahmen ein Stück weit die Vaterrolle für Kerim und mich. Sie und unsere Tanten Ümmü und Hatun nahmen uns in ihre Familien auf, wir aßen zusammen, feierten zusammen. Unsere Familie braucht keinen besonderen Grund, um sich zu treffen. Ich bin glücklich, dass ich solche Onkel und Tanten habe.

Die Arbeit im Sportjugendhaus liebte ich. Es ist eine Einrichtung für junge Leute, die jüngsten sind vierzehn, die ältesten Ende zwanzig, und die meisten haben ausländische Wurzeln, Türken sind darunter, aber auch Albaner, Marokkaner, Serben, Russen, Italiener. Es gibt dort Billard- und Kickertische, PCs, eine Theke, einen Fernseher, eine Couch, ein Playstationzimmer, einen Spiegelraum, um Breakdance zu üben, ein Mädchenzimmer und sogar einen Fitnessbereich mit Umkleidekabinen, Kraftraum und Geräten. Wir stellten etwas für die jungen Leute auf die Beine, um sie zu begeistern: Boxen, Drachenbootrennen, Mitternachtsfußball. Die meisten von ihnen gingen zur Schule oder machten eine Ausbildung, manche studierten sogar. Natürlich gab es ein paar, die einfach in den Tag hinein lebten, aber alle wollten mit ihrem Leben etwas anfangen. Sport wurde großgeschrieben, und das fand ich am Konzept des Hauses toll. Sport hilft, das Leben zu meistern, denn er erfüllt eine Doppelrolle – einerseits kann man sich dabei austoben, andererseits lernt man Disziplin. Den Jungs war ihr Körper sehr wichtig, sie hielten sich an Trainingspläne, legten Wert auf ihre Ernährung, und ich habe sie bewundert für ihren Ehrgeiz und ihre Konsequenz.

Manchmal haben wir über Gott und die Welt diskutiert, dann half ich beim Schreiben von Bewerbungen, oder wir kochten gemeinsam. Auch den Müttern habe ich manchmal bei Formularen geholfen. Ich hörte zu, wenn sie Beziehungsprobleme hatten, oder redete jemandem ins Gewissen, wenn er was angestellt hatte und Sozialstunden ableisten musste. Die Jungs gingen sehr respektvoll mit mir um. Machos? Mir gegenüber nicht. Sie schimpften höchstens scherzhaft, wenn ich zu viele Süßigkeiten aß, denn sie wollten mich zum Trainieren und Abnehmen überreden, weil ich immer jammerte, ich sei zu dick. Es gab feste Regeln, und natürlich rebellierten sie auch mal dagegen und testeten die Grenzen aus, aber am Ende haben sie sie immer eingehalten.

Etwa zwei Jahre nachdem ich im Beruf Fuß gefasst hatte, lernte ich meinen Mann kennen. Das heißt, flüchtig kannte ich Fatih schon länger. Er stammt aus Sarkikaraagac, einem

Nachbarstädtchen etwa zehn Kilometer von Salur entfernt, er hat immer dort gelebt und dachte nie daran, nach Deutschland auszuwandern. Im Juli 2011 flog ich zur Beerdigung meiner Oma in die Türkei. Wir waren überstürzt aufgebrochen, und so hatte ich mein Rückflugticket nur digital dabei, auf einem Stick gespeichert, und wusste nicht, wo ich es ausdrucken konnte. Fatih ist Journalist, er gibt zusammen mit seinem Bruder in Sarkikaraagac eine Lokalzeitung heraus. Die beiden machen alles selbst, sie schreiben Texte, akquirieren Anzeigen, organisieren den Betrieb. Die Büros sind im ersten Stock ihres Hauses, und im Erdgeschoss betreiben sie ein Internetcafé.

Das war die Lösung für mein Druckerproblem, also fuhr ich hin. Das Ticket konnte ich ausdrucken, aber Fatih war an dem Tag nicht da. Weil er immer gesagt hatte, ich solle doch mal vorbeischauen, wenn ich zu Besuch wäre, bat ich die Aushilfe, ihm einen Gruß auszurichten. Kurz darauf rief er mich an: Du bist in der Türkei? Lass uns was unternehmen! Wir verbrachten den Abend zusammen und sahen uns noch mal am nächsten Tag, bevor ich nach Deutschland zurückflog. Fortan telefonierten wir öfter. So fing es an. Ein paar Monate später war ich wieder in Salur. Wir trafen uns, lernten uns besser kennen, ich war abends bei seinen Eltern zum Essen. Im September 2011 wurden wir ein Paar.

Als Journalist wusste Fatih natürlich von der Ceska-Mordserie. Aber ihm war zunächst nicht klar, dass ich zu einer betroffenen Familie gehöre. Bei einem unserer ersten Ausflüge fragte er mich: Was arbeitet eigentlich dein Vater? Ich sagte: Er ist tot. Fatih bat um Entschuldigung und hakte nicht nach.

Erst später, als wir uns besser kannten, griff er das Thema wieder auf. Dieses Mal erklärte ich ihm, dass mein Vater ermordet worden war und dass wir nicht wussten, von wem, und Fatih bohrte nicht weiter. Diese Rücksicht gefiel mir sehr an ihm, er spürte, wie schwer es mir fiel, darüber zu reden.

Es war mir nie leichtgefallen, eine tiefe Beziehung zu einem anderen Menschen einzugehen. Ich traute mich nicht, mich an jemanden zu binden, weil ich fürchtete, nur umso mehr zu leiden, wenn er wieder weg ist. Alles kann ganz schnell vorbei sein – das ist mir damals bewusst geworden, als mein Vater starb, und das empfinde ich heute noch so. Einen solchen Verlustschock wollte ich nicht noch einmal erleben, ich wollte nicht noch einmal so verletzbar sein. Gleichzeitig wurde mir auch klar, dass man stark sein und lernen muss, sich selber zurechtzufinden. Damals wurde ich selbständig, aber ich gewöhnte mir auch an, mich meinen Gefühlen nicht auszuliefern. Seit ich Fatih kenne, gelingt es mir besser, mich auf Nähe einzulassen. Er hilft mir, weil ich spüre, dass er mich versteht.

Da Fatih in der Türkei lebte, war unsere Beziehung von Anfang an zwischen den beiden Ländern hin- und hergerissen. Ich flog viel und ahnte bald, dass das auf die Dauer nicht so weitergehen konnte. Natürlich hatte ich auch Zweifel, ob es mit uns klappen würde. Dabei sehnte ich mich nach jemandem, auf den ich mich verlassen konnte. Fatih hat mich ermutigt, und wir sind uns im richtigen Moment begegnet, in einer Zeit, als ich begann, offener zu werden. Deshalb wurde mir bald klar: Wenn wir eine echte Chance haben wollten, mussten wir uns für ein gemeinsames Leben, für ein Land entscheiden. Das taten wir dann ziemlich schnell. Wir planten die Verlobung für Ende Februar 2012 in der Türkei.

Mit den Rätseln um den Tod meines Vaters hatte ich zu der Zeit abgeschlossen, wir suchten nicht mehr nach Antworten. Seit 2006 war niemand mehr mit der Ceska erschossen worden, und so hatte ich mir meine eigene Version dessen, was geschehen sein musste, zurechtgelegt: Aus den Phantombildern zum Fall, die seit einigen Jahren kursierten, ließen sich zwar wenig Rückschlüsse ziehen, aber die Gesuchten darauf sahen sich ähnlich. Vielleicht sind es zwei Brüder, überlegte ich. Und irgendein schicksalhafter Zufall hatte die Mordserie beendet. Ich malte mir aus, dass die beiden in ihrem Haus verbrannt oder bei einem Unfall gestorben wären. Oder dass der eine umgekommen war und der andere sich alleine nicht mehr traute, weiter zu morden. So reimte ich mir das zusammen. Ich brauchte eine Erklärung, und ich schuf sie mir. Die Ungewissheit ist schwer auszuhalten, denn sie überschattet alles. Sie macht es unmöglich, sich auf die Trauer und den Schmerz einzulassen und ein unbelastetes Andenken an den Gestorbenen zu bewahren. Ohne Antwort kommen die Gedanken nie zur Ruhe.

So vergingen elf Jahre. Zwei Flugzeuge bohrten sich in die Zwillingstürme von New York, der Bundestag stimmte der Entsendung von Streitkräften nach Afghanistan zu, und Onkel Hursit fand nicht mehr zurück zur Arbeit und zu seiner früheren Geschäftigkeit. Das Geschehene hatte zu viel Kraft aus ihm gesogen, manchmal saß er wochenlang zu Hause und brütete vor sich hin. Die Mark ging, der Euro kam, und Onkel Hüseyin betrieb sein Taxiunternehmen weiter. Ab und zu lockte er nach der Arbeit seinen Bruder aus dem Haus, ging mit ihm in ein Café. Die Raumfähre Columbia zerbrach kurz vor der Landung, die letzte Concorde flog von New York nach Paris, und mein Vater tauchte in meinen Träumen auf, verschwand und kehrte zurück, bis er mir mit den Jahren seltener erschien. Eine Flutwelle überspülte die Küste von Indonesien, ein Harvard-Student gründete Facebook, und mein kleiner Bruder Kerim wurde zum Mann. Wenn wir durch die Straßen von Friedberg gingen, meinte er manchmal in den Gesichtern der Passanten lesen zu können: Das sind die Kinder des Drogendealers. Johannes Paul II. starb, die «Bildzeitung» verkündete, dass «wir» jetzt Papst sind, und meine Mutter versuchte, wenn die Schwermut sie hinabzog, auf dem Weg des Gebets wieder herauszufinden. Deutschland feierte ein Sommermärchen, in Bad Reichenhall stürzte eine Eislaufhalle ein, und ich lernte, wenn ich nach meinem Vater gefragt wurde, welche Antwort die beste war: Er ist tot, Punkt. Der Bundestag beschloss die Rente mit siebenundsechzig, der Orkan Kyrill tobte über Europa, und der Verdacht gegen meinen Vater wurde für uns zu einem Hintergrundgeräusch, an das wir uns gewöhnten, er war so verlässlich und allgegenwärtig wie das Wetter. Barack Obama rief «Yes, we can», Lehman Brothers ging pleite, und die Besondere Aufbauorganisation Bosporus wurde zurückgeführt in die Allgemeine Aufbauordnung des Polizeipräsidiums Mittelfranken. Die Unterlagen zum Mord an meinem Vater wanderten zur Mordkommission für ungelöste Altfälle und wurden zu einem Fragezeichen zwischen Aktendeckeln, einem Rätsel aus Regalmetern voller Zeugenvernehmungen, Protokollen, Gutachten, Sachstandsberichten, Mutmaßungen und Theorien. Michael Jackson starb, das Versandhaus Quelle wurde aufgelöst, und das Haus in Salur, das Vater gebaut hatte, das Haus mit dem Blick auf die Berge, wo im Sommer die Hirten mit den Schafen lebten, dieses Haus stand leer. Ich ging oft nicht einmal hin, wenn ich den Urlaub in der Türkei verbrachte, die damit verbundenen Erinnerungen wogen einfach zu schwer. Im Golf von Mexiko versank eine Ölplattform, ein Erdbeben verwüstete Haiti, und nur selten noch schrieb eine Zeitung von der «Mauer des Schweigens» und der «undurchdringlichen Parallelwelt» der Türken in Deutschland. In Fukushima schmolzen die Brennstäbe, in Norwegen tötete ein junger Mann siebenundsiebzig Unschuldige – um ein barbarisches Zeichen gegen die multikulturelle Gesellschaft und das friedliche Zusammenleben von Menschen unterschiedlicher Herkunft zu setzen. Wir lebten weiter. Ich hatte mir eine Erklärung zurechtgelegt, die ich verkraften konnte, eine Deutung gefunden, die mir die Fragen zu zähmen half. Ich stellte mir vor, die Mörder sind tot. Es ist vorbei.

FÜNFTES KAPITEL
DIE WAHRHEIT

Am Freitag, dem 11. November 2011, spielte die Türkei gegen Kroatien. Ich hatte einen freien Tag und wollte am Abend bei Onkel Hüseyin essen und bei seiner Familie das Fußballspiel ansehen. Kerim, der für Hüseyin öfters Taxi fährt, wollte nach der Arbeit dazukommen. Kurz vor dem Spiel war er endlich da, aber er wirkte verstört. In den Nachrichten hatte er etwas Seltsames gehört: Die Ceska, mit der unser Vater erschossen wurde, sei aufgetaucht, auch die mutmaßlichen Mörder habe man gefunden, aber sie wären tot, sie hätten sich umgebracht.

Im ersten Moment konnte ich nicht glauben, was er da sagte. In all den Jahren seit dem Tod meines Vaters hatten die Medien so viele Spekulationen verbreitet, so viele haltlose Vermutungen in den Raum gestellt, dass ich jeder vermeintlichen Enthüllung erst einmal misstraute. Und doch ließ uns die Nachricht nicht los. Im Internet fanden wir schnell einen Bericht über den Fall: Zwei Männer hatten ein paar Tage zuvor in Erfurt eine Bank überfallen und waren auf der Flucht von Polizisten in ihrem Wohnmobil umstellt worden. Daraufhin nahmen sich die Räuber das Leben, drei Stunden später sprengte eine Komplizin in Zwickau die gemeinsame

Wohnung in die Luft und floh. Nach vier Tagen stellte sie sich der Polizei. Schon unmittelbar nach den Ereignissen hatte es in den Medien geheißen, die drei seien Neonazis und hätten 2007 in Heilbronn eine Polizeibeamtin umgebracht – die Dienstwaffe der jungen Frau lag in dem Wohnmobil. Nun habe man in den Trümmern der Wohnung auch die Ceska gefunden.

Meine Mutter war zu dieser Zeit in Salur, wo sie sich inzwischen öfter aufhielt. Wir telefonierten, und ich erzählte ihr von der Neuigkeit, doch sie war skeptisch und meinte, wir sollten abwarten, ob sich die Meldung überhaupt bewahrheite. Kerim und ich versuchten, ruhig zu bleiben, uns zu gedulden, bevor wir das Bundeskriminalamt anriefen. Die Wiesbadener Behörde war mittlerweile für den Fall zuständig, ein Beamter des BKA hatte uns eine Visitenkarte dagelassen. Wenn wir Fragen hätten, sollten wir uns bei ihm melden. Am nächsten Morgen wählte ich seine Nummer, aber es war Samstag, und so bekam ich nur eine Dame von der Telefonzentrale an den Apparat. Ich sei die Tochter von Enver Simsek, erklärte ich, und wolle erfahren, ob die Meldungen stimmten und man die Mörder meines Vaters tatsächlich gefunden habe. Die Frau blockte ab: Momentan sei niemand im Hause, der zu diesem Fall nähere Auskünfte erteilen könne, ich solle mich doch über die Medien informieren und den «Spiegel» oder die «Bild» lesen.

So sahen wir uns an jenem Wochenende zurückgeworfen auf die Meldungen in den Nachrichtensendungen, Zeitungen und im Internet, und wie in einem entsetzlichen Puzzle mussten wir uns selbst ein Bild aus den Neuigkeiten zusammensetzen. Beinahe stündlich erfuhren wir weitere, verstörende Details: von einer Gruppierung namens «Nationalsozialistischer Untergrund» und von ihrem Motto «Taten statt Worte», von einem «größeren rechtsextremen Netzwerk», das angeblich hinter den Verbrechen stand, und von Fotos, die diese Mörder, nachdem sie geschossen hatten, von ihren Opfern gemacht haben sollen. Immer neue Einzelheiten kamen nun in rascher Folge ans Licht, es war, als liefe ein albtraumhafter Film vor uns ab.

Bis heute ist mir rätselhaft, warum das BKA uns, die Angehörigen und unmittelbar Betroffenen, nicht vom ersten Tag an informiert hat. Wir hätten uns dann wenigstens auf die Presseberichte vorbereiten können. Stattdessen mussten wir uns wieder einmal allein mit dem auseinandersetzen, was die Medien verbreiteten, wir mussten wieder allein die richtigen von den weniger richtigen Meldungen zu unterscheiden versuchen und uns irgendwann von Apparat zu Apparat zu einem Zuständigen durchfragen. Als ich das später einmal ansprach, meinte ein Beamter des BKA, sie hätten unsere Nummern nicht gehabt. Was für eine dumme Ausrede. Die Polizisten hatten elf Jahre lang keine Schwierigkeiten, uns zu erreichen. In Wahrheit war es wohl so, dass einfach niemand an uns dachte, niemand sich für uns interessiert hat.

Am Montag rief ich den Nürnberger Ermittler an, der im Lauf der Jahre zu unserem Ansprechpartner geworden war. Er wusste nicht mehr als wir, auch er erfuhr von den neuen Erkenntnissen nur aus den Medien. Doch er versprach, sich kundig zu machen und uns baldmöglichst zu informieren. Zwei Tage später saßen wir mit ihm lange bei Onkel Hüseyin zusammen. Es war wie oft in den vergangenen Jahren, nur dass sich nun endlich, endlich etwas bewegte, endlich hatte dieses Treffen einen Sinn. Der Kommissar erzählte uns, dass die Ermittler aus allen Polizeibehörden, die sich jahrelang in ganz Deutschland mit den Mordfällen befasst hatten, zusammengerufen und über den aktuellen Stand informiert worden waren. Die Medienberichte stimmten, man hatte die Ceska gefunden. Die Mordserie war in ihren Grundzügen aufgeklärt. Die Mörder waren Neonazis, die dreizehn Jahre lang im Untergrund gelebt hatten. Dreizehn Jahre lang.

Damit hatten wir Gewissheit aus offizieller Quelle. Zugleich war ich vor den Kopf gestoßen und konnte keinen klaren Gedanken fassen, Kerim ging es genauso. Auch der Kommissar, der uns gegenübersaß, war schockiert. Er habe ein sehr mulmiges Gefühl bei der Sache, sagte er, da müsse vieles schiefgelaufen sein. Schließlich dachte er laut darüber nach, ob der Verfassungsschutz möglicherweise sein Wissen über die Terroristen für sich behalten und die Täter auf diese Weise gedeckt hatte. Es war ihm anzumerken, wie ihn das Versagen der Sicherheitsbehörden verunsicherte, jener Institutionen, zu denen auch er gehörte.

Einerseits waren wir erleichtert, endlich die Wahrheit zu kennen. All die gegen meinen Vater erhobenen Vorwürfe hatten sich als völlig aus der Luft gegriffen erwiesen. Einerseits spürte ich die Erleichterung: All das, was man meinem Vater vorgeworfen hatte – er ist ein Verbrecher, er ist ein Krimineller –, all das, was die Ermittler vermutet und die Medien spekuliert hatten, stimmte nicht, all das, was sie uns einzureden versucht hatten – mein Vater könnte dunkle Seiten gehabt haben –, fiel in sich zusammen. Da seht ihr's, schrie es in mir, jetzt habt ihr's! Er war nicht so einer! Da ist der Beweis! Sämtliche Vermutungen der Ermittler, sämtliche Spekulationen der Medien waren falsch. Zwar hatte ich nie an meinem Vater gezweifelt, aber dennoch fiel nun eine Last von mir ab, weil seine Unschuld endlich offiziell erwiesen war und ich wusste, wer ihn umgebracht hatte.

Andererseits aber stießen mich die Enthüllungen in eine tiefe Krise. Im Lauf der Jahre hatte ich meinen Weg gefunden, den Schmerz zu verdrängen oder ihn wenigstens nicht zu dicht an mich heranzulassen. Ich hatte zu sagen gelernt: Mein Vater ist tot. Punkt. Wir hatten uns damit abgefunden, dass der Fall vielleicht nie aufgeklärt würde. Wir hatten mit dem Geschehen fast abgeschlossen. Nun brach die Trauer erneut über mich herein, es war, als sei mein Vater eben erst gestorben. Erinnerungen flimmerten mir unablässig durch den Kopf, in Gedanken durchlebte ich die vergangenen elf Jahre wie im Zeitraffer. Alles kam wieder hoch: die Vernehmungen, die Ängste, unsere Ohnmacht und all die ungelösten Fragen, die ich von mir weggeschoben hatte.

Der Schmerz war diesmal ein anderer als der nach dem Tod meines Vaters. Mit vierzehn trauert man wie ein Kind, man spürt als Jugendliche zwar vieles, versteht es aber noch nicht. Nun, mit sechsundzwanzig, sah ich die Dinge in ihrer ganzen Schärfe, vor allem die Qualen, die meine Mutter und ihre Brüder in diesen Jahren voller Verdächtigungen gegen sie selbst und gegen meinen Vater hatten aushalten müssen. Dass meine Mutter nicht in Deutschland war, als täglich neue Enthüllungen durch die Nachrichten schwirrten, empfanden Kerim und ich als Erleichterung. Um sie zu schonen, erzählten wir ihr nur das Nötigste, manche Details kennt sie bis heute nicht. Ich wollte vermeiden, dass die Trauer meine Mutter wieder überwältigt. Deshalb überredeten wir sie sogar, noch etwas länger in der Türkei zu bleiben. Sie kam erst im Frühjahr 2012 wieder zurück. Kerim dagegen haben die Berichte furchtbar mitgenommen. Er konnte kaum mehr etwas essen, so sehr stand er unter Schock. In diesen Tagen weinte ich mich manchmal bei einer Freundin aus. Mir war bewusst, dass es für Kerim alles nur noch schwerer machen würde, wenn mir zu Hause die Tränen kämen, als ältere Schwester musste ich stark bleiben.

Mein Vater musste sterben, weil er schwarze Haare und eine dunklere Haut hatte als seine Nachbarn, weil auf seinem Auto ein nichtdeutscher Name stand – er musste sterben, weil er ein Türke war. Diese Erkenntnis hat mich fast zerrissen. Elf Jahre lang hatten die Polizisten uns gesagt, ein fremdenfeindliches Motiv für den Mord komme nicht in Frage, es gebe ja kein Bekennerzeichen. Und nun mussten sie eingestehen, dass er nur deshalb erschossen wurde, weil er Ausländer war. Plötzlich verspürte ich wieder die Angst wie in der ersten Zeit nach dem Mord, als wir fürchteten, die Mörder könnten noch jemanden aus unserer Familie im Visier haben. Diese Verunsicherung hatte auch viele andere Türken in Deutschland erfasst. Wir wussten nun, dass es jeden von uns hätte treffen können. Darin lag, bei aller Erleichterung, weil die Ungewissheit von uns abgefallen war, ein neuer Schock. Denn wenn es in Deutschland Menschen gab, die aus rassistischem Hass morden, dann war diese Geschichte längst nicht zu Ende. All die Verdächtigungen, die wir elf Jahre lang ertragen mussten: für nichts. All die Gerüchte, die uns umgeben hatten: zu Unrecht. All das Misstrauen gegenüber meinem Vater: grundlos. Elf Jahre lang konnten wir nicht einmal in Ruhe um ihn trauern. Uns wurden so viele gemeinsame Jahre geraubt. Mir wurde klar, wie vieles uns gestohlen worden war, wie viele schöne Erlebnisse wir noch miteinander hätten teilen, wie viele unbeschwerte Jahre wir hätten erleben dürfen in der Vergangenheit und noch heute und in Zukunft, wenn mein Vater am Leben geblieben wäre.

In den Trümmern der Zwickauer Wohnung hatten die Ermittler ein Bekennervideo des Trios gefunden, das die Terroristen an Zeitungen und die türkische Moscheegemeinde verschicken wollten. Ein Journalist fragte mich, ob ich die DVD ansehen wolle, und in der ersten Verwirrung sagte ich spontan zu. Ich hätte es besser nicht tun sollen. Ich dachte nicht daran, was dieser Film in mir anrichten könnte, zu stark war mein Bedürfnis nach weiterer Aufklärung, mehr Informationen und Details. Ich wollte alles über das Verbrechen erfahren.

In dem viertelstündigen Film sind Sequenzen der Zeichentrickserie «Paulchen Panther» mit Fotos der Ermordeten am Tatort zusammengeschnitten, die die Täter gemacht hatten. Während in den Originalfilmen ein Erzähler mit sanfter Ironie von den harmlosen Streichen der Trickfigur erzählt, hatten die Mörder die originale Tonspur aus ihrem ursprünglichen Zusammenhang gerissen und damit Bilder der Gewalttaten unterlegt – die Stimme des «Paulchen Panther»-Erzählers kommentiert quasi das Mordtreiben. Das Video ist professionell und detailversessen gemacht, die Täter müssen für dieses Machwerk viel Zeit aufgewendet haben. In der Sequenz, die den Mord an meinem Vater behandelt, ist ein Foto des Sprinters mit dem «Simsek»-Schriftzug zu sehen, umgeben von Blumensträußen, dann erscheint ein von der Polizei in Umlauf gebrachtes und später in «Aktenzeichen XY... ungelöst» veröffentlichtes Passfoto meines Vaters, überschrieben mit roten Buchstaben – «Ticket in die Hölle 9. 9. 2000». Der rosarote Panther streckt seinen Kopf ins Bild, und der Erzähler reimt: «Das scheint das Ei des Kolumbus zu sein – dem Paul fällt zum Glück doch immer was ein.» Der markante Soundtrack des Trickfilms setzt ein, diese lässig swingende Musik, dann folgt ein Foto, das die Mörder aufgenommen hatten: mein Vater, der zwischen den Blumen in seinem Blut liegt. Wieder ertönt die Stimme des Erzählers: «Und weil der Paul von Uniformen nicht viel hält, gibt er, ganz prophylaktisch, schon mal Fersengeld.»

Sie hatten meinen Vater niedergeschossen und dann fotografiert. Während er im Sterben lag, hatten sie sich seelenruhig über ihn gebeugt und auf den Auslöser gedrückt. Hinterher inszenierten sie den Mord, als wäre ihre Tat nichts weiter als ein großer Spaß. Dieser Zynismus war mehr, als ich ertragen konnte. Ich lag tagelang im Bett. Das Video machte mich regelrecht verrückt. Ich zweifelte an mir, an meinem Begriffsvermögen, an meinen Vorstellungen von der Welt, an der ganzen Menschheit. Bis heute verstehe ich nicht, wie jemand zu solcher Grausamkeit in der Lage sein kann.

Und dann stellte sich ein neues Gefühl ein: Wut. Jahrelang

hatte ich mich danach gesehnt, endlich die wahren Motive der Mörder meines Vaters zu erfahren. Nun wünschte ich mir, dass das alles nicht wahr wäre. Ich war wütend auf die Wahrheit!

Am 26. Januar 1998 gegen 8 Uhr 55 stieg Uwe Böhnhardt in seinen roten Hyundai, schlug die Tür zu, drehte den Zündschlüssel und fuhr weg. Einige Polizisten standen tatenlos daneben, während er Gas gab, sahen ihm nach, wie er verschwand. Ein Abgang, bizarr in seiner Banalität. Böhnhardt fuhr einfach weg.

An diesem Morgen waren mehrere Beamte zu der Wohnung in Jena gekommen, wo der Zwanzigjährige bei seinen Eltern lebte. Der junge Mann wusste, dass er bereits mit einem Bein im Gefängnis stand. Eine Jugendstrafe von zwei Jahren und drei Monaten, unter anderem wegen Volksverhetzung, war kurz zuvor rechtskräftig geworden. Aber die Beamten wollten Böhnhardt gar nicht festnehmen, sie hielten ihm nur einen Durchsuchungsbeschluss hin. Es ging um mehrere Garagen, in denen die Polizisten Material vermuteten, das zum Bau von Bomben geeignet sein könnte.

Sie gingen mit Uwe Böhnhardt zu einer dieser Garagen in der Nähe der elterlichen Wohnung. Er sah zu, während sie den Blechschuppen durchsuchten und nichts darin fanden, er ließ es geschehen, als sie ebenso ergebnislos sein Auto filzten, er gehorchte, als sie ihn aufforderten, den Wagen ins Freie zu manövrieren, um mehr Platz zu haben, er stand daneben, als die Beamten einen Sprengstoffsuchhund umherschnüffeln ließen und noch immer nichts entdeckten. Irgendwann stieg er schließlich in sein Auto und fuhr weg. Die Polizisten ließen ihn ziehen, schließlich verfügten sie weder über einen Haftbefehl, noch hatten sie bei dieser morgendlichen Aktion etwas gefunden, das eine Festnahme gerechtfertigt hätte.

Ein paar Minuten später, gegen neun Uhr, begannen andere Polizeibeamte, eine weitere Garage in der Nähe der Kläranlage von Jena zu durchsuchen; Böhnhardts Lebensgefährtin Beate Zschäpe hatte sie gemietet. Ein Feuerwehrmann öffnete mit dem Bolzenschneider ein Vorhängeschloss, die Polizisten traten ein – und fanden viel mehr, als sie erwartet hatten, erschreckend viel mehr. In einem Schraubstock klemmte eine halbfertige Rohrbombe, bereits zurechtgebogen und mit Drähten versehen, daneben lagen vier fertiggestellte Sprengsätze sowie anderthalb Kilo TNT, und von der Wand herab, sauber gerahmt und hinter Glas, blickte Rudolf Heß. Rechtsradikale in ganz Europa verehren Hitlers Stellvertreter als Helden und Märtyrer. Von 1945 bis zu seinem Freitod 1987 verbüßte Heß im Kriegsverbrechergefängnis Spandau eine lebenslange Haft, im Nürnberger Prozess hatte er erklärt: «Ich bereue nichts.»

Wenn die Polizei an jenem 26. Januar 1998 die Durchsuchungen besser koordiniert und alle Garagen gleichzeitig geöffnet hätte, wäre Böhnhardt vermutlich keine Zeit zur Flucht geblieben, denn dann hätten die Beamten an Zschäpes Garage vielleicht schon Alarm geschlagen, während die Kollegen Böhnhardts Auto noch untersuchten. Wenn. Wäre. Hätte. Tatsache ist: Er war weg, als die Rohrbomben entdeckt wurden.

Als Böhnhardt mit seinen beiden Gesinnungsgenossen

Uwe Mundlos und Beate Zschäpe abtauchte, waren sie den Behörden schon seit Jahren bekannt. Uwe Böhnhardt, geboren am 1. Oktober 1977, war erstmals mit vierzehn Jahren auffällig geworden; und als er fünfzehn war, umfasste die Liste seiner aktenkundig gewordenen Verfehlungen bereits zwanzig Einzeltaten: Er hatte Pkws geklaut, Kioske aufgebrochen und versucht, einem anderen Jugendlichen Geld abzupressen – um der Forderung Nachdruck zu verleihen, schlug Böhnhardt dem Opfer mit der Faust in den Bauch und trat ihm mit den Stahlkappenschuhen ins Gesicht. Mehrmals wurde Böhnhardt zu Gefängnisstrafen verurteilt, allerdings immer auf Bewährung. Zweimal musste er jeweils drei Monate in Untersuchungshaft verbringen. Erst 1997 wich ein Gericht von diesem milden Kurs ab und verhängte zwei Jahre und drei Monate. Aber noch bevor ein Richter den Termin des Haftantritts festsetzte, machte Uwe Böhnhardt sich davon.

Böhnhardts Freund Uwe Mundlos, geboren am 11. August 1973, war in der thüringischen Neonaziszene fest verwurzelt und pflegte seit Jahren auch enge Kontakte zu Skinheads im sächsischen Chemnitz. Beate Zschäpe, geboren am 2. Januar 1975, hatte von 1991 bis 1995 immer wieder wegen Diebstahls mit der Polizei zu tun bekommen. Gemeinsam tauchten die drei immer tiefer in die rechtsradikale Szene ein: 1994 besuchten sie ein Rechtsrockfest in Straubing, 1995 nahmen sie im niedersächsischen Schneverdingen an einem Rudolf-Heß-Gedenkmarsch teil, 1996 in Worms an einer Heß-Kundgebung, 1997 in München an einer NPD-Demo. Von 1996 an mischten alle drei in der rechten Szene Thüringens mit, vor allem in sogenannten «freien Kameradschaften», locker organisierten und daher schwer greifbaren Gruppen wie dem «Thüringer Heimatschutz» und der «Anti-Antifa Ostthüringen». Durch ihre Verbindungen zu sächsischen Neonazis kamen sie außerdem mit der ursprünglich britischen «Blood and Honour»-Bewegung in Kontakt. Deren Gründer, dem Rechtsrocker Ian Stuart, war es gelungen, die europäische Neonaziszene von Marschmusik, Stammtischdunst und Hinterzimmermuff zu befreien und mit Partys, Open-Air-Treffen und Rockmusik für Jugendliche attraktiv zu machen. Ende der achtziger und Anfang der neunziger Jahre hielt sich Stuart häufiger in Deutschland auf, gab konspirative Konzerte, knüpfte Kontakte und inspirierte eine ganze Generation junger Rassisten, denen die etablierten Rechtsparteien zu verknöchert und nicht radikal genug waren. 1993 starb Ian Stuart bei einem Autounfall, und bald rankten sich Verschwörungstheorien um den Verunglückten, er sei angeblich einem staatlichen Mordkomplott zum Opfer gefallen. Posthum wurde er, ein zweiter Rudolf Heß, zu einem Helden verklärt, der für seine Überzeugungen gestorben sei.

Als bewaffneter Arm von «Blood and Honour» etablierte sich die Organisation «Combat 18». Die Zahlen stehen für den ersten und den achten Buchstaben des Alphabets, A und H, die Initialen Adolf Hitlers. Zwei Grundsätze prägen «Combat 18», zum einen die Bereitschaft zu Mordanschlägen und zum anderen das Konzept des anführerlosen Widerstands. Die einzelnen Einheiten sollen demnach nicht in strenge Befehlszusammenhänge eingebunden sein, sondern unabhängig voneinander operieren: Zellstruktur statt Führerprinzip, flache Hierarchien statt traditionellen Gehorsams.

Das Trio aus Jena sprach dieses Konzept offensichtlich sehr an. Anfangs hatten Mundlos, Böhnhardt und Zschäpe sich noch darauf beschränkt, Naziplakate zu kleben und auf Handzetteln gegen den vermeintlichen Schuldkult zu protestieren: «Schluss mit dem Holocaust! Oder Deutscher willst Du ewig zahlen?» Bald aber wurden sie immer entschlossener, brutaler, militanter und unverfrorener. Nachdem sie Polizeiautos mit Steinen beworfen hatten, wurden die Wohnungen der drei Neonazis erstmals durchsucht. Die Beamten fanden dort Gaspatronen, Luftgewehrkugeln, ein Koppelschloss mit Hakenkreuz, einen beidseitig geschliffenen Dolch, einen Morgenstern mit Stahlkette. Als einige Zeit danach ihr Fahrzeug am Rande einer Demonstration kontrolliert wurde, lagen darin Sturmhauben, Beile, Messer, ein Schlagstock, Leuchtmunition und eine Gaspistole. 1996 ließ Böhnhardt eine Puppe, die mit einem Judenstern versehen war, an einem Strick von einer Autobahnbrücke baumeln und platzierte daneben eine Bombenattrappe, in den folgenden zwei Jahren deponierte das Trio in Jena dann echte Bomben, eine im Jenaer Ernst-Abbe-Stadion und eine vor dem dortigen Theaterhaus. Zwar fehlte der Zündmechanismus, doch explosionsfähigen Sprengstoff enthielten die mit Hakenkreuzen versehenen Pakete sehr wohl. Am 24. Januar 1998 nahm das Trio an einer Demonstration der NPD gegen die Wehrmachtsausstellung in Dresden teil. Auf Fotos sind sie mit der Parole «Nationalismus – eine Idee sucht Handelnde» zu sehen. Zwei Tage später tauchten Böhnhardt, Mundlos und Zschäpe unter.

Bereits damals hätte den Ermittlern klar sein können, dass diese drei jungen Leute nicht einfach Anhänger einer rechtsradikalen Ideologie waren, sondern brutale Neonazis auf einem gewaltsamen Weg, der immer tiefer in den Terrorismus hineinführte. Der Waffenkult, die Aggressivität, die Unverfrorenheit – das verband sich in diesen Jahren zu einer tödlichen Mischung. Die drei hatten sich immer stärker radikalisiert und mit ihrer Flucht in den Untergrund die letzte Brücke hinter sich abgebrochen. Eine Umkehr war kaum mehr möglich. Und sie lebten nicht einfach im Untergrund, sie wüteten. In den Jahren der Illegalität überfielen sie vierzehn Banken, allein siebenmal schlugen sie in Chemnitz zu, dreimal in Zwickau, sie ermordeten acht Türken und einen Griechen. Höchstwahrscheinlich waren sie es, die am 25. April 2007 in Heilbronn eine zweiundzwanzig Jahre junge Polizistin namens Michelle Kiesewetter per Kopfschuss töteten und auf die gleiche Weise versuchten, auch Kiesewetters Kollegen umzubringen, wie durch ein Wunder überlebte der. Sie lösten am 19. Januar 2001 in einem von einer iranischen Familie geführten Laden in der Kölner Probsteigasse eine Explosion aus, durch die eine junge Frau schwere Gesichtsverbrennungen erlitt, und am 9. Juni 2004 verletzten sie in der Köln-Mülheimer Keupstraße zweiundzwanzig Menschen mit einer ferngezündeten Bombe.

In der Keupstraße hatten sich seit den sechziger Jahren, als die ersten Gastarbeiter in einer nahen Fabrik anheuerten, viele Türken niedergelassen. Mit den Jahren hatten sich immer mehr Zuwanderer selbständig gemacht – hier eröffnete ein türkischer «Kuaför» seinen Friseursalon, da kam ein türkischer Obsthändler hinzu, dort eine türkische Fahrschule oder ein Imbiss. Die auf einem Fahrrad vor einem Laden deponierte Bombe enthielt kiloweise Tischlernägel. Die Detonation verwandelte die Nägel in Geschosse, die in alle Richtungen flogen und Wände, Autos, Menschen trafen. Bereits am Tag nach der Explosion vermuteten Anwohner einen fremdenfeindlichen Anschlag, der damalige Innenminister Otto Schily aber wollte davon nichts wissen und schloss ein rechtsextremes Tatmotiv kategorisch aus. Stattdessen suchten Politik und Medien die Täter wieder einmal im Migrantenmilieu. In der Keupstraße zeige sich, so schrieb die «Frankfurter Allgemeine Zeitung», auch die Kehrseite «des farbenfrohen orientalischen Flairs, nämlich Glücksspiel, Schutzgelderpressungen, Rauschgifthandel und Machtkämpfe zwischen Türken, Kurden, Albanern, Serben und Bosniern».

Am 4. November 2011 kam diese beispiellose Verbrechensserie an ihr Ende. Nachdem Böhnhardt und Mundlos in Eisenach erneut eine Bank überfallen und dabei einen Kunden niedergeschlagen hatten, kam ihnen die Polizei dank eines aufmerksamen Zeugen auf die Spur. Beamte umstellten das Wohnmobil, das die beiden wie üblich für ihre Taten angemietet hatten: Sie saßen in der Falle. Mundlos erschoss erst Böhnhardt und dann, nachdem er den Wagen in Brand gesteckt hatte, auch sich selbst. Zschäpe sprengte in Zwickau die gemeinsame Wohnung in die Luft und stellte sich den Behörden. Dreizehn Jahre und zweihundertzweiundachtzig Tage waren Böhnhardt, Mundlos und Zschäpe unbehelligt geblieben.

Was ich mit der Zeit über die Mörder und ihr Umfeld erfuhr, machte mich fassungslos. Von rechtsextremen Parteien wusste ich, aber mir war nicht klar gewesen, dass sich in Deutschland derartige Untergrundstrukturen entwickelt hatten. Mit den öffentlich wahrnehmbaren, im politischen Raum diskutierten Rechten hatte ich mich abgefunden, und da sich deren Wahlerfolge in Grenzen hielten, hatte ich sie nie als furchterregend empfunden. Erst jetzt ging mir auf, dass Organisationen wie die NPD nur die Oberfläche sind und darunter eine zweite, versteckte und viel gefährlichere Schicht des Rassismus existiert – gewaltbereite Zirkel, in denen sich enthemmte Leute treffen, die einander in ihrem brutalen Wahn bestärken und antreiben. Sie nennen ihre Gruppen verharmlosend «Kameradschaften», obwohl es sich dabei in Wirklichkeit doch um Hassgemeinschaften handelt. Im Gegensatz zu den Landtagsabgeordneten der NPD in Sachsen oder Mecklenburg-Vorpommern kann man diese Menschen nicht einfach als abseitig oder als regionale Erscheinungen abtun. Ihr untergründiger Neonazismus, das dämmerte mir jetzt und ängstigte mich, ist schwerer zu fassen und unberechenbarer und doch zugleich unheimlich nahe bei uns. Diese Leute können überall sein, in Frankfurt, in Friedberg, in der Wohnung nebenan. Sie können an einer Straße in Nürnberg zuschlagen, in einem Gemüseladen in München oder in einem Kiosk in Dortmund. Vor ihrem tödlichen Hass sind wir nirgendwo sicher.

Zwangsläufig drängte sich mir die Frage auf, ob vielleicht im Untergrund noch viel mehr Neonazis leben und weitere Anschläge planen. Schließlich hat ein bestens vernetztes

Umfeld die Mörder meines Vaters getragen, ihnen geholfen, Unterschlupf geboten und Waffen beschafft. Wie konnten sich die Ermittler also sicher sein, dass für Mundlos, Böhnhardt und Zschäpe keine Nachfolger bereitstehen? Und wie konnte es überhaupt zu diesem monströsen Geschehen im sonst so übersichtlichen Deutschland kommen, wo die Behörden selbst die kleinsten Details regeln und mein Vater an seinem Blumenstand Wochenende für Wochenende wegen nichtiger Ordnungswidrigkeiten Ärger bekam? Deutschland war für mich immer der Inbegriff einer geordneten und funktionierenden Gesellschaft gewesen, eines intakten Staats, der seinen Bürgern zwar vielleicht manchmal zu genau auf die Finger schaut, sie aber zu schützen vermag. Ich hätte es nie für möglich gehalten, dass solche Gewalttäter in Deutschland so lange im Untergrund leben können, ohne dass man ihnen auf die Spur kommt. Doch die drei aus Jena hatten es dreizehn Jahre lang geschafft, sich vor den Sicherheitsbehörden zu verbergen, obwohl sie in dieser Zeit alles andere als ein ruhiges, unauffälliges Dasein fristeten.

Vor allem aber verwunderte mich, dass die Polizisten einen rechtsterroristischen Hintergrund des Mords an meinem Vater in all den Jahren verneint hatten. Wieso waren sie auf diesem Auge blind und haben ihre ganze Energie stattdessen darauf verwendet, einer absurden Drogenspur nach der anderen zu folgen? Je mehr ich über diese Frage grübelte, desto rätselhafter erschien mir die Strategie der Ermittler. Wie soll ich jetzt noch an die Fähigkeit der Polizei glauben, professionell und vorurteilslos Untersuchungen durchzuführen? Auch mit der Fähigkeit deutscher Institutionen zur Zusammenarbeit ist es nicht so weit her. Die Verantwortlichen in den einzelnen Bundesländern und Einrichtungen haben reihenweise versagt, ihre Ermittlungen waren durch Verständigungsprobleme, Unachtsamkeit und Schlampereien geprägt. Gewiss waren hier auch Eitelkeiten und Konkurrenzdenken im Spiel, doch angesichts der Entschiedenheit, mit der die Ermittler in die falsche Richtung starrten, nagt in mir das Misstrauen, ob einzelne Beamte die Ermittlungen nicht vielleicht sogar bewusst in verkehrte Bahnen lenkten.

In den Jahren vor der Enthüllung hatten wir resigniert und alle Hoffnung verloren, jemals die wahren Hintergründe der Tat zu erfahren. Nun wich unsere Enttäuschung einer völligen Verunsicherung. All die Behördenvertreter, die uns gegenüber immer aufgetreten waren, als wüssten sie genau, was sie tun, hatten uns etwas vorgegaukelt, und einige von ihnen taten dies möglicherweise nicht unabsichtlich.

Man hat mich gefragt, ob ich die Mordschützen hasse. Doch in mir ist kein Hass auf diese zwei. Genau erklären kann ich das nicht. Vielleicht verspüre ich diesen Hass nicht, weil sie tot sind und es nichts bringt, sie zu hassen, vielleicht will ich den Mördern in ihrem Hass nicht ähnlich werden, vielleicht aber geht ihr Verhalten auch einfach so weit über mein Begriffsvermögen hinaus, dass neben meiner ratlosen Verwunderung über ihr Tun überhaupt kein Raum mehr in mir bleibt für den Hass.

Es wäre für mich leichter, wenn die Mörder noch am Leben wären, ihrer Strafe entgegensehen würden und sich jeden Tag mit ihren Taten auseinandersetzen müssten. Vielleicht bekämen sie eine Ahnung davon, was sie Entsetzliches getan haben. Durch ihren Selbstmord haben sie sich aus der Verantwortung gestohlen. In der Neonaziszene werden sie dafür womöglich als Märtyrer und Helden gefeiert. Für mich sind die beiden Feiglinge. Sie sind geflüchtet, vor ihren eigenen Taten, vor ihrer Schuld. Keinem ihrer Opfer haben sie eine Chance gelassen, sie haben ahnungs- und wehrlosen Menschen ohne Vorwarnung ins Gesicht geschossen. Und als sie schließlich in der Falle saßen und merkten, dass sie sich nun für ihr Tun würden verantworten müssen, machten sie sich für immer aus dem Staub.

Bald nach dem Selbstmord von Böhnhardt und Mundlos zeichnete sich ab, dass es zu einem Prozess gegen Beate Zschäpe kommen wird. Kerim und ich sprechen oft darüber, auch mit unserer Mutter. Zwar haben uns die schlimmen Erfahrungen mit den deutschen Behörden skeptisch gemacht, ob sie die Tat wirklich aufarbeiten können oder wollen, dennoch sind wir überzeugt, dass dieser Prozess wichtig ist. Wir wünschen uns, dass der Mord an meinem Vater und die Hintergründe dieses Verbrechens endlich vollständig aufgeklärt werden. Und nach all den Jahren der Verzweiflung und der Resignation wollen wir nicht mehr tatenlos zusehen, uns nicht mehr von den Ermittlungsbehörden abfertigen lassen. Deshalb entschieden wir uns, als Nebenkläger im Prozess mitzuwirken, und suchten Anwälte, die uns vertreten werden. Wir sind nun nicht mehr nur passive Zuschauer, sondern dürfen auch Fragen und Anträge stellen und alle Beweismittel und Verfahrensakten einsehen. Die Anwälte haben uns im Umgang mit den Medien unterstützt und uns geholfen, aus der Opferrolle herauszufinden. Sie saßen bei Kerim und mir in Friedberg in der Küche, hörten uns zu, wenn all die Zweifel und die ganze Wut aus uns herausbrachen, und manchmal quatschten wir einfach miteinander über Gott und die Welt.

Im Gerichtssaal werde ich Beate Zschäpe gegenübertreten. Das wird für mich sicher ein schwieriger Moment sein, aber mein Bedürfnis nach Aufklärung ist größer als meine Angst. Ich will von ihr wissen, weshalb die Terroristen meinen Vater ausgesucht haben, und ich will sie fragen, ob sich die Mörder in all den Jahren wirklich niemals über die Familien der Opfer Gedanken gemacht haben. Diese Morde wurden nur möglich, weil es Leute gab, die hinter den dreien standen. Sie waren keine Einzeltäter, sondern wurden von einer Szene getragen. Darum ist mir wichtig, dass diese Zusammenhänge rekonstruiert und auch die Helfer der Terroristen bestraft werden. Diejenigen, die in diese Verbrechen verstrickt sind und das Trio unterstützt haben, sollen zur Verantwortung gezogen werden.

Ich weiß nicht, ob ich auf alle meine Fragen Antworten bekommen werde. Mir ist auch bewusst, dass die Zeit des Prozesses sehr hart wird und mich manche Enttäuschung erwartet. Aber wenigstens werde ich zu mir sagen können: Ich habe mein Bestes getan, ich habe dazu beigetragen, die Geschehnisse umfassend auszuleuchten und zu verhindern, dass irgendetwas vertuscht, verdrängt oder verschwiegen wird, ich bin mir und meinem Vater nichts schuldig geblieben.

Im November 2011 ist mein Alltag, nein, mein ganzes Leben zum zweiten Mal aus den Fugen geraten. Ich konnte nicht mehr zur Arbeit gehen und fühlte mich zutiefst erschöpft, die Ermattung fiel gar nicht mehr von mir ab, ich spürte sie schon morgens nach dem Aufstehen. Noch heute habe ich dieses Durcheinander nicht ganz verarbeitet und weiß manchmal nicht, wie ich es verkraften soll. Im Sportjugendhaus hatten die meisten bis zu den Enthüllungen nichts von der Geschichte meiner Familie gewusst. Ich war dort einfach Semiya – nicht die Betreuerin, deren Vater ermordet worden war. Keiner der Jugendlichen hatte jemals nach meinen Eltern gefragt, sie interessierten sich für mich und mein Leben, aber dieses Interesse galt meiner Gegenwart, nicht meiner Vergangenheit. Jetzt aber wurde meine ganze Familiengeschichte vor den Augen der Öffentlichkeit ausgebreitet. Die Jugendlichen brauchten bloß in der bei uns auliegenden «Frankfurter Rundschau» zu blättern, in der fast täglich ein Bericht über den Mord an meinem Vater stand. Sie sprachen mich nicht darauf an, sie verhielten sich wirklich rücksichtsvoll. Dennoch fühlte ich mich unwohl und konnte meiner Arbeit nicht mehr unbefangen nachgehen. Es war unmöglich, den Berichten zu entkommen. Sobald ich eine Zeitung aufschlug, fand ich etwas über Vater; wenn ich beim Arzt im Wartezimmer saß und eine Illustrierte in die Hand nahm, stieß ich auf einen Artikel über meine Familie; schaltete ich den Fernseher ein, schaute ich meinem Vater in die Augen.

Die Medien belagerten uns regelrecht, das Telefon klingelte ununterbrochen, offenbar wusste jeder, wo wir wohnten. Scharen von Journalisten wollten uns interviewen, von der

«Berliner Zeitung» bis zur «New York Times». Sie fragten, wie wir uns angesichts der Enthüllungen fühlen, wie man sich vorkommt, wenn der eigene Vater verdächtigt wird, was wir all die Jahre über gedacht haben. Schließlich änderte ich unsere Telefonnummer. Aber auch danach kamen wir nicht zur Ruhe, denn nun begannen Journalisten, am Friedberger Bahnhof wildfremde Leute auszuhorchen, die sie für Türken hielten, um sie nach unserer Adresse zu fragen. Es war verwirrend und deprimierend. Jetzt plötzlich kamen die Vertreter der Medien, um uns ihr Mitgefühl auszusprechen, klagten über den Zustand der Republik und über die allzu lange verharmloste und verdrängte Gefahr, die von den Neonazis ausgehe. Sie taten so, als hätten sie schon immer gewusst, dass die Mordserie von Rechtsextremen verübt worden war. Warum hatte dann zuvor kaum einer darüber geschrieben? Warum hatten die meisten Journalisten stattdessen jahrelang jene Vorurteile wiedergegeben, die auch den Ermittlern den Blick vernebelt hatten? Wenn wir in unserer Ratlosigkeit schwiegen, dann hatte es in den Medien immer wieder geheißen: Diese türkische Szene kann gut dichthalten und weiß ihre dunklen Geheimnisse zu hüten.

Jetzt waren wir auf einmal keine halben Täter mehr, sondern die guten Opfer. Von allen Seiten strömten Hilfsangebote auf uns ein, sodass wir oft nicht wussten, was wir davon halten und ob wir uns freuen oder ärgern sollten. Stellen, die uns jahrelang gepiesackt hatten, schrieben uns an und wollten plötzlich die Streitereien beilegen. Etwa die Handelskammer, bei der mein Vater versichert gewesen war. Da er am Arbeitsplatz ermordet wurde, hatten wir nach seinem Tod angefragt, ob wir Versicherungsansprüche geltend machen können. Damals wurde uns die Auszahlung mit der Begründung verweigert, dass die Hintergründe des Verbrechens unklar seien. Nun kam endlich Bewegung in die Sache, und wie es derzeit aussieht, erhalten wir den Betrag, der uns völlig rechtmäßig zusteht – elf Jahre nach dem Antrag. Aus dem Finanzamt erhielten wir einen freundlichen Brief mit der Auskunft, dass unsere Steuerschulden erloschen seien. Redakteure des «Spiegel» entschuldigten sich, weil es in dem Magazin noch ein paar Monate vor dem Auffliegen der Terrorzelle geheißen hatte, die Morde seien «die Rechnung für Schulden aus kriminellen Geschäften oder die Rache an Abtrünnigen».

Es kostet uns noch immer große Kraft, mit dem völligen Wandel der Öffentlichkeit uns gegenüber umzugehen. Wir wissen nicht genau, was wir von diesem Deutschland halten sollen. Darüber zu reden fällt mir besonders schwer, denn es ist noch sehr frisch. Vielleicht können wir nach dem Prozess damit abschließen.

Die offizielle Gedenkveranstaltung zu Ehren der Opfer, die der Bundespräsident – es war zum Zeitpunkt der Planung noch Christian Wulff – ausrichten wollte, sollte Ende Februar 2012 in Berlin stattfinden. Gamze Kubasik und ich wurden zu einem Vorbereitungstreffen eingeladen, und die Organisatoren erklärten uns, wie sie sich den Ablauf der Feier vorstellten. Der Bundespräsident sollte sprechen, auch Gamze und ich wurden gefragt, ob wir uns äußern wollen.

Eine Rede zu halten, war für mich eine ganz sonderbare Vorstellung. So etwas hatte ich noch nie gemacht. Ich wusste nicht, ob ich das wollte und konnte. Andererseits spürte ich den Impuls, meine Stimme zu erheben. Ein ähnliches Gefühl hatte Gamze und mich einige Jahre zuvor dazu gebracht, im Fernsehen darüber zu sprechen, wie einseitig die Ermittlungen in der Mordserie geführt wurden. Jetzt, im Wissen um die Wahrheit, wurde mir immer klarer, dass ich die Rede halten musste. Ich musste es tun, für meinen Vater und für meine Familie, für die anderen Opfer und deren Familien. Ich fürchtete mich anfangs vor der eigenen Courage, aber meine Verwandten und meine Anwälte bestärkten mich immer wieder, dass es richtig und wichtig wäre, wenn ich selbst das Wort ergreife. So beschloss ich, es zu wagen. Die Entscheidung zu dieser Rede zwang mich, meine Gedanken und Gefühle zu ordnen. Ich musste mich nicht nur mit dem neu erwachten Schmerz um meinen Vater und der Wut um das Versagen der Behörden auseinandersetzen, sondern auch mein Verhältnis zu dem Land klären, in dem ich lebte. Schon in den ersten Tagen, als die Hintergründe der Mordserie ans Licht kamen, hatte ich gespürt, wie bis dahin selbstverständliche Gewissheiten ins Wanken gerieten und mich eine Frage bedrängte, die ich mir nie zuvor gestellt hatte: Bin ich hier, wo ich geboren wurde, überhaupt zu Hause? Ist Deutschland meine Heimat?

Für meinen Vater war seine Heimat die Türkei. Er wurde dort geboren und wuchs dort auf, die Eindrücke und Erfahrungen seiner Kindheit in Salur prägten ihn, und das blieb auch so, als er später in Deutschland lebte. Für mich war das anders. Das Land meiner Kindheit, meiner Jugend, meiner ersten sechsundzwanzig Lebensjahre ist Deutschland. Die frühesten Erinnerungen, die ich in mir trage, sind Szenen aus Friedberg, wo wir wohnten, bis ich drei war, und aus Flieden, wo ich in der Katharinenstraße eine so selbstverständliche Geborgenheit erlebt habe. Nur die Ferien habe ich in Salur verbracht. Als ich einmal im letzten Jahr mit meinem Mann Fatih in der Türkei einkaufen ging, fragte mich ein Verkäufer, woher ich komme, und ich antwortete, dass ich in Salur wohne. Er entgegnete, mein Dialekt klinge gar nicht danach, woraufhin ich ihm erklärte, dass eigentlich Deutschland meine Heimat sei. Das sagte ich ganz spontan, ohne darüber nachzudenken, doch der Mann reagierte betroffen, regelrecht beleidigt. So etwas höre er gar nicht gern, das tue ihm im Herzen weh, ich solle doch so etwas nicht sagen – meine wahre Heimat sei doch die Türkei!

Ich sehe das anders. Meine Heimat ist Deutschland, daran konnten auch die Enthüllungen nach dem November 2011 nichts ändern. Ich habe mir seitdem allerdings sehr viel mehr Gedanken über Integration, das Fremdsein und Dazugehören gemacht als früher. Dass wir türkischen Deutschen oder deutschen Türken in Deutschland nicht von allen ohne Vorbehalt angenommen werden – gut, das war mir schon immer bewusst gewesen, aber in der Vergangenheit hatte ich darin nie ein großes Problem gesehen. Ich hatte mich nicht ausgegrenzt gefühlt, schon gar nicht angefeindet – ich hatte nur manchmal gespürt, dass wir als anders wahrgenommen werden. Sicher, die Kulturen sind in manchen Bereichen verschieden, wir haben andere Traditionen, feiern andere religiöse Feste. Dennoch stand für mich nie in Frage, dass wir zu Deutschland gehören.

Meine türkischen Wurzeln sind mir aber ebenso wichtig, auch sie sind ein Teil meiner Identität. Deshalb meine ich, die Deutschtürken sollten die doppelte Staatsbürgerschaft erhalten können, das entspricht einfach der Sowohl-als-auch-Realität, in der wir leben. Bei der Fußball-Weltmeisterschaft zum Beispiel fiebern wir Deutschtürken zunächst einmal für die Türkei. Sobald die türkische Mannschaft aber ausscheidet, und das passiert leider meistens ziemlich früh, drücken wir die Daumen für Deutschland. Bei meinem Onkel Hüseyin zeigt sich diese zweifache Identität besonders deutlich: Als Chef von «Taxi-Bas» in Friedberg ist er ganz der deutschen Pünktlichkeit verpflichtet. In einer Hälfte seines Gartens pflanzt er Gemüse an – typisch türkisch. In der anderen Hälfte stehen dagegen lauter Gartenzwerge – darin ist er wieder typisch deutsch. Und die Laube, die er sich in seinen Garten gebaut hat, um dort mit Gästen zu sitzen, zu reden, zu lachen und Geschichten zu erzählen, die würde man in jedem Land der Welt gemütlich finden.

So wie Onkel Hüseyin geht es eigentlich allen Deutschtürken: Wir leben in zwei Kulturen gleichzeitig und fühlen uns in beiden zu Hause. Leider können sich andere das oft nicht richtig vorstellen. In der Türkei gelten wir häufig als Deutsche und in Deutschland als Türken. Das ist das eigentlich Typische: Wir sind Deutschtürken. Oder Türkendeutsche. Das äußert sich in unserem Umgang mit der Sprache: Wenn mir ein Wort auf Deutsch nicht einfällt, sage ich es auf Türkisch, und wenn ich auf Türkisch nicht weiterweiß, wechsle ich ins Deutsche. Manchmal beim Telefonieren springe ich mitten im Satz hin und her. So machen das viele in meiner

Generation. Unsere Gehirne sind doppelt programmiert. Was mich daher besonders ärgert, ist der erhobene Zeigefinger, der uns ständig mahnt: «Ihr müsst euch integrieren.» Mein Bruder hat einmal gemeint, man könne den Satz auch mit «Ihr gehört nicht hierher» übersetzen. Und tatsächlich ist diese Forderung häufig nur eine anmaßende Leerformel. Was soll ich mir darunter auch konkret vorstellen? Soll ich etwa in die Kirche gehen, um meine Zugehörigkeit zu Deutschland zu beweisen? Oder muss ich mir die Haare blondieren? Soll ich vergessen, woher meine Eltern kommen? Wäre irgendjemandem geholfen, wenn ich die Werte meiner Familie verleugnen würde, ihren Sinn für Zusammenhalt, die Hochschätzung der Gastfreundschaft, ihre Liebe zu dem Ort, aus dem sie stammen?

Integration ist für mich im Grunde eine ganz einfache Sache. Ich bin dann integriert, wenn ich der Sprache des Landes mächtig bin, eine Schul- und Berufsausbildung habe, in der deutschen Gesellschaft eine selbständige Existenz führen kann und hier Freunde und Familie habe. Ich war immer froh, in einem Land zu leben, in dem Mann und Frau gleichberechtigt sind, in dem niemand benachteiligt werden darf, weil er aus einem fremden Land stammt, in dem jeder an seinen Gott – oder auch an keinen – glauben darf, in dem nicht nur Gesunde und Leistungsfähige etwas gelten, sondern auch Kranke, Alte, Behinderte, in dem Schwule ebenso wie Heterosexuelle das Recht haben, nach ihren Vorstellungen zu leben, und in dem sich niemand über das Gesetz erheben darf, auch nicht unter Berufung auf seine Religion oder Weltanschauung.

Das Gleiche trifft auf meine Großfamilie, auf alle meine

Verwandten und Bekannten zu. Wir sind aufgeschlossen und haben hier unseren Weg gemacht. Mein Cousin Bayram ist mit einundzwanzig Jahren, als einer der jüngsten Kfz-Mechaniker in Deutschland, Meister geworden. Umso ärgerlicher empfinde ich die Vorurteile, die über uns Deutschtürken im Umlauf sind. Immer wieder werden wir mit Zwangsehen und Ehrenmorden in Verbindung gebracht, dabei kenne ich diese Dinge genauso nur vom Hörensagen oder aus dem Fernsehen wie die meisten Deutschen. Natürlich gibt es so etwas, und nicht nur in anatolischen Dörfern, sondern auch in manchen türkischen Kreisen in Europa. Aber rückständige Menschen gibt es überall, und es wäre absurd, die deutschtürkische Gegenwart darauf zu reduzieren. Wenn ich eine junge Frau in Istanbul fragen würde, ob sie sich vorstellen könne, in eine Zwangsheirat gepresst zu werden, würde sie mich auslachen und antworten: Mädchen, in welchem Zeitalter lebst du denn?

Mich erstaunt stets aufs Neue, wie wenig die deutschen Medien vom Alltag der heutigen Türken wissen. In einer Fernsehserie wurde kürzlich eine türkische Familie in Deutschland dargestellt, in deren Wohnung es aussah wie vor fünfzig Jahren. Im Wohnzimmer hing sogar ein Wandteppich, obwohl solche Teppiche heutzutage selbst in der Türkei selten sind. Ich habe noch nie bei deutschen Türken eine derart altmodische Einrichtung gesehen wie in diesem Film. Aber wenn Fernsehleute eine türkische Familie zeigen wollen, staffieren sie die Kulisse aus, als wäre bei uns in den 1960er Jahren die Zeit stehengeblieben. Viele türkische Frauen tragen heute kein Kopftuch, auch ich nicht. In dieser Serie aber hatten ausnahmslos alle Türkinnen eins. Hätten sie einfach gezeigt, wie Türken nach der Arbeit nach Hause kommen und an der Tür ihre Schuhe ausziehen, wäre das unseren tatsächlichen Lebensgewohnheiten nähergekommen. Ich kenne keinen einzigen Türken, der in Straßenschuhen ein Haus betritt. Denn Türken haben oft Gäste, man sitzt in der Türkei auch heute noch gern traditionell auf dem Boden, und den will man natürlich sauber halten. Aber für solche Kleinigkeiten haben sich die Macher dieser Serie anscheinend nicht interessiert.

Es hat mich auch geärgert, dass der Islam nach den Terroranschlägen vom 11. September 2001 unter Generalverdacht gestellt wurde. Manche Deutsche behaupteten allen Ernstes, dass der Koran den Muslimen auftrage, Christen zu töten, um in den Himmel zu kommen. Ich habe ein paarmal mit solchen Leuten diskutiert und ihnen zu vermitteln versucht, dass das grober Unsinn ist, aber ich hatte es nicht leicht, damit Gehör zu finden. Es ist schon sonderbar: Manche Christen kennen sich in der Bibel nicht halb so gut aus wie Kerim und ich. All die Geschichten von Adam über Abraham und Moses bis zu Jesus haben wir ja in unserer Kindheit von unserer Mutter vorgelesen bekommen. Aber wenn es um Terrorismus geht, meinen Leute, die nicht einmal in ihrer eigenen Religion zu Hause sind, genau zu wissen, was der Koran angeblich lehrt und fordert.

Integration beruht auf Gegenseitigkeit. Wenn wir in Deutschland zusammenleben wollen, dann müssen wir lernen, unsere Kulturen miteinander zu teilen, gemeinsam zu essen und zu feiern. Das Wort «Integration» hat zwei Dimensionen, es geht in zwei Richtungen. Es bedeutet nicht nur, dass sich Menschen in eine fremde Gesellschaft einpassen, sondern auch, dass diese Gesellschaft bereit ist, sich zu öffnen und Fremde aufzunehmen. Wenn die eine Seite durch die Tür treten will, muss die andere Seite auch bereit sein, diese Tür aufzumachen. Man kann nur die Hand ergreifen, die einem entgegengestreckt wird. All das war für mich seit meiner Kindheit eine Selbstverständlichkeit. So gab es in Flieden beispielsweise zum Beginn des Schuljahres einen Gottesdienst, von dem wir Muslime uns freistellen lassen konnten. Kerim und ich aber sind immer mit den übrigen Klassenkameraden hingegangen. Meine Eltern haben uns nie ermahnt, an diesen Tagen früher nach Hause zu kommen, oder uns den Gang in die Kirche verboten. Ich habe dort als Kind einmal sogar eine Hostie gegessen. Man lernt sich doch nur kennen, indem man einander besucht.

Ich hatte mich entschieden, die Rede bei der Gedenkfeier zu halten. Nun musste, wollte ich all die Dinge, die mich beschäftigten, in Worte fassen – klare und einfache, komplizierte und schwierige Dinge. Meine Anwälte halfen mir dabei. Ich erzählte ihnen aus meinem Leben und beschrieb meine Gefühle, sie stellten mir Fragen, gemeinsam feilten wir am Text, arbeiteten die Nacht hindurch bis zum nächsten Morgen. Am Ende fühlte ich mich ziemlich erschöpft, aber das Manuskript war fertig. Der 23. Februar 2012 rückte näher. Ich übte meinen Auftritt immer wieder, zu Hause, bei der Arbeit. Ich trug die Rede einem Kollegen vor, Freundinnen, meinem Bruder, aber jedes Mal verhaspelte ich mich an einer anderen Stelle. Einen Tag vor der Gedenkfeier fand im Konzerthaus am Gendarmenmarkt in Berlin die Generalprobe statt. Vor mir lag der riesige Raum mit den leeren Stuhlreihen. Ich sprach, aber in dem großen Saal wirkte wieder alles anders, und ich war mit meinem Versuch nicht zufrieden. Also übte ich nachts im Hotel weiter. Kerim, mein Cousin Bayram, meine Freundin Dürdane und unsere Anwälte begleiteten mich zur Gedenkfeier, meine Mutter war nach wie vor in der Türkei. Es war für sie am besten so. Sie musste sich alldem nicht aussetzen und konnte die Gedenkveranstaltung und meine Rede trotzdem in Salur am Fernseher verfolgen, da sie sowohl in Deutschland als auch in der Türkei live übertragen wurde.

Bei einem Empfang vor dem offiziellen Teil lernte ich die Bundeskanzlerin Angela Merkel kennen. Sie suchte das Gespräch mit jeder der Opferfamilien, sie hörte aufmerksam zu, als ich von unseren Erfahrungen und unserer Wut darüber erzählte, wie man mit meiner Familie umgegangen war. Frau Merkel zeigte Verständnis für uns, bemerkte aber auch sachlich, dass es für sie noch zu früh sei, die Geschehnisse abschließend zu bewerten. Man müsse die Ergebnisse des Strafverfahrens abwarten, und wenn es so weit sei, würde sie uns gern einladen und mit uns sprechen.

Zwölfhundert Personen saßen im Saal. Ich hatte noch niemals vor einem so großen Publikum gestanden, mein Herz klopfte stark, und ich hatte Angst, mich zu versprechen. Bitte, bitte gib mir Ruhe, betete ich, bitte gib mir Kraft. Und ich war froh, dass ich nicht alleine war. Gamze sollte während der Rede neben mir stehen und danach ein Gedicht vortragen.

Das half. Erst sprach die Bundeskanzlerin, und sie sagte einige Sätze, über die ich sehr froh war: «Einige Opfer und ihre Angehörigen standen selbst jahrelang zu Unrecht unter Verdacht. Das ist besonders beklemmend. Dafür bitte ich Sie um Verzeihung.» Auf diese Entschuldigung hatten wir gewartet. Seit dem November 2011 waren viele Verantwortliche vor allem darauf bedacht gewesen, sich zu rechtfertigen, kaum jemand stand zu seinen Fehlern, stattdessen versuchten viele, ihre Verantwortung auf andere abzuwälzen. Deshalb war es wichtig, dass Frau Merkel diese Entschuldigung aussprach. Zugleich fragte ich mich, ob ihre Worte irgendetwas ändern würden. Was geschehen ist, lässt sich schließlich nicht rückgängig machen. Wir haben unter dem Verlust gelitten und waren elf Jahre lang demütigenden Ermittlungen ausgesetzt. Nur mit der Bitte um Verzeihung ist es nicht getan. Darum war es gut, dass nach der Rede der Bundeskanzlerin spontan Herr Yozgat das Wort ergriff, dessen Sohn Halit die Terroristen 2006 erschossen hatten. Seine Wortmeldung war im Protokoll nicht vorgesehen, aber er sagte wichtige Dinge, etwa, wie bedeutsam es für uns Angehörige ist, dass auch die Hintermänner und Helfershelfer der Mörder gefasst werden.

Als ich und Gamze dann aufs Podium gingen, überrollten mich die Gefühle. Elf Jahre hatte ich als Kind eines Drogendealers gegolten, und nun stand ich hier als die Tochter eines unschuldigen Mordopfers, zu dessen Ehren ein großes Orchester Werke von Johann Sebastian Bach und des türkischen Komponisten Cemal Resit Rey gespielt hatte. Nach all den Jahren der Verdächtigungen kam es mir unwirklich vor, auf einem Podium zu stehen, vor dem sich fast alle wichtigen

Politiker und die ganze Staatsspitze Deutschlands zusammengefunden hatten, Frau Merkel, der Bundesratspräsident Horst Seehofer, der Bundesverfassungsgerichtspräsident Andreas Voßkuhle, der Bundestagspräsident Norbert Lammert, der künftige Bundespräsident Joachim Gauck, Regierungsmitglieder, Ministerpräsidenten und zahlreiche Abgeordnete. Ich ging über die Bühne und trat ans Pult, stand vor einer Deutschlandfahne und blickte hinab in den festlichen Saal.

Hörst du das? Die Glöckchen. Das sind die Schäfchen, die jetzt aus den Bergen runter ins Tal kommen. Das tun sie immer in der Nacht. Mein Papa erzählte gerne von sich und von seinen Träumen. Ich liebte es, ihm zuzuhören. Er saß in dieser warmen Sommernacht in unserem Garten in der Türkei und aß Kirschen. Ich setzte mich zu ihm und fragte ihn: Kannst du nicht schlafen?

Doch, Semiya, sagte er, ich möchte etwas hören. Und so lauschten wir zusammen dem Klang der Glöckchen der Schafe. Ich spürte, wie glücklich mein Vater in diesem Moment war.

Ein Jahr später war mein Vater tot. Am 9. September 2000 wurde auf meinen Vater Enver Simsek geschossen. Er starb zwei Tage später im Krankenhaus. Der erste Mord. Wir sollten keinen weiteren gemeinsamen Sommer mehr haben. Von einem Tag auf den anderen änderte sich für uns alles, für mich alles. Das alte Leben gab es nicht mehr. Mein Vater war tot. Er wurde nur achtunddreißig Jahre alt. Ich finde keine Worte dafür, wie unendlich trau-

rig wir waren. Doch in Ruhe Abschied nehmen und trauern, das konnten wir nicht.

Die Familien, für die ich hier heute spreche, wissen, wovon ich rede. Elf Jahre durften wir nicht einmal reinen Gewissens Opfer sein. Immer lag da die Last über unserem Leben, dass vielleicht doch irgendwer aus meiner Familie, aus unserer Familie verantwortlich sein könnte für den Tod meines Vaters. Und auch den anderen Verdacht gab es noch: mein Vater ein Krimineller, ein Drogenhändler. Können Sie erahnen, wie es sich für meine Mutter angefühlt hat, plötzlich selbst ins Visier der Ermittlungen genommen zu werden? Und können Sie erahnen, wie es sich für mich als Kind angefühlt hat, sowohl meinen toten Vater als auch meine ohnehin schon betroffene Mutter unter Verdacht zu sehen?

Dass all diese Vorwürfe aus der Luft gegriffen und völlig haltlos waren, das wissen wir heute. Mein Vater wurde von Neonazis ermordet. Soll mich diese Erkenntnis nun beruhigen? Das Gegenteil ist der Fall. In diesem Land geboren, aufgewachsen und fest verwurzelt, habe ich mir über Integration noch nie Gedanken gemacht. Heute stehe ich hier und trauere nicht nur um meinen Vater, sondern quäle mich auch mit der Frage: Bin ich in Deutschland zu Hause?

Ja, klar bin ich das. Aber wie soll ich mir dessen noch gewiss sein, wenn es Menschen gibt, die mich hier nicht haben wollen? Und die zu Mördern werden, nur weil meine Eltern aus einem fremden Land stammen? Soll ich gehen? Nein, das kann keine Lösung sein. Oder soll ich *mich damit trösten, dass wahrscheinlich nur Einzelne zu solchen Taten bereit sind? Auch das kann keine Lösung sein.*

In unserem Land, in meinem Land muss sich jeder frei entfalten können. Unabhängig von Nationalität, Migrationshintergrund, Hautfarbe, Religion, Behinderung, Geschlecht oder sexueller Orientierung. Lasst uns nicht die Augen verschließen und so tun, als hätten wir dieses Ziel schon erreicht. Meine Damen und Herren, die Politik, die Justiz, jeder Einzelne von uns ist gefordert.

Ich habe meinen Vater verloren, wir haben unsere Familienangehörigen verloren. Lasst uns verhindern, dass das auch anderen Familien passiert. Wir alle gemeinsam zusammen, nur das kann die Lösung sein.

Nach all den misslungenen Proben war es mir gelungen: Zum ersten Mal hatte ich mich nicht verhaspelt. Als ich zu sprechen begann, war ich in einer seltsamen Stimmung – angespannt und zugleich völlig auf meine Aufgabe konzentriert, ich suchte die Blicke der Zuhörer. Dann wurde es fast unwirklich still im Saal. Kaum jemand bewegte sich, außer den Fotografen, und das einzige Geräusch neben meiner Stimme war das Klicken der Kameras. Ich nahm wahr, wie vorne im Publikum eine Frau zu weinen begann. Sie schluchzte nicht, sie weinte ganz still. Aber ich konnte ihre Tränen sehen. Fast alle im Saal hörten reglos zu.

Auf dem Podium brannten zwölf Kerzen, zehn für die von der Terrorzelle Ermordeten, eine für alle Opfer rechter Gewalt. Die letzte Kerze, erklärte Gamze, «steht für die Hoffnung auf eine Zukunft, die von mehr Zusammenhalt geprägt ist». Dann las sie ein Gedicht des türkischen Schriftstellers Nazim Hikmet vor und erläuterte, dass sich in diesem Text unser Wunsch «nach Einheit in der Vielfalt» ausdrückt:

«Leben wie ein Baum
Einzeln und frei
Und brüderlich wie ein Wald.
Das ist
Unsere Sehnsucht.»

Zum Abschluss der Gedenkfeier, sagte Gamze, «werden wir die Kerze der Hoffnung hinaustragen». Begleitet vom Applaus gingen wir durch den Saal zum Ausgang, und immer mehr Menschen erhoben sich und klatschten stehend.

Seit dem Tag, an dem Fatih und ich beschlossen hatten, uns zu verloben, stand die Frage im Raum, wo wir leben wollen. Ich wusste, dass Fatih die Türkei nicht verlassen will. Natürlich hätte ich ihn überreden können, sich Deutschland wenigstens einmal anzusehen und dann zu entscheiden, ob wir nicht zumindest darüber nachdenken können, uns in absehbarer Zeit hier eine Existenz aufzubauen. Aber ich habe es nie versucht, erst recht nicht nach den Enthüllungen vom November 2011. Von da an spürte ich immer stärker, dass ich selbst einen Neuanfang brauchte. Mir war bewusst, dass die Übersiedlung ein großer Schritt und ein massiver Einschnitt in mein bisheriges Leben sein würde. Doch genau danach sehnte ich mich. So beschloss ich, in die Türkei zu ziehen.

Das bedeutet nicht, dass ich Deutschland den Rücken kehre. Es käme mir nie in den Sinn, mich von dieser Gesellschaft und von diesem Land loszusagen. Trennen von meiner Heimat kann ich mich gar nicht, dafür bin ich hier zu tief verwurzelt. Überdies wäre es am Ende dann doch ein Sieg für die Neonazis, wenn sie mich mit ihrer perfiden, rassistischen Ideologie dazu brächten, dass ich mich von meinem Land abwende. Denn genau das hatten sie ja mit den Morden erreichen wollen: uns türkische Deutsche aus unserer Heimat zu vertreiben. Dennoch wurde mir nun immer klarer, dass ich den Abstand zu den Geschehnissen brauche. In Deutschland, wo ich ständig ausgefragt werde über das, was wir durchgemacht haben, ist die Vergangenheit allgegenwärtig – da fällt es schwer, in die Zukunft zu schauen. In der Türkei kann ich mich auf den neuen Lebensabschnitt leichter einlassen. Diesen Weg will ich mit meinem Mann gehen. Mein Gefühl sagt mir: Da wartet etwas Schönes auf mich. Und ich höre auf mein Gefühl.

Fehler. Fehler über Fehler, gründlich belegt auf fast dreihundert Seiten. Im Mai 2012 legte eine vom Freistaat Thüringen eingesetzte Gutachtergruppe ihren Abschlussbericht vor. Die unabhängige Kommission unter dem Vorsitz von Dr. Gerhard Schäfer, einem Richter des Bundesgerichtshofs im Ruhestand, war der Frage nachgegangen, was bei der Jagd der thüringischen Behörden nach dem untergetauchten Trio schiefgelaufen war. Der sogenannte Schäfer-Bericht wurde zur beklemmenden Dokumentation eines amtlichen Desasters.

Das Versagen der Ermittler, so ist in dem Dokument nachzulesen, begann schon mit den ungeschickt organisierten Garagendurchsuchungen im Januar 1998, bei denen die Polizisten entgegen der üblichen Praxis nicht alle Objekte gleichzeitig öffneten. Damit entdeckten sie die Bomben in der einen verdächtigen Garage erst, als der angehende Terrorist Uwe Böhnhardt schon hatte fliehen können. Danach setzte das Thüringische Landeskriminalamt bei der Suche nach den Untergetauchten die sogenannten Zielfahnder ein – Ermittler, die auf das Wiederauffinden verschwundener Verbrecher spezialisiert sind. Die Zielfahnder verstanden ihr Handwerk, ihre Erfolgsquote war bis dahin makellos. Weil sie allerdings keine Experten für Rechtsextremismus waren, fehlte ihnen das notwendige Wissen um die Strukturen der rechten Szene in Thüringen und die personellen Zusammenhänge im Neonazi-Geflecht. Sie kannten weder die «Kameraden» der Flüchtigen, noch deren Vertraute oder potenzielle Anlaufstellen. Über dergleichen wussten zwar die auf die rechte Szene spezialisierten Ermittler des LKA Bescheid. Aber sie und die Zielfahnder tauschten sich offenbar nicht systematisch aus. Überhaupt ließ die Systematik der Verantwortlichen in diesem Fall zu wünschen übrig: Als die Schäfer-Kommission die Aktenbestände des LKA sichtete, fand sie einen Berg von Unterlagen, fast zehntausend Seiten – die Papiere ließen jedoch keine Sortierungsprinzipien erkennen, weder chronologische noch ermittlungslogische, zum Teil stimmte nicht einmal die Seitenzählung.

Beim Thüringer Landesamt für Verfassungsschutz wiederum, so bilanzierte der Schäfer-Bericht, arbeiteten die Beschaffer von Information und deren Auswerter oft aneinander vorbei. Eigentlich müssen alle Mitarbeiter ihre Erkenntnisse den Kollegen einer anderen Abteilung vorlegen, damit diese die Indizien bewerten können. Diese Arbeitsteilung soll verhindern, dass sich die Ermittler in Sackgassen verrennen. Genau das aber war in Thüringen geschehen, wo die Beschaffer aus dem Material oft ihre eigenen Folgerungen gezogen und ihre Erkenntnisse für sich behalten hatten.

Noch schlechter war es um die Kooperation zwischen den Behörden bestellt. Der thüringische Geheimdienst erhielt von seinen V-Leuten zwar fast fünfzig Berichte über das flüchtige Trio, leitete aber nur fünf davon an das Landeskriminalamt weiter. Auch mit den Geheimdienstbehörden anderer Bundesländer oder dem Bundesamt für Verfassungsschutz, so stellte die Schäfer-Kommission fest, tauschten sich die Erfurter Verfassungsschützer nur unregelmäßig und unvollständig aus. Letztlich arbeitete jede Behörde für sich, sodass niemand die vielen Mosaiksteine zu einem Gesamtbild zusammenfügen konnte. Dabei hatte allein der thüringische Verfassungsschutz in den anderthalb Jahren nach dem Abtauchen des Trios eine Menge konkreter Hinweise zusammengetragen. Die Flüchtigen, so war aus verschiedenen Quellen zu erfahren, könnten sich im Sächsischen aufhalten, genau gesagt im Raum Chemnitz, wo Uwe Mundlos viele «Blood and Honour»-Mitglieder kannte. Die drei benötigten dringend Geld, weil die Summen, die als Spenden bei einem Skinheadkonzert und durch den Verkauf von «Pogromly»-Spielen, einer pervertierten Monopoly-Variante, zusammengekommen waren, vorne und hinten nicht reichten. Außerdem brauche das Trio Waffen.

Von November 1999 an änderte sich der Ton der Nachrichten, in denen die Zuträger dem thüringischen Geheimdienst berichteten. Ein «Blood and Honour»-Aktivist und andere rechtsextreme Sympathisanten hätten den dreien über einen Mittelsmann mehrmals Spenden angeboten und jedes Mal die Antwort erhalten, das sei nicht mehr nötig, Böhnhardt, Mundlos und Zschäpe hätten mittlerweile Geld, sie würden inzwischen «jobben», «Aktionen» durchziehen, «Sachen» machen. Die klamme Zeit sei jedenfalls vorbei.

Bis September 1999 waren die drei dauernd in Geldnot und brauchten Waffen, und ab November 1999 kam plötzlich das Signal, man sei bestens versorgt. Angenommen, diese Erkenntnisse wären von den Ermittlern zusammengeführt worden, angenommen, thüringische und sächsische Beamte hätten sich kurzgeschlossen, angenommen, Geheimdienstler und Polizisten hätten kooperiert – dann wäre ihnen möglicherweise aufgefallen, dass ausgerechnet zu dieser Zeit eine Serie von Banküberfällen begonnen hatte. Allein in Chemnitz hatten die Räuber im Oktober 2000 zweimal zugeschlagen. Schon vor dem ersten Mord des Trios hätten bei den Sicherheitsbehörden also die Alarmlampen aufleuchten müssen. Zugleich zeigte sich hier eine Spur, der sich folgen ließ. Doch nichts geschah.

Ähnliche und teils dieselben Unzulänglichkeiten, die der Schäfer-Bericht für Thüringen minuziös festhielt, lassen sich auch jenseits des Freistaats beobachten. Bei der Suche nach den Ceska-Mördern rangen auch die Polizisten in Nürnberg und ihre Kollegen in Hamburg um die Lösung des kriminologischen Rätsels, alle arbeiteten sie mit größtem

Einsatz an der Aufklärung des Falls, leider ebenfalls eher unkoordiniert. Steuerungsgruppen tagten und konnten sich auf keinen Kurs einigen, da die unterschiedlichen Ermittlungsansätze – von der Verbrecherorganisation bis zum Einzeltäter – einander heillos widersprachen. Es gab zahllose Arbeitstreffen, Sitzungen, aber keine Ergebnisse. Sollte nicht vielleicht das Bundeskriminalamt die Gesamtleitung übernehmen? Oder wäre das eine Kampfansage an die bayerische Polizei, die sich dadurch zurückgesetzt fühlen müsste? Es hakte überall.

Während die Beamten von Polizei und Geheimdienst in Thüringen sich bei ihren Ermittlungen weitgehend gegenseitig ignorierten, fochten ihre Kollegen in Hessen miteinander Machtkämpfe aus. Als Halit Yozgat im Jahr 2006 in seinem Internetcafé in Kassel ermordet wurde, war ein Verfassungsschutzmann namens Andreas T. im Laden. Die Polizei wollte ihn vernehmen, um zu erfahren, was er von dem Mord mitbekommen hatte, doch die hessischen Geheimdienstler stellten sich quer und lehnten es sogar ab, überhaupt nähere Informationen zu ihrem Mitarbeiter herauszugeben. Ihre Begründung war, es handle sich ja schließlich in diesem Fall «nur um ein Tötungsdelikt», nicht um staatsrelevante Geschehnisse.

In Bayern gingen die Beamten der Besonderen Aufbauorganisation Bosporus im Juli 2006 einem Hinweis der Kollegen von der Operativen Fallanalyse nach, dem zufolge es sich auch um einen Einzeltäter mit rechtem Hintergrund handeln könnte. Die Ermittler forderten beim bayerischen Verfassungsschutz eine Liste mit Rechtsextremisten aus dem Großraum Nürnberg an, sämtliche Neonazis der freien Kameradschaften, NPD-Leute und Skinheads. Zunächst weigerte sich der bayerische Geheimdienst, entsprechende Erkenntnisse zu übermitteln, erst nach einem Dreivierteljahr lag die Liste der Polizei endlich vor. Bis die Ermittler diese Liste allerdings systematisch abgearbeitet hatten, vergingen weitere Monate, nicht zuletzt wegen interner Unstimmigkeiten in Nürnberg, wie wichtig diese Spur zu nehmen sei. Auf die naheliegende Idee, auch andere Landesverfassungsschutzämter um solche Listen zu bitten, kam man erst gar nicht.

Fehler, Inkonsequenzen, Orientierungslosigkeit, Kompetenzstreitigkeiten, Kooperationswirrwarr, Schlamperei – vor diesem Hintergrund verwundert es kaum, dass auch das Bundesamt für Verfassungsschutz die Gefahr von rechts völlig unterschätzte. «Derzeit sind in Deutschland keine rechtsterroristischen Organisationen und Strukturen erkennbar», hieß es im Juli 2004 in einem internen Bericht der Behörde. Zu diesem Zeitpunkt hatte das Trio bereits fünf Menschen erschossen. Die Geheimdienstler hielten hartnäckig an ihrer Fehleinschätzung fest, Zweifel scheinen ihnen nie gekommen zu sein. Im Juli 2011 – dreizehn Jahre nach dem Abtauchen von Böhnhardt, Mundlos und Zschäpe, elf Jahre nach dem Mord an Enver Simsek, sieben Jahre nach dem Nagelbombenanschlag in Köln, vier Jahre nach den Schüssen auf die Polizistin Michelle Kiesewetter und ihren Kollegen – stellte Bundesinnenminister Hans-Peter Friedrich der Öffentlichkeit den Verfassungsschutzbericht 2010 vor. Im Abschnitt über die «Gewaltbereitschaft in der rechtsextremistischen Szene» lautete der entscheidende erste Satz, der schon die

Kernbotschaft enthält: «Auch 2010 waren in Deutschland keine rechtsterroristischen Strukturen feststellbar.»

«Den großen Fehler», sagt ein führender Ermittler der Nürnberger Polizei, der sich jahrelang in den Fall verbissen hat, «ich kann ihn nicht finden.» Die Angehörigen der Sonderkommission hätten nicht nur enormen Aufwand betrieben und mit bis zu sechzig Mann allein in Nürnberg an dieser Mordserie gearbeitet, sie hätten sich auch immer wieder selbst hinterfragt, Hypothesen erwogen und verworfen, Ideen gedreht und gewendet, kreuz und quer gedacht. Durch viele «Wellentäler» seien sie gegangen, schließlich hätten sie trotz aller Bemühungen ein «Gefühl der Ohnmacht» verspürt und an sich selbst zu zweifeln begonnen. «Wenn man so lange ermittelt und keinerlei Erfolgserlebnis hat, wenn man sieht, wie viele Energien verpulvert werden, und es kommt nichts dabei raus – das nagt ungeheuerlich.» Ja, erklärt der Polizist, er wisse, dass sich die Bilanz all dieser Mühen in sechs Worte fassen lasse: «Wir haben den Fall nicht geklärt.» Und doch sei er «persönlich zutiefst überzeugt, dass wir gut gearbeitet haben». Zwei Kollegen sitzen neben ihm bei diesem Gespräch im weitläufigen Gebäudetrakt der Behörde am Nürnberger Jakobsplatz, bei den Worten «gut gearbeitet» nicken sie zustimmend.

«Im Jahr 2000 war die Lage vollkommen unklar», erklärt der Ermittler, «wir mussten in alle Richtungen schauen.» Dass dabei auch die Familie des Ermordeten ins Visier geriet, sei völlig normal, bei den meisten Morden handle es sich schließlich um Beziehungstaten. «Es wäre schlichtweg unprofessionell, wenn man das nicht konkret überprüfen würde.» Aber haben sich die Ermittler je klargemacht, dass sie den Angehörigen, die gerade ihren Mann, Schwager, Vater verloren hatten, mit diesem Vorgehen nur noch tiefere Wunden schlugen? Der Mann nickt. «Uns ist vollkommen bewusst, dass dieser Gegensatz ein Stück weit unauflöslich ist.» Deshalb hätten sie sich bemüht, als der Verdacht gegen die Familie sich im Lauf der Zeit zerstreute, die Familien Simsek und Bas nicht allein zu lassen: Ein Beamter habe phasenweise «reine Betreuungsarbeit» geleistet.

Das stimmt. Wahr ist allerdings auch, dass dieser Beamte erst im Jahre 2006 in die Arbeit der Besonderen Aufbauorganisation Bosporus einstieg, in jenem Jahr also, da die Ermittlungen nach dem achten und neunten Mord noch einmal intensiviert wurden. Bis zu diesem Zeitpunkt aber, fast sechs Jahre lang, hatten die Polizisten fast ausschließlich im Umfeld von Enver Simsek ermittelt.

Dass Rechtsextremismus das Motiv sein könnte, betont der Ermittler, darüber hätten sie sehr wohl nachgedacht. Schon ganz früh «haben wir das auch mit der Familie besprochen, vom ersten Tag an hatten wir diese Möglichkeit auf dem Radar. Schon in der ersten Sonderkommission waren Kollegen, die auf den Bereich der politisch motivierten Straftaten spezialisiert sind.» Aber jeder Polizist, so fährt er fort, müsse nun einmal zwischen zwei grundlegend verschiedenen Dingen klar unterscheiden können: zwischen Hypothesen, Deutungen und Erklärungsmodellen für eine Tat auf der einen Seite und konkreten Spuren, Zeugenaussagen, richtungsweisenden Indizien auf der anderen Seite. Im

Fall Enver Simseks habe es von Anfang an bedenkenswerte Hinweise gegeben, die einen Drogenhintergrund nahegelegt hätten, die regelmäßigen Fahrten nach Holland, die großen Mengen Bargeld, die er in den Taschen trug, und vor allem die Berichte jener Zuträger aus der Unterwelt. Die Polizisten konnten sich vor Fingerzeigen, die ins Drogenmilieu wiesen, kaum retten. Zwar waren die meisten der Informanten selbst in kriminelle Machenschaften verstrickt, und es war offensichtlich, dass sie vor allem deshalb gesprächig waren, weil sie auf Hafterleichterung, Abschiebungsschutz oder gar eine neue Existenz hofften. Dennoch habe jede dieser Geschichten genau überprüft werden müssen. Die Pflicht, jedem Hinweis nachzugehen, so absurd er im Einzelfall auch erscheinen möge, sagt der Polizist, «bindet und fesselt».

Auf der anderen Seite habe es kein belastbares Indiz für die Hypothese gegeben, dass Rechtsextremisten in die Tat verwickelt seien. Die Behörden hatten dreihunderttausend Euro Belohnung für Hinweise auf die Mörder ausgelobt und die Summe «offensiv angepriesen», doch obwohl es unter Neonazis genug zwielichtige Gestalten gibt, die ihre Gesinnung und ihre Kameraden zu verkaufen bereit sind, sofern der Lohn dafür hoch genug ist, erhielten die Nürnberger Polizisten keinen einzigen Hinweis aus diesem Milieu. «Für bestimmte Ermittlungsschritte», so erklärt der Ermittler, «braucht man erst mal einen Anfangsverdacht.» Der aber setze konkrete Spuren voraus, und ohne die wiederum habe es in diesem Fall für Durchsuchungen, Observationen oder Telefonüberwachungen in der rechten Szene «keine Rechtsgrundlage» gegeben.

Im Übrigen hätten sie alles versucht. Sie hätten eingefahrene Ermittlungsgleise verlassen und sich an zuvor nie erprobten Methoden versucht, beispielsweise eine Dönerbude betrieben und Rechnungen nicht bezahlt, in der Hoffnung, eine verbrecherische Inkassogruppe würde sich melden. «Ich steh dazu. Das war in Ordnung.» Es klingt, als lasse sich das ganze, elf Jahre lang andauernde Drama in einem Wort zusammenfassen: Pech.

Je mehr ich über die zahlreichen Fehler und Versäumnisse der deutschen Behörden bei der Suche nach den untergetauchten Neonazis aus Jena erfahre, desto mehr Fragen drängen sich mir auf, vor allem die eine, entscheidende: War der Tod meines Vaters womöglich vermeidbar? Könnte er heute noch leben, wenn Polizisten und Geheimdienstler bei der Fahndung nach dem Trio nicht von Anfang an so massiv versagt hätten? Es erschüttert mich, wie stark die thüringische Polizei die drei im Jahr 1998 unterschätzt hat. Wieso haben die Ermittler trotz der eindeutigen Hinweise nicht erkannt, dass diese kleine Gruppe an der Schwelle zum Terrorismus stand? Warum hat der thüringische Geheimdienst, der von den Plänen des Trios wusste, «Aktionen» zu starten, diese Informationen nicht an die Polizei weitergegeben? Vielleicht hätte man den dreien schon nach den ersten Banküberfällen auf die Spur kommen können, womöglich wäre ihre entsetzliche Geschichte dann zu Ende gewesen, bevor sie richtig begonnen hatte und bevor es zum Mord an meinem Vater gekommen ist.

Seit dem gescheiterten NPD-Verbotsverfahren ist bekannt, dass die Verfassungsschützer die rechte Szene mit einer Vielzahl von Spitzeln durchsetzt haben. Wieso werden diese V-Leute eingesetzt und bezahlt, wenn man von ihnen nichts über das Trio erfahren konnte? Es ist kaum vorstellbar, dass keiner der Informanten von diesen Taten wusste, dafür ist die rechtsextreme Szene mit ihren zahlreichen Kundgebungen, Aufmärschen, Konzerten und Sauffesten überall in Deutschland zu gut vernetzt.

Mir drängt sich der Verdacht auf, dass dieses Spitzelsystem vollkommen aus dem Ruder gelaufen ist und der rechten Szene eher nützt als schadet. Denn diese V-Leute sind ja keine Agenten des Staates, keine verdeckten Ermittler, die fest an die Demokratie und die Menschenrechte glauben und sich sozusagen nur als Neonazis verkleidet haben, um undercover Informationen zu beschaffen. Nein, V-Männer sind in der Regel hartgesottene Rassisten, gewaltbereit, zum Teil auch schon gewalttätig geworden, die sich nur deshalb vom Verfassungsschutz als Spitzel haben anwerben lassen, weil sie dafür Geld bekommen. V-Leute sind, kurz gesagt, keine Staatsschützer, sondern eher staatlich bezahlte Neonazis. Wer glaubt ernsthaft, dass solche Typen immer alles, was sie wissen, preisgeben? Wer garantiert, dass sie nicht das Wichtigste für sich behalten und ihre bösartigsten Kameraden schützen?

Ich habe mittlerweile erfahren, dass der Verfassungsschutz manchmal seine V-Leute selbst dann noch deckt, wenn sie die übelsten Dinge treiben. Es gibt den gerichtlich belegten Fall eines V-Mannes, der CDs mit Mordaufrufen gegen prominente Juden vertrieb – und vom Verfassungsschutz gewarnt wurde, als die Polizei eine Hausdurchsuchung machen wollte. So konnte der Neonazi die Hetz-CDs rechtzeitig verstecken und weiterverkaufen; eine staatlich geförderte Hasskampagne. Und die Berliner Polizei führte sogar einen Neonazi als «Vertrauensperson», der dem Terror-Trio Sprengstoff beschafft hatte. Es gibt mehr als ein Beispiel dafür, dass V-Leute bis zu sechsstellige Summen vom Staat bekamen – und dieses Geld dafür verwendeten, um neonazistische Strukturen weiter auszubauen! Dieses V-Mann-System kommt mir wie abgründigster Hohn vor. Spätestens seit dem Jahr 2010 war es zumindest in Teilen des Milieus anscheinend ein offenes Geheimnis, wer hinter diesen Morden steckte. Die rechte Szeneband «Gigi und die braunen Stadtmusikanten» verkündete es ja lauthals in ihrem «Döner-Killer-Song», in dem es hieß: «Spannender als jeder Thriller, sie jagen nach dem Döner-Killer. Neunmal hat er bislang brutal gekillt, doch die Lust am Töten ist noch nicht gestillt.» Haben die Ermittler von diesem Lied nichts mitbekommen? Und wenn immerhin seit 2010 dieser schreckliche Song kursierte – liegt es da nicht nahe, dass schon viel früher Gerüchte in Umlauf waren?

In meiner Familie können wir durchaus nachvollziehen, dass die Polizei bei Mordtaten zuerst die Angehörigen unter die Lupe nimmt, weil es statistisch gesehen nun einmal naheliegt. Was wir nicht verstehen, ist das Fehlen jeglicher Sensibilität gegenüber uns Hinterbliebenen. Die Polizisten ließen einfach ihre routinemäßige Prozedur ablaufen, wie sie später auch die Familien der anderen Opfer immer wieder ertragen mussten, von den Drogenspürhunden bis zu den Vernehmungen, die suggerierten, unsere Verstrickung in die Tat stünde bereits fest. Die deutsche Polizei sah türkische Opfer und ging automatisch davon aus, dass auch die Tat türkische Hintergründe haben müsse. Man ordnete uns stereotyp ein und behandelte uns entsprechend. Jahrelang folgte die Polizei erfundenen Hinweisen eines Drogendealers und versäumte die ganze Zeit über, dessen Aussagen auf ihren Wahrheitsgehalt hin abzuklopfen. War das Schlamperei? Oder Vorurteil?

Meiner Familie und mir drängte sich der Eindruck auf, dass die Nürnberger Polizisten sich bei ihren Ermittlungen völlig verrannt hatten. Wenn sie nun behaupten, es habe keine konkreten Anhaltspunkte gegeben, die auf rechtsextreme Täter hindeuteten, klingt das für mich wie eine Ausrede. Man kann nur dort etwas finden, wo man auch ernsthaft sucht. Die Polizisten sagen heute zwar, sie hätten von Anfang an auch die Hypothese erwogen, dass die Verbrechen rassistisch motiviert sein könnten. Uns aber haben sie von Anfang an erklärt, dass sie genau das ausschließen.

Ich weiß, dass sich die Nürnberger Polizisten bei der Suche nach den Mördern sehr viel Mühe gegeben haben, ich möchte nicht ungerecht sein. Doch wenn sie behaupten, bei ihren Ermittlungen alles richtig gemacht zu haben, dann werden sie sich nie mit ihren Irrtümern auseinandersetzen, und man wird nie verstehen, wie es zu den fatalen Ermittlungsfehlern kommen konnte. Mit dieser Haltung ist eine Wiederholung solcher Desaster in anderen Fällen vorprogrammiert.

Warum haben die Ermittler in Nürnberg nie ernsthaft erwogen, dass die Morde der Ceska-Serie aus Hass auf Ausländer begangen worden sind? Und warum ist über elf Jahre hinweg auch sonst fast niemand auf diese Idee gekommen? Vielleicht ist das die entscheidende Frage. Denn wer feststellt, dass die Polizisten mit Blindheit geschlagen waren, kommt auch zu dem Schluss: Sie waren nicht die Einzigen. Es gab Hinweise genug, dass es um die Jahrtausendwende im braunen Sumpf zu brodeln begann. In ganz Deutschland stellten Behörden zu der Zeit immer wieder Waffen sicher, Anleitungen zum Bombenbau, Strategiepapiere für den bewaffneten Untergrundkampf und Sprengstoff. Dass sich da jenseits der traditionellen Umtriebe rechtsextremer Parteien ein neuer, konspirativer Neonazismus der autonomen Kameradschaften herausbildete, war in Fachkreisen durchaus bekannt. Zudem waren rassistisch motivierte Anschläge damals kein neues Phänomen. Im September 2000 hatte der unweit der Stelle, an dem Enver Simsek erschossen wurde, in Nürnberg-Langwasser wohnende bayerische Innenminister Günther Beckstein auf einen Zeitungsausschnitt zu diesem Mord mit wachem Instinkt notiert: «In meiner Nachbarschaft! Bitte mir genau berichten: Ist ausländerfeindlicher Hintergrund denkbar?» Ein konkreter Ermittlungsansatz entstand daraus aber nicht.

Dann kam der 11. September 2001, und fortan galt der Islamismus als die große Bedrohung, die alle Aufmerksamkeit der Öffentlichkeit und das Personal der Sicherheitskräfte beanspruchte. Die Gefahr, die von religiös motivierten Fanatikern ausging, war ja keineswegs eingebildet, natürlich mussten Geheimdienste und der polizeiliche Staatsschutz sich darum kümmern. Nur verloren die Behörden dadurch die Bedrohung durch Rechtsextremisten fast völlig aus dem Blick. Noch im Vorwort zum Verfassungsschutzbericht 2010 stellte Bundesinnenminister Hans-Joachim Friedrich die Gefahr durch den islamistischen Terrorismus als das drängendste Problem der inneren Sicherheit dar. Auf den «nationalen Extremismus» kam er erst im weiteren Verlauf seines Beitrags zu sprechen, beklagte sich in diesem Zusammenhang aber vor allem darüber, dass «die Zahl gewaltbereiter Linksextremisten, besonders der Autonomen, erneut angestiegen» sei. Erst an dritter Stelle folgte schließlich das Eingeständnis, auch «der deutliche Anstieg der Zahl der Neonazis» sei «besorgniserregend».

Die Medien, deren wichtigste Aufgabe eigentlich darin besteht, politische Verlautbarungen zu hinterfragen, versagten in dieser Hinsicht beinahe vollständig. Von den großen Zeitungen kam in all den Jahren kaum Kritik an der Arbeit der Ermittler in der Mordserie. Im Gegenteil, die Journalisten, immer auf der Suche nach starken Zitaten, exklusiven Informationen und Meldungen aus dem Inneren der Ermittlungsmaschinerie, griffen auch die absurdesten Thesen begierig auf und verbreiteten ungeprüft, was ihnen auf Pressekonferenzen oder bei Hintergrundgesprächen erzählt wurde. Behörden und Journalisten manövrierten sich in diesem Fall – wie in vielen anderen – in wechselseitige Abhängigkeiten. Der Informationsgeber von der Polizei muss seinen Partner bei der Presse beliefern, und der Recherchierende darf seinen Zuträger nicht schlecht aussehen lassen. Was der

Journalist auf diese Weise an Insiderwissen gewinnt, verliert er zugleich an innerer Unabhängigkeit und Kritikfähigkeit. Er wird anfällig dafür, exklusive Informationen und damit auch exklusive Spekulationen und Haltlosigkeiten unhinterfragt zu übernehmen.

Dass die Nürnberger Ermittler den Blick vom Organisierten Verbrechen nicht abwenden konnten und rechte Hintergründe nie ernsthaft erwogen, war zudem kein rein deutsches Problem. Die um Hilfe gebetenen Kollegen von der türkischen Polizei erwiesen sich als ebenso voreingenommen wie die deutschen Beamten. Auch sie ignorierten fremdenfeindliche Motive und bestärkten die Nürnberger, nach Kontakten der Mordopfer ins Drogenmilieu oder zum türkisch-nationalen Tiefen Staat zu suchen. Die Beamten der Operativen Fallanalyse brachten die Ermittlungen trotz mancher Hinweise, die sich im Nachhinein als richtig erwiesen, ebenfalls nicht entscheidend voran. Abgesehen davon, dass die Mitarbeiter der OFA bei vielen gestandenen Kriminalisten wegen ihrer Nähe zur Leitungsspitze der Polizei sowieso unbeliebt sind und als arrogant gelten, abgesehen davon, dass sie halb neidisch, halb spöttisch als Geisteswissenschaftler, Seelendeuter, Besserwisser und Glaskugelgucker bezeichnet werden, waren diese Analysen auch in sich widersprüchlich. Die klare Aufforderung, endlich mit voller Kraft in Richtung Fremdenfeindlichkeit zu ermitteln, lässt sich jedenfalls aus keinem einzigen Bericht der OFA herauslesen.

Im Gegenteil, zumindest der Bericht der Operativen Fallanalyse Baden-Württemberg von Anfang 2007 liest sich eher wie ein Sammelsurium krudester ethnischer Vorurteile, um nicht zu sagen: ins Rassistische spielender Klischees. Der Autor dieser «Expertise» glaubte, aus den vorliegenden Fakten Folgendes herauslesen zu können: Bei allen Opfern sei eine «undurchsichtige Lebensführung» festzustellen, vermutlich hätten sie einer Gruppe angehört, die «ihren Lebensunterhalt mit illegalen Tätigkeiten» verdient. Dann sei es wohl zu Unregelmäßigkeiten in Geldangelegenheiten gekommen, die Opfer hätten gegen das «innere Gesetz», gegen den «Ehrenkodex» verstoßen. Weil aber in dieser Gruppe eine mutmaßlich «archaische Norm- und Wertestruktur mit rigiden Regeln der Status- und Machterhaltung» herrsche, seien die Abweichler ermordet worden. Da in «unserem» Kulturraum Mord tabuisiert sei, lasse sich folgern, dass der oder die Täter sich den «hiesigen» Normen und Werten nicht im Entferntesten verpflichtet fühlen. Möglicherweise kämen die Mörder aus dem «ost- bzw. südosteuropäischen Raum». «Wir» und «die da» – wir aufgeklärten Mitteleuropäer und die in altvorderen Ehrvorstellungen verhafteten, kriminellen «Südosteuropäer»: Was sich da als seriöse «Fallanalyse» präsentierte, war eher ein Pandämonium der Zerrbilder.

Es gibt also viele Antworten auf die Frage, warum die Nürnberger Ermittler in die falsche Richtung blickten. Sie selbst brachten gegenüber der Familie Simsek vor allem diese eine vor: Wären die Mörder Neonazis, hätten sie sich zu ihren Taten bekannt. Eine Gruppierung, die so viele Morde verübt und damit nicht prahlt, habe es in der Geschichte der Bundesrepublik noch nicht gegeben. Schon seit längerer Zeit gab es jedoch Hinweise, dass längst nicht alle Rechtsextremen solchen Geltungsdrang verspürten. Anfang 2005 stellte der in Potsdam ansässige gemeinnützige Verein «Opferperspektive», der sich für die Opfer rechter Gewalt einsetzt, eine Untersuchung zu den über sechzig Angriffen vor, die in Brandenburg seit dem Jahr 2000 auf Imbisse von ausländischen Betreibern verübt wurden. Auffälligerweise fehlten bei einigen dieser Anschläge jegliche Nazi-Schmierereien oder ähnliche Bekennerbotschaften. Den Attentätern genügte es offenbar, wenn die Betroffenen die Botschaft verstanden: Haut ab, ihr habt hier nichts verloren! In vielen Fällen, so betonte die Initiative, halte sich deshalb das hartnäckige Vorurteil, die Ausländer selbst seien in die Taten verwickelt. «Vor allem bei Brandanschlägen, bei denen die Täter nicht gefasst wurden, wird meist unterstellt, es handele sich um die Tat eines Konkurrenten oder um einen ‹warmen Abriss›, also einen Versicherungsbetrug.»

Rechtsextremistisch motivierte Anschläge, argumentiert der Nürnberger Ermittler, hätten in der Vergangenheit immer einen anderen Zuschnitt gehabt. Die Taten hätten sich stets gegen Leute gerichtet, die kein oder wenig Geld besaßen, gegen Vietnamesen und rumänische Asylbewerber wie in Rostock oder Hoyerswerda oder gegen Türken wie in Mölln oder Solingen. Bei den Ceska-Morden lag ein vollkommen anderes Opferprofil vor. Die Täter erschossen Kleinunternehmer, die überhaupt nicht dem rassistischen und auch in manchen bürgerlichen Kreisen verbreiteten Klischee von den ausländischen «Sozialschmarotzern» entsprachen. Wieder und wieder, sagt der Ermittler, hätten sie überlegt, warum sich die Mörder ausgerechnet diese Opfergruppe vornahmen. Sie seien zu keinem Ergebnis gekommen.

Im Nachhinein liegt die Deutung auf der Hand. Weder bei den Ceska-Morden noch beim Keupstraßen-Attentat zielte die Gewalt einfach nur auf Menschen ausländischer Herkunft, vor allem zielte sie auf Menschen, die sich in Deutschland wirtschaftlich selbständig gemacht hatten, die Deutschland veränderten, weil auf ihrer Schaufensterscheibe in großen Buchstaben Özüdogru stand statt Müller und auf ihrer Lkw-Plane Simsek statt Maier, Menschen, die Deutschland bereicherten, indem sie türkisches Gemüse verkauften oder türkische Fleischspieße auf den Drehgrill steckten, Menschen, die dafür sorgten, dass Deutschland anders aussah, anders schmeckte und anders roch, die sich nicht einkapselten und abschotteten, sondern im Stadtbild wahrnehmbar wurden mit ihrer Eigenart und ihren Traditionen. Menschen, die nicht als Bittsteller auftraten, sondern unübersehbar zeigten, dass sie Teil dieser Gesellschaft sein wollten, die mit der Art, wie sie lebten, den Beweis antraten: Deutschland ist eine bunte Republik, eine multikulturelle Gesellschaft.

Für solche Menschen ist im Weltbild der Neonazis kein Platz. Mussten sie deshalb sterben? So pervers und krank diese Logik auch ist, sie scheint es zu treffen. Im Nachhinein wirkt die Botschaft der Ceska-Morde überdeutlich, die Nürnberger Ermittler aber konnten sie nicht lesen. Sie waren damit nicht allein. Niemand entzifferte sie rechtzeitig, kein Profiler, kein Journalist, kein Politiker.

SECHSTES KAPITEL
EIN NEUER ANFANG

Bei all den quälenden Fragen, die seit dem November 2011 in mir wühlten, in meinem Zweifel an der Arbeit der deutschen Ermittler empfand ich es wie eine Befreiung, mit Fatih in der Türkei ein neues Leben zu planen. Im Sommer 2012 nahmen wir uns zunächst eine Wohnung in Sarkikaraagac, Fatihs Heimatstadt. Später, so beschlossen wir, werden wir dort ein Grundstück kaufen, um ein eigenes Haus zu bauen. Zunächst aber begannen wir, das Haus meines Vaters in Salur zu renovieren.

Seit ich als Kind meine Ferien dort verbracht habe, hat sich der Lebensrhythmus in Salur kaum verändert. Es ist ein Bauerndorf geblieben, umgeben von Feldern und Wiesen, durch die Staub- und Schotterwege führen, und viele Häuser werden bis heute in traditioneller Weise aus Lehm und Stroh gebaut. Auf einem Telefonmast nistet ein Storchenpaar, und Gänsefamilien überqueren wie selbstverständlich die Straße. Freitags versammeln sich die Menschen in den Moscheen zum Gebet, dann fährt kein Traktor mehr durch die Gassen, und Ruhe legt sich über den Ort, vielleicht hört man in der Ferne einen Esel schreien. Es gibt nur ein größeres Café, auf dessen Terrasse die Männer unter einem Wellblechdach sitzen, die Gebetsketten durch ihre Finger gleiten lassen oder sich unter herabbaumelnden Glühbirnen mit dem beliebten Brettspiel Okey die Zeit vertreiben. Vor dem Café erstreckt sich ein weiter Platz, halb Schotterfeld, halb Wiese, auf dem die Bauern im Halbkreis ihre Traktoren parken, wenn sie sich hier treffen.

Die Entfernung zwischen meiner einen Heimat, Deutschland, und meiner anderen, neuen, der Südtürkei, lässt sich nicht allein in Kilometern messen. Welten liegen zwischen ihnen, und nur selten begegnen sie einander. So geschah es an jenem 23. Februar 2012, als sich die Männer des Dorfes im Café versammelten, um die Fernsehübertragung der Gedenkveranstaltung in Berlin anzuschauen. Da saßen sie in der Gaststube, blickten zum Fernseher, der oben in einer Ecke auf einem Brett steht, und sahen plötzlich mich auf dem Bildschirm. Ich stand vor einer Deutschlandfahne und sprach von den Glöckchen der Schafe und den Bergen, von meinem Vater und von Salur. Das muss ihnen unwirklich vorgekommen sein. Alle, so erzählte man mir später, hätten eine Gänsehaut gehabt, kein Stuhl habe geknarrt, kein Teelöffel beim Umrühren im Glas geklirrt, ganz still sei es gewesen.

Nun lebe ich selbst nur wenige Kilometer von dem Ort entfernt, in dem mein Vater aufgewachsen ist. Zwar wirkt Sarkikaraagac etwas städtischer als Salur, doch die ganze Region ist sehr ländlich. Die Übersiedlung war wie eine Reise ins Unbekannte. Es ist für mich nur wenig anders als für einen Fremden, der noch nie hier war, fast alles ist ungewohnt. Es ist eine Herausforderung, aber ich habe keine Angst davor.

Von Anfang an habe ich eine innere Sicherheit gespürt, die mir die Kraft gab, mich auf diese neue Umgebung einzulassen, eine Sicherheit, die ich vor allem Fatih verdanke. Wäre ich jemand anderem begegnet, hätte es mich vielleicht woandershin verschlagen. Fatih versteht sich nicht nur mit meiner Mutter wunderbar – so gut, dass es mir manchmal vorkommt, als wäre er ihr Sohn und ich die Schwiegertochter –, er weiß auch, welche Familiengeschichte durch Vaters Haus in Salur weht und was uns dieses Haus bedeutet. Gleichzeitig spürt er, wie sehr die Vergangenheit für uns gegenwärtig geblieben ist.

Im März 2012 feierten wir unsere Verlobung, kurz nach der Gedenkveranstaltung in Berlin. Die Hochzeit hatten wir für Mitte Juli angesetzt, und in der Zeit dazwischen lebte ich in den zwei Welten zugleich. Ständig pendelte ich zwischen Deutschland und der Türkei, mal verbrachte ich ein paar Wochen in meiner neuen Heimat, dann wohnte ich eine Zeitlang bei Kerim in Friedberg, weil es so viele Dinge zu ordnen gab. Der Abschied aus Deutschland fiel mir nicht leicht. Meine Onkel und Tanten, meine Cousins und meine Cousinen, meine Freundinnen und meinen Bruder habe ich schon vermisst, bevor ich überhaupt umgezogen war. In den ersten Wochen in der Türkei gab es Momente, in denen ich daran zweifelte, die richtige Entscheidung getroffen zu haben, denn plötzlich taten sich ungeahnte Hindernisse auf. Mir fiel auf, wie viele feine Nuancen der türkischen Sprache ich noch nicht beherrschte, wie viele Scherze oder Wortspiele ich deshalb nicht verstand, und ich musste mich an andere Umgangsformen gewöhnen. Auf die banale Frage, wie das

Wetter wohl werden wird, antwortet ein Deutscher in der Regel nüchtern, dass es Sonne oder Regen geben, dass es warm oder kühl wird. Ein Türke hingegen erzählt erst einmal von Istanbul und vom Morgenlicht, von der milden Luft und von den Wolken, die in Richtung Antalya ziehen. Manchmal fühlte ich mich in solchen Gesprächen beinahe veralbert, aber es gehört zur türkischen Höflichkeit, jemanden nicht mit knappen Worten abzuspeisen. Auch Einkäufe dauern in der Türkei deshalb viel länger als in Deutschland. Wer in einen Laden geht, um etwa eine Couchgarnitur zu erwerben, muss erst einmal Tee trinken und ein Schwätzchen halten, man erzählt, was man beruflich macht, von der Familie, woher man kommt, wie es dort so ist, dann darf man sich irgendwann endlich etwas aussuchen. Nachher muss man freilich noch im Büro über den Preis feilschen.

Mir gefällt es, wenn nicht alles so straff und kühl abläuft. Aber manchmal werden diese Unterhaltungen für meinen Geschmack auch zu persönlich. Außerdem lassen die umständlichen Höflichkeits-, Gesprächs- und Verhandlungsrituale alles zäher vorangehen, und dann ertappe ich mich, wie ich ungeduldig werde. Dabei sind die Türken keineswegs immer so gesprächig. Wenn es darum geht, Missfallen zu äußern, ist es genau umgekehrt: In Deutschland sprechen wir direkt aus, was uns nicht passt, in der Türkei dagegen schweigt man erst einmal, um seinem Gegenüber nicht zu nahe zu treten. Man merkt deshalb oft nicht gleich, wenn man etwas falsch gemacht hat, und das kann dann zu noch größeren Verstimmungen führen.

Als ich im Frühjahr 2012 in die Türkei zog, fühlte ich mich

anfangs manchmal wie eine Fremde. In gewisser Weise machte ich nun die gleichen Erfahrungen wie mein Vater, als er nach Deutschland kam und sich auf sein neues Leben einließ. Und ebenso wie er muss ich mich in manchen Dingen an meine neue Umgebung anpassen. So trage ich auf dem Lande in der Türkei kein Top und keinen Minirock, damit würde ich unangenehm auffallen, und wer fühlt sich schon wohl, wenn er angestarrt wird? Zuweilen vermisse ich die deutsche Ordentlichkeit und Disziplin oder – auch das ist für mich etwas typisch Deutsches – die tolle internationale Küche, eine gute, frische Pizza oder die Kokosmilchsoße beim Thai. Andererseits hat mich die Türkei auch von Anfang an begeistert. Die Tage vergehen schnell, sie sind voll von neuen Eindrücken, neuen Bekanntschaften und Erfahrungen. Die Warmherzigkeit und Gastfreundschaft überwältigt mich immer wieder aufs Neue. Im Vergleich dazu erscheint mir Deutschland zuweilen ein bisschen langweilig und alt. Meine Ausbildung wird grundsätzlich anerkannt, ich muss allerdings eine Zusatzprüfung ablegen, um weiter als Sozialpädagogin arbeiten zu können. Dieses Berufsbild gibt es in der Türkei noch nicht. Aber ich habe studiert und beherrsche drei Sprachen, solche Leute sind in der Türkei gesucht. Im Grunde verhalte ich mich ähnlich wie viele andere in Deutschland aufgewachsene türkische Akademiker, von denen seit einigen Jahren immer mehr in die Heimat ihrer Eltern auswandern. Dank ihrer Ausbildung und Sprachkenntnisse eröffnen sich ihnen dort vielversprechende Perspektiven, eine gute Bezahlung und ein hoher Lebensstandard. Die Arbeit ist mir wichtig und hilft mir, mich zu integrieren – da ist es wieder, dieses Wort, und es scheint paradox: Integrieren muss ich mich nun in der Türkei. Fatih unterstützt mich bei allem. Er nimmt Anteil an dem, was ich tue, ohne mich einzuengen oder etwa über mich bestimmen zu wollen. Meinem Eindruck nach hängen viele junge Türken, die in Deutschland leben, fast stärker an der Tradition als ihre Altersgenossen in der Türkei und wünschen sich manchmal eher, dass die Frauen sich unterordnen, kochen und zu Hause bleiben. In der heutigen Türkei ist es für viele Paare selbstverständlich, dass auch die Frau arbeitet.

Meine ersten Monate in der Türkei wurden von den Entwicklungen in Deutschland überschattet. Kaum hatte ich angefangen, mich in Salur und Sarkikaraagac einzuleben, holten mich Neuigkeiten über die Ermittlungen zur Terrorzelle oder die Untersuchungen zum Versagen der Ermittler in mein altes Leben zurück. Ich erfuhr zum Beispiel, mit welcher Selbstgefälligkeit und welcher Verachtung gegenüber anderen Kulturkreisen die Operative Fallanalyse Baden-Württemberg im Jahr 2007 über die Mordserie geschrieben hatte: Hier bei «uns», also bei den Deutschen, sei das Töten tabuisiert, die Täter kämen deshalb wohl eher aus «Südosteuropa», die Opfer hätten ein «undurchsichtiges» Leben geführt. Als hätte noch nie ein Deutscher einen Mord verübt, als würde in der Türkei jede Meinungsverschiedenheit mit der Waffe ausgetragen, als wären die Ermordeten daran schuld, wenn die Polizei im Dunkeln tappt! Dazu das Geraune über «archaische Ehrvorstellungen». Ich fragte mich: Wenn das die Einschätzung eines besonders kompetenten Experten sein soll, auf den seine Kollegen hören – wie soll ich dann noch daran glauben, dass die Polizei vorurteilsfrei ermittelt hat? Im Sommer, kurz vor unserer Hochzeit, erreichten uns Meldungen, dass deutsche Behörden Akten geschreddert hatten: Ein Referatsleiter im Bundesamt für Verfassungsschutz ließ, nur wenige Tage nachdem die Terrorzelle aufgeflogen war, Unterlagen über das Umfeld der Mörder vernichten – und kurz darauf ordnete das Bundesinnenministerium die Löschung weiterer Materialien an.

Das machte mich so wütend. Was haben die zu verbergen, fragte ich mich – wenn die so etwas tun, dann müssen sie doch etwas vertuschen wollen! Wie soll ich denen noch glauben, wo sie doch die Aufklärung der schrecklichen Geschehnisse derart dreist zu verhindern versuchen? Ich musste an die Worte von Frau Merkel bei der Gedenkveranstaltung denken, nur wenige Monate war das her: «Als Bundeskanzlerin der Bundesrepublik Deutschland verspreche ich Ihnen», hatte sie gesagt, «wir tun alles», um die Morde und ihre Hintergründe aufzuklären. «Alle zuständigen Behörden», hatte sie versichert, arbeiten daran «mit Hochdruck».

Nun von geschredderten Akten zu hören, versetzte meinem Glauben an die staatlichen Stellen einen neuen Schlag. Wie soll ich mir, wie sollen meine Familie und die Angehörigen der anderen Opfer sich noch sicher sein, dass die versprochene Aufklärung wirklich stattfindet? Können wir überhaupt noch davon ausgehen, dass wenigstens im Gerichtsprozess gegen Beate Zschäpe und ihre Helfershelfer alle wichtigen Fakten auf den Tisch kommen und nichts unterschlagen wird? Mit jeder weiteren Enthüllung wird unser erschüttertes Vertrauen noch brüchiger. Auch in Salur fachten die Meldungen über die Aktenvernichtungen das Misstrauen gegenüber dem deutschen Staat wieder an. Deutschland, sagten die Leute auf der Straße und im Café, habe bei ihnen viel Respekt eingebüßt. Denn auch die Menschen in Salur fühlten sich getroffen: Zuerst hätten die Ermittler mit ihren Verdächtigungen, mein Vater sei ein Mafioso, jahrelang Schande über das Dorf gebracht, das damit dagestanden habe wie ein Verbrechernest. Nun, so schien es vielen in der Türkei, wollten die staatlichen Stellen die Aufklärung dieser Morde verhindern. Manche Dorfbewohner mutmaßten sogar, die Gewalttäter seien von einflussreichen Persönlichkeiten geschützt worden, denn anders konnte man sich nicht erklären, warum die Mörder so lange unbehelligt geblieben waren. Ich selbst halte nichts von derartigen Verschwörungstheorien und habe mir Vertrauen bewahrt, einen Rest zumindest. Aber es wundert mich nicht, wenn die Leute so düstere Erklärungen ausbrüten. Denn natürlich frage auch ich mich immer wieder, ob den Behörden in all den Jahren wirklich nur bedauerliche Fehler unterlaufen sind, ob wirklich nur Pfusch und Schlamperei für ihr Versagen verantwortlich waren. Oder ob nicht vielleicht zumindest der eine oder andere Beamte absichtlich weggesehen oder mit den Tätern sympathisiert hat. Ich will mir solche Abgründe nicht ausmalen, ich will niemandem etwas unterstellen. Aber Enthüllungen wie jene über zwei Polizisten aus Baden-Württemberg, die als Mitglieder des rassistischen Geheimbunds Ku-Klux-Klan enttarnt wurden und trotzdem weiter für die Polizei arbeiten dürfen, rauben mir alle Sicherheit. Wenn ein staatlicher Behördenapparat das erlaubt, dann erscheint einem alles vorstellbar.

Zu meiner Hochzeit im Juli 2012 fanden sich Hunderte Gäste in Salur ein, alle Verwandten, viele Bekannte und Freunde. Natürlich waren meine Onkel und Tanten da, Hüseyin und seine Frau Hatun, Hursit und Ümmü, meine Cousinen Emine und Beyza, mein Cousin Bayram. Viele meiner deutschen Freunde waren dabei, auch unsere Anwälte, die uns in den letzten Monaten so intensiv begleitet hatten. Je mehr Gäste ankamen, desto glücklicher wurde meine Mutter, sie war in diesen Tagen ganz in ihrem Element. Manchmal fällt es ihr noch schwer, unter vielen Menschen zu sein, dann zieht sie sich oft lange ins Gebet zurück. Doch jetzt ging ihr mütterliches Temperament mit ihr durch, sie lebte auf: Sie war eifrig bedacht, dass jeder genug zu essen bekam, und wenn sie sah, dass einer der deutschen Gäste müde wurde, dann packte sie ihn bei den Schultern, drückte ihn auf ein Sofa, legte seine Beine aufs Polster und befahl ihm ein Nickerchen.

Es waren ausgelassene Tage und Stunden, Anekdoten und Erinnerungen schwirrten über die Tische, von unseren Grillabenden in Friedberg und Schlüchtern, davon, wie meine Mutter uns Kindern beibrachte, alles Leben in der Natur zu achten, oder jene verrückte Geschichte, wie ein Freund meines Vaters dem kleinen Kerim erzählte, dass in Sofas Spielzeugautos wachsen: Zum Beweis schlitzte der Mann vor den Augen meines staunenden Bruders die zerschlissenen Polster eines alten, für den Sperrmüll bereitstehenden Polsters auf und zauberte daraus einen kleinen Wagen nach dem anderen hervor. Kerim war begeistert. Er marschierte nach Hause, nahm ein Küchenmesser aus der Schublade und begab sich im Wohnzimmer auf die Suche ...

Mir war es auch wichtig, dass unsere Anwälte verstanden, was der Mord an meinem Vater in seinem Heimatort ausgelöst hatte. Die über ein Jahrzehnt dauernde Ungewissheit hatte ja nicht nur meine Verwandtschaft in Deutschland, sondern auch Vaters Geschwister und deren Familien in Salur belastet. Im Dorfcafé begegneten die Anwälte nun einem von Vaters alten Freunden, der ebenfalls nach Deutschland ausgewandert war. Dieser Mann begann zunächst auf Türkisch zu erzählen, wie er in Deutschland den Mord erlebt hatte, Bayram übersetzte. Als das Gespräch auf die Stunden im Nürnberger Krankenhaus kam, erzählte der Mann plötzlich auf Deutsch weiter, als sei er in die erdrückende Stimmung zurückversetzt. Man sah, wie er die Verzweiflung und Ohnmacht jener Tage noch einmal durchlebte. Seine Stimme brach, er zog ein Taschentuch hervor. Auf der Terrasse des Cafés verstummten die Gespräche.

Meine Anwälte erfuhren auch, was die Brüder meines Vaters den «Bruderschmerz» nennen. Jahrelang hatte Vater seine Verwandten in Salur unterstützt, und er hat ihnen damit auch ermöglicht, in ihrer Heimat zu bleiben, anstatt ebenfalls zum Geldverdienen nach Deutschland gehen zu müssen. Mein Vater wusste, wie hart es für seine Brüder geworden wäre, in der Fremde Fuß zu fassen, nicht jeder hat seinen Unternehmungsgeist. Vor diesem Heimatverlust wollte er sie bewahren. Und ausgerechnet er wurde umgebracht.

Die stillen und traurigen Momente waren jedoch die Ausnahme, die meisten Tage in Salur waren reich an turbulenten, wunderschönen Eindrücken, Begegnungen und Erlebnissen. Türkische Gastfreundschaft ist nichts Förmliches und Zeremonielles, sie ist überschäumend und ganz unkompliziert. Zu jeder Tages- und Nachtzeit saßen auf der Terrasse von Vaters Haus zehn, zwölf, fünfzehn Leute beieinander, auf dem Tisch standen immer frische Gurken aus dem Garten, dazu Tomaten, Oliven, Käse, frischer Honig, selbstgebackenes Sesamfladenbrot und warme Wurst in Öl und Paprikasoße. Als eines Abends so viele Gäste kamen, dass sie nicht mehr an den Tisch passten, schleppte Onkel Hursit einen großen Teppich herbei, Fatih einen weiteren, während Hüseyin einen Riesengrill auf den Balkon wuchtete – und schließlich saß die ganze Gesellschaft zum Essen auf dem Boden unter dem Sternenhimmel.

Es war eine bewusste Entscheidung, dass Fatih und ich während der Hochzeitsfeier die meiste Zeit im Haus meines Vaters verbrachten. Zwölf Jahre lang war dieses Haus nicht bewohnt gewesen, zwölf Jahre hatte es verlassen und dunkel vor sich hin gedämmert, jetzt sollte es wieder von Lebensfreude zeugen. Schon im Frühjahr hatte Fatih angefangen, auf den Hofmauern und der Terrasse Lampen zu montieren, um das ganze Haus erstrahlen zu lassen. Ein Nachbar, der kurz darauf abends daran vorbeikam, war über den Anblick traurig und froh zugleich – traurig, weil das Gebäude so lange unbewohnt gewesen war, und froh, weil diese Zeit endlich zu Ende ging. Meine Mutter schimpft zwar bis heute, dass die vielen Lampen reine Energieverschwendung seien. Aber wir finden, dass es damit schon seine Richtigkeit hat. Vor Beginn der Arbeiten am Haus war ich mir noch gar nicht sicher gewesen, ob ich jemals wieder längere Zeit darin verbringen wollte. Anfangs, nachdem ich es das erste Mal nach all den

Jahren wieder betreten hatte, gab es Momente, in denen ich mich sehr unwohl fühlte, im Schlafzimmer meines Vaters spüre ich diese Beklommenheit noch heute. Mir tritt dann unweigerlich vor Augen, wie er im September 2000 in diesem Raum aufgebahrt lag. Hätte Fatih im Frühjahr gesagt: Dieser verfallene Schuppen macht uns nur Arbeit, verkaufen wir ihn – ich wäre nicht dagegen gewesen. Fatih aber überzeugte mich, das Haus wieder mit Leben zu erfüllen, und ohne ihn hätte ich das nicht geschafft. Dass ich ausgerechnet Fatih getroffen habe; dass er nicht nach Deutschland wollte und ich einfach Abstand brauchte zu Deutschland; dass mein Mann sich so hingebungsvoll dieses Hauses angenommen hat: Es war vielleicht Zufall, dass sich eines so zum andern fügte. Oder Schicksal. Vielleicht sollte es so sein. Vielleicht war es so bestimmt.

Inzwischen haben wir das Haus renoviert. Weil es so lange leer gestanden hat, war viel zu reparieren. Natürlich tut es noch manchmal weh, dort zu sein. Hier wollte Vater einmal leben, und es durfte nicht sein. Es gab mir jedes Mal einen Stich, etwas unbrauchbar Gewordenes, das von Papa stammte, umzugestalten oder wegzuwerfen. Wie seine verzierte Arbeitsplatte, die morsch geworden war. Mutter wollte sie aufbewahren, aber es wäre unsinnig, die kaputte Platte zu behalten. Es kommt nicht auf einzelne Dinge an, das ganze Haus ist eine Erinnerung an meinen Vater.

Wenn ich jetzt auf dem Balkon sitze, den mein Vater so geliebt hat, dann sehe ich im Westen die Berge, aus denen wir in jener Nacht vor über zwölf Jahren die Glöckchen hörten – und wenn ich den Blick wende, schaue ich zum Friedhof.

Das Gestern ist in diesem Haus immer präsent. Sowohl das Schöne, das wir geteilt haben, wie auch das Schlimme. Dieses Haus wird immer ein Ort sein, an dem die Erinnerung mich einholt. Deshalb könnte ich nicht dauerhaft hier leben. Fatih und ich wohnen die Woche über in Sarkikaraagac und verbringen nur die Wochenenden in Salur. Doch so bringen wir die Gegenwart in Vaters Haus. Und die Zukunft.

Viele Träume meines Vaters blieben unerfüllt. Er hatte Grund rund um das Haus gekauft, wollte einen Garten anlegen und hatte schon begonnen, den Boden zu bepflanzen, aber er hat die Saat nicht mehr aufgehen sehen. Er hat so gerne gegrillt und ließ deshalb unter dem Balkon gleich zwei Feuerstellen einbauen; er hat sie nicht ein einziges Mal benutzt. Jetzt pflegen wir das Anwesen, meine Schwiegereltern haben den verwilderten Garten in Ordnung gebracht, und Fatih wird in diesem Jahr auf dem Feld neben dem Haus Apfelbäume pflanzen, wie es mein Vater nach seiner Heimkehr tun wollte. Wenn ich nun einige seiner Pläne umsetze, dann tue ich das natürlich nach meinen Vorstellungen, nicht genau nach seinen. Aber ich bin mir sicher, es hätte ihm gefallen. Weil wir seine Träume weiterführen.

Zur Hochzeit kamen meine Freundinnen Nadire, Neslihan und Zeynep. Sie hatten ein Geschenk für mich, das mir besonders viel bedeutet. Ein Video, in das sie Fotos aus unserer gemeinsamen Zeit eingefügt und mit einem Lied des türkischen Popsängers Tarkan unterlegt haben, den wir früher immer gehört haben. All der Spaß, den wir miteinander hatten, die Albernheit und das Glück sind in diesem Video aufbewahrt: Es zeigt uns beim Tanzen, beim Reden und beim Grillen, beim Rumhängen und bei Autotouren, man sieht unser Haus in Schlüchtern, die gemeinsame Joggingstrecke, den Stausee, an dem wir so viele Nachmittage verbracht haben, die Wiese auf dem Hügel über der Stadt, wo wir manchmal Shisha geraucht haben. Es gibt Bilder von unserer Clique beim Schlittschuhlaufen und von Bayram, wie er uns Mädchen auf dem Eis zu Füßen liegt, von Kerim beim Limbotanzen und von uns allen, wie wir zu einer Paddeltour aufbrechen, in Istanbul Urlaub machen, irgendwo inmitten von Blumen sitzen und Okey spielen. Meine ganze Jugend ist in diesen Bildern eingefangen. Als ich das Video sah, war ich zu Tränen gerührt und musste lachen, weil es so schön war, die Nähe meiner Freundinnen zu spüren.

Die Nacht vor der Hochzeit, die letzte Nacht, die die Braut zu Hause verbringt, bevor sie mit ihrem Mann zusammenzieht, ist die Henna-Nacht. Vormittags um elf Uhr gingen wir Frauen – meine Freundinnen, Cousinen und ich – zum Friseur, alle in denselben Salon. Dort blieben wir sechs Stunden, wurden frisiert und maniküpt, redeten und lachten, es war bereits ein Teil der Party. Die Henna-Nacht ist traditionell aber nicht nur unbeschwert und lustig, sondern auch traurig, da die Braut von ihren Eltern Abschied nimmt. Darum trifft sie sich an diesem Abend mit ihren Verwandten und Freundinnen, und alle singen zusammen melancholische, sentimentale und sehnsüchtige Lieder. Eine tief berührende Stimmung breitet sich aus. Ich saß auf einem Stuhl, alle scharten sich um mich, und eine ältere Frau stimmte mit beeindruckender Stimme ein schwermütiges

Lied an: Dies ist die letzte Nacht, die Braut geht jetzt in die Ferne, fortan gehört sie zu einer anderen Familie... Nach der ersten Strophe setzten die übrigen Frauen ein. Erst war ich noch fröhlich, aber sie haben mich so lange mit steinerweichenden Melodien traktiert, bis es mich packte: Irgendwann, als allen um mich herum die Tränen flossen, als ich spürte, wie meine Cousinen Beyza und Emine, die nach der Hochzeit nach Deutschland zurückkehrten, mich weinend an den Händen fassten, heulte ich auch.

Danach begann die eigentliche Henna-Zeremonie. Meine zukünftige Schwiegermutter hatte das Pulver mitgebracht, das nun feierlich zu einer Paste gemischt wurde, die meine Cousinen und Freundinnen auf einem mit Kerzen verzierten Tablett feierlich im Kreis um mich herumtrugen. Meine Schwiegermutter trat auf mich zu und drückte mir das Henna in die Handflächen. Nach der Tradition musste ich zunächst die Hände zur Faust ballen und geschlossen halten, bis meine Schwiegermutter mir ein Goldstück reichte. Nun öffnete ich die Handflächen, die die Hennapaste so intensiv färbte, dass der rotbraune Ton noch Wochen später zu sehen ist. Die Farbe Rot steht für Fruchtbarkeit und Liebe, für Kinder und Glück. Damit war der bedeutungsschwere, ernste Teil des Abends vorbei, und je weiter die Nacht fortschritt, desto fröhlicher wurde die Stimmung. Im Laufe des Abends stießen die Männer dazu, und wir tanzten bis in den Morgen – unter den Sternen, im Hof meines Vaters. Meine Mutter musste immer wieder weinen, genau wie ich, wir weinten vor Freude und vor Trauer, so genau ließ sich das nicht mehr trennen. Mein Vater fehlte mir in diesen Stunden besonders, doch zugleich spürte ich alle Freude meiner Henna-Nacht. So viele Eindrücke purzelten durcheinander und wechselten sich ab, jeder Moment wirkte wie emotional doppelbelichtet, sodass ich die Gefühle oft nicht mehr unterscheiden konnte.

Am nächsten Nachmittag, am Tag der Hochzeit, saß ich in meinem weißen Kleid im ersten Stock des Hauses und wartete auf die Ankunft des Bräutigams. Neben mir standen meine Mutter und Kerim, sie ernst und gefasst, er stolz und ein wenig beklommen. Kerim hatte in dem nun folgenden Zeremoniell eine Schlüsselrolle, denn er nahm die Stelle meines Vaters ein. Es ging leise zu, das gedämpfte Gemurmel der anderen Verwandten erfüllte den Raum. Dann erklang Musik: Im Hof begrüßte eine Kapelle mit Trommel, Becken und Schalmei das festlich geschmückte Auto, das vor dem Haus hielt. Fatihs Eltern stiegen aus und kamen herauf, Kerim band mir nun eine rote Schärpe um und legte einen roten Schleier über mein Gesicht, sie symbolisieren die Unberührtheit der Braut. Die nächsten Schritte der Zeremonie sind in ihrem Ablauf nicht genau festgelegt, doch wissen die Beteiligten, was sie zu tun haben. Die beiden Familien gehen feierlich aufeinander zu und erweisen sich durch Worte und Gesten ihren Respekt und ihre gegenseitige Wertschätzung. Es ist wie eine Art Theaterstück, in den Details improvisiert, in den Grundzügen der Tradition gehorchend. Üblicherweise spielen die Väter dabei die Hauptrolle, der eine gibt seine Tochter frei, der andere nimmt sie in seine Familie auf. Mein Schwiegervater erklärte: Diese Braut, die ich hier vor mir sehe, wird mir wie ein eigenes Kind sein. Die Entgegnung fiel meinem

Bruder zu: Ich verliere keine Schwester an diesem Tag, sagte Kerim, ich gewinne in Fatih einen Bruder.

Kerim wirkte stark und würdevoll, doch diese Worte müssen ihn viel Kraft gekostet haben. Sie machten ihm noch einmal klar, wen er ersetzte, wer hier fehlte. Und uns beiden war bewusst, dass auch wir in diesem Moment symbolisch voneinander Abschied nahmen. Seit Vaters Tod hatten wir uns gegenseitig Halt gegeben, nun mussten wir endgültig unsere eigenen Wege gehen. Auch meine Verwandten spürten diese Wehmut, denn sie fuhren bald zurück nach Deutschland, während ich in der Türkei blieb. So vieles schwang mit in diesem Moment. Manche Gäste waren erstmals seit zwölf Jahren wieder in diesem Haus. Mein Vater, tot auf dem Bett – das war das letzte Bild gewesen, das sie von diesem Ort in sich trugen. Alle waren aufgewühlt, kämpften mit widersprüchlichsten Gefühlen, auch Schluchzer waren zu hören. Verwandte saßen auf Sofas oder auf dem Boden, den Rücken an die Wand gelehnt, nah bei der Tür zum Schlafzimmer, wo mein Vater aufgebahrt gewesen war.

Mein Schwiegervater führte mich hinaus in den Hof, wo Fatih wartete und mich zum Auto begleitete. Als wir losfuhren, stand die Festgesellschaft stumm Spalier, selbst Onkel Hüseyin, der immer so leutselig ist, war tief in Gedanken. Fatih und ich fuhren nun zunächst zu seinem Elternhaus in Sarkikaraagac, die übrigen Verwandten blieben in Salur, wo auf dem Dorfplatz riesige Töpfe über Holzfeuern aufgehängt worden waren. Darin wurde für alle Gäste Eintopf gekocht, sie setzten sich um runde Tische und aßen mit den anderen aus großen Schüsseln in der Mitte, wie es bei Hochzeiten Brauch ist. Später fanden wir dann wieder alle auf dem großen Festplatz in Sarkikaraagac zusammen. Hunderte von Menschen, die zu lauter Musik tanzten, sich freuten und in der Nacht dem Feuerwerk zusahen.

In der Stunde, als Fatih mich mit seinen Eltern aus Vaters Haus abholte, war die Vergangenheit darin trotz aller Freude über das Kommende immer noch präsent. Bald wird das anders sein, bald werden auch die neuen Momente des Glücks zu diesem Haus gehören. Seither fühle ich mich dort wohl. Es ist ein zweites Zuhause für mich geworden. Ich weiß nicht, was die Zukunft bringt. Vieles wird sich ändern, doch davor ist mir nicht bange. Ich plane mein Leben nicht in allen Einzelheiten voraus, ich werde die Dinge anpacken, wie sie kommen. Ein paar Wünsche habe ich natürlich schon: Ich erhoffe mir ein ruhiges, erfülltes Leben, eine glückliche Partnerschaft, ich will auf jeden Fall Kinder. Ich wünsche mir, dass meine Ehe von ebenso viel Vertrauen geprägt sein wird wie die meiner Eltern, und ich will eine Familie gründen, die meinen Kindern die gleiche Geborgenheit gibt wie die, in der ich aufgewachsen bin.

Vieles steht uns bevor. Für den Prozess gegen Beate Zschäpe und ihre möglichen Komplizen werden wir viel Kraft brauchen, wahrscheinlich ist mit neuen, erschreckenden Enthüllungen zu rechnen. Auch müssen wir lernen – Kerim, meine Verwandten in Deutschland und ich –, einander loszulassen und unser Leben ohne die bisherige Nähe zu führen. Und ich muss mir in der Türkei eine Zukunft aufbauen. Doch spüre ich seit meiner Hochzeit umso stärker, wie viel

Kraft in uns steckt und wie sehr die Verbundenheit uns trägt. Wenn ich die Augen schließe, sehe ich uns alle gemeinsam tanzen in der Henna-Nacht, vor dem Haus meines Vaters, ich sehe es vor mir wie in einem Film: Der Hof erleuchtet, so viele Menschen sind gekommen, die Nacht bricht herein, die Berge versinken im Dunkel, schwarz wird der Himmel über uns, aber die Lichter, die Fatih überall angebracht hat, strahlen umso heller. Ein Sänger lässt die Melodie in türkischen Halbtonschritten schlingern, ein zweiter Musiker spielt dazu die Saiten der langhalsigen Saz. Die Tanzfläche füllt sich, die Menschen drängen sich immer enger. Fatih und ich haben den Anfang gemacht, dann folgen die jungen Frauen und bald die ersten Männer, und nun tanzen alle zusammen: Alte Männer, die morgens noch fast unbeweglich im Café saßen, wiegen die Hüften, halbwüchsige Burschen vollführen immer gewagtere Drehungen, Frauen mit bodenlangen Röcken und Kopftüchern stehen und klatschen in die Hände, junge Mädchen in ärmellosen Blusen und mit offenem Haar hüpfen herum, und die kleinen Kinder machen es den Erwachsenen eifrig nach. Wir lachen uns zu, feuern einander an, und da ist meine Cousine Emine, mit dem Temperament einer Siebzehnjährigen vollführt sie einen Wirbel aus Schritten. Ein paar Männer halten hölzerne Löffel in den Händen und lassen sie gegeneinander klappern wie Kastagnetten, und dort drüben dreht sich Fatih um sich selbst, umgeben von seinen Freunden, er schaut zu mir herüber, während ich mit meinen Freundinnen tanze, er lächelt. Grüppchen bilden sich, lösen sich auf, Gesichter schweben aneinander vorbei, verlieren sich im Getümmel und finden sich wieder. Ich sehe meinen

Onkel Hüseyin, wie er filmt und tanzt zugleich, in der einen Hand hält er die Videokamera, den anderen Arm hat er ausgestreckt, so bewahrt er die Stimmung dieser Nacht, das Bild wird wackeln, aber was macht das schon? Ein Kreis bildet sich um mich – ich fange die Blicke der Menschen auf, die mir nahestehen, ich sehe ihr Lächeln, ihre Anteilnahme, und über uns krachen Böller, es regnet Licht, rot und violett und grün und weiß. Die Musik ist so laut jetzt, dass sie alle Sorgen, alle Fragen übertönt, und dahinten sehe ich meinen Onkel Hursit, er tanzt mit sanften Bewegungen, die Augen halb geschlossen, als lausche er in sich hinein, er lächelt versonnen. Die Saz schwirrt, und da ist meine Mutter, auch sie klatscht und wiegt sich, sie tanzt mit Fatih, und dann tanzen wir zu dritt. Es ist ein Taumel, der das Zeitgefühl aufhebt. Heute ist heute, jetzt ist jetzt, in dieser Henna-Nacht siegt die Gegenwart über die Vergangenheit. Und die Zukunft – wenn Gott es so will, inschallah –, die Zukunft wird gut. Meine Mutter, mein Bruder, meine Tanten und Onkel, meine Cousinen, mein Cousin, meine Freundinnen und Verwandten, wir haben einander getragen in all den Jahren, wir werden einander weiter tragen, was auch geschieht. Wir trauern gemeinsam, wir feiern gemeinsam.

Es ist ein Anfang.

NACHWORT
VON STEPHAN LUCAS UND JENS RABE

Alles war so unkompliziert, schon bei unserem ersten Treffen. Die Herzlichkeit und Offenheit, mit der uns Semiya Simsek und ihr Bruder Kerim im November 2011 bei sich zu Hause in Friedberg empfingen, hatten wir nicht erwartet. Ihr Vater war ermordet worden, danach hatten die Ermittler es elf Jahre lang nicht geschafft, die Mörder zu finden, und stattdessen die Familie verdächtigt. Nun, im Herbst 2011, hatten die Geschwister erfahren, dass die Täter Neonazis waren, die ihren Vater in rassistischer, fremdenfeindlicher Gesinnung umgebracht hatten. Semiya und Kerim Simsek wollten sich Anwälte nehmen und hatten uns um ein erstes Gespräch gebeten. Wir entschieden uns für einen Besuch bei den Geschwistern zu Hause, da es für Hinterbliebene bei Tötungsdelikten meist angenehmer ist, solche ersten Gespräche in vertrauter Umgebung zu führen. Beklommen standen wir auf der Türschwelle. Würden wir den richtigen Ton treffen? Uns war bewusst, dass sich unsere Begegnung nicht in einer reinen Rechtsberatung erschöpfen würde. Wir waren hier nicht nur als Juristen gefragt, sondern mussten auch menschlich ganz nah an das Leid der Familie

Simsek herantreten. Anfangs würde hier noch gar nicht der Strafprozess im Vordergrund stehen, sondern die persönliche Hilfestellung im Umgang mit dem Erlebten und all dem, was nun auf die Hinterbliebenen einstürmen würde. Ein Anwalt, der ein Opfermandat übernimmt, muss zunächst auf die Wünsche, Bedürfnisse und Ängste seiner Mandanten eingehen – und die sind unterschiedlich, von Fall zu Fall, denn jeder Mensch reagiert anders. Die notwendige individuelle Beziehung kann nur im persönlichen Gespräch entstehen. Wir konnten allenfalls erahnen, wie Semiya und Kerim Simsek mit dem Leid umgingen, das sie durch den Mord, die Verdächtigungen und die grausamen Erkenntnisse der letzten Tage erfahren mussten. Und wir wussten auch selbst nicht, was die Begegnung mit der Familie Simsek und ihrem Schicksal in uns auslösen würde. Wir konnten und wollten uns als Menschen nicht aus dem Fall ausblenden. Deshalb drückten wir bei diesem ersten Besuch nicht ohne Scheu auf den Klingelknopf.

Wenige Minuten später saßen wir bei Semiya und Kerim Simsek in der Küche. Sie erzählten, sinnierten und diskutierten mit uns. Wir gingen keinen Fragenkatalog durch, wir unterhielten uns einfach. Unsere Beklemmung verflog sofort, und das lag sicher vor allem daran, dass die beiden Geschwister, bei aller spürbaren, unendlichen Traurigkeit, in keinem Moment verbittert waren. Es blieb nicht bei diesem ersten Gespräch, wir trafen uns nun regelmäßig. Meist am Wochenende, immer in der Friedberger Küche – Küchengespräche nannten wir diese Runden bald. Sie gaben uns Raum, über all das zu reden, was die Familie bewegte. Zugleich überschlug sich die mediale Berichterstattung. Mit Einsicht in die Strafakten war erst in Monaten zu rechnen, eine quälend lange Zeit. Wir halfen den beiden, die ständig neuen Informationen zu bewerten und sie mit ihren Fragen nicht allein zu lassen: Würden die mutmaßlichen Täter in Untersuchungshaft bleiben? Was ist mit den Helfershelfern? Könnte Beate Zschäpe für den Mord an Enver Simsek verantwortlich gemacht werden? Es waren vielschichtige Gespräche, und sie wurden auch für uns bereichernd und wichtig, weil sie uns Einblicke in das Leben der Familie gaben: Wir erfuhren, wie es sich für die Geschwister angefühlt hatte, mit ihrem türkischen Hintergrund in Deutschland aufzuwachsen. Dass es für sie völlig normal war, in Deutschland beheimatet zu sein und sich in den Ferien bei den Verwandten in der Türkei ebenso zu Hause zu fühlen.

Semiya und Kerim Simsek erwarteten nicht nur die Aufklärung der Morde, sie waren sich von Anfang an auch der politisch-gesellschaftlichen Dimension des Falles bewusst. Deshalb entschloss sich Semiya Simsek zu ihrer Rede bei der Gedenkfeier in Berlin. Sie wollte das Podium nicht allein den Repräsentanten des Staates überlassen, dessen Behörden noch wenige Monate zuvor jeden rechten Terror negiert hatten. So konnte sich Semiya Simsek der eigenen Geschichte wieder bemächtigen. Die Resonanz auf ihre Rede war überwältigend, doch das politische und mediale Tagesgeschäft vergisst rasch. Über Neonazis wird seitdem häufiger geredet, das grundsätzlichere Problem des vorurteilsbeladenen, alltäglichen Ausländerhasses wird kaum diskutiert. Dazu braucht es keine rechten Strukturen, und oft erkennt man diese Fremdenfeindlichkeit gar nicht, nicht bei anderen, manchmal nicht einmal bei sich selbst. Wer würde sich spontan, wenn er schnell einen Zahnarzt braucht, eher für Dr. Sulaiman als für Dr. Mayer entscheiden? Und wer hört nicht lieber darüber hinweg, wenn der Nachbar mal wieder über «die Türken» schimpft? Diskriminierung fängt im Kopf an, sie beginnt mit Gleichgültigkeit, Unachtsamkeit, kleinen Vorurteilen. «Aus Worten können Taten werden», mahnte die Bundeskanzlerin bei der Gedenkfeier. Und das Problem wächst, wie Zahlen belegen: Nach der im November 2012 von der Friedrich-Ebert-Stiftung vorgestellten Untersuchung «Die Mitte im Umbruch. Rechtsextreme Einstellungen in Deutschland 2012» sind rechtsextreme Einstellungen in Deutschland weit verbreitet: Über fünfundzwanzig Prozent der Bevölkerung können als ausländerfeindlich gelten, und die Zahl derer mit einem geschlossenen rechtsextremen Weltbild ist von guten acht Prozent auf neun Prozent angestiegen. Über Integration oder vielmehr deren Scheitern wurde in Deutschland in den letzten Jahren viel diskutiert. Eine Selbstabschaffungs-Horrorvision wurde zum Bestseller. Positivbeispiele von Integration wurden öffentlich zu wenig wahrgenommen. Auch so funktioniert Diskriminierung – mit einem Zerrbild. Wenn wir in Menschen mit Migrationshintergrund deshalb immer öfter Feinde sehen, weil sie uns – vermeintlich – Arbeitsplätze wegnehmen, kriminell sind und unsere Werteordnung missachten, kann das bereits zum Nährboden für Gewalttaten werden.

Die Worte der Bundeskanzlerin hatten Semiya Simsek zuversichtlich gemacht, dass von rechtsstaatlicher Seite nun alles für die Aufklärung der Morde getan würde. Doch wenige Monate nach der Gedenkfeier wurde bekannt, dass mehrere Beamte im Bundesamt für Verfassungsschutz am 11. November 2011, also nur sieben Tage nachdem das Trio des «Nationalsozialistischen Untergrunds» (NSU) aufgeflogen war, eigenmächtig die Vernichtung von Akten anordneten, ohne diese auf mögliche Relevanz hin überprüft zu haben. Dabei ging es um die sogenannte «Operation Rennsteig», bei der V-Leute in der Neonazigruppe «Thüringer Heimatschutz» platziert wurden. Brisant war, dass dieser Gruppe zeitweise auch die mutmaßlichen NSU-Terroristen und Mörder Uwe Böhnhardt, Uwe Mundlos und Beate Zschäpe angehörten. Acht Rechtsradikale hatte das Bundesamt für Verfassungsschutz engagiert, deren Berichte nun aufgrund jener Aktenvernichtung nicht mehr vollständig nachvollziehbar sind. Der damalige Verfassungsschutzpräsident Heinz Fromm, der vom auffälligen Zeitpunkt der Schredderaktion erst Ende Juni 2012 erfuhr, räumte eine bewusste Vertuschung ein und nahm daraufhin seinen Hut mit der Begründung, er sei von seinen eigenen Leuten «hinters Licht geführt» worden, der Verfassungsschutz habe durch die «Aktion Konfetti» einen «schwerwiegenden Ansehensverlust» erlitten.

Noch vor Fromms Versetzung in den vorzeitigen Ruhestand zum 31. Juli 2012 wurde eine weitere Reißwolfaktion bekannt. Das Bundesinnenministerium (BMI) hatte am 14. November 2011, drei Tage nach der ersten Schredderanordnung, das Bundesamt für Verfassungsschutz mit der Vernichtung von Abhörprotokollen von Rechtsextremisten beauftragt, weitere derartige Aufträge erteilte das BMI noch im selben Monat sowie im April und Mai 2012. Im Nachhinein begründet das Ministerium dies mit einer «fristgerechten Sammelanordnung für Löschungsfälle nach Ablauf der Speicherfrist», die zeitliche Nähe zur Aufdeckung des NSU sei reiner Zufall gewesen. Dieser Argumentation hat der Bundesbeauftragte für den Datenschutz, Peter Schaar, deutlich widersprochen: Denn es gebe, so Schaar, keinerlei gesetzliche Prüffristen für Akten.

Kurz darauf versprach Innenminister Hans-Peter Friedrich, die Vorgänge, die den Verfassungsschutz immerhin in die schwerste Krise seiner Geschichte manövriert hätten, aufzuklären. Hatte nicht die Kanzlerin bereits Monate zuvor ähnlich nachdrücklich die Aufklärung der Morde versprochen? Diese ständigen Versprechen machen skeptisch. Zudem übergehen Friedrichs Beschwichtigungen geflissentlich, um was für einen gewaltigen Skandal es sich handelt: Gerade in der Aufklärung eines politisch heiklen Falles, der besondere Umsicht verlangt, häufen sich Fehler auf Fehler, die man eben «aufklären» müsse? Wie viel lauter poltert die Politik sonst in weit harmloseren Angelegenheiten? Auch der Verfassungsschutz redet den Skandal mit nebelwerfenden Erklärungen klein. Am 4. Juli 2012 gab er bekannt, das Ende aller Vernichtungsaktionen von rechten Dossiers nun «eigeninitiativ» verfügt zu haben – was der kurz zuvor noch behaupteten «Verpflichtung» zum fristgerechten Schreddern bizarr widerspricht. Auch die versprochene Einrichtung einer zentralen Neonazidatei, auf die alle Behörden Zugriff haben, scheint reiner Aktionismus. Denn es ist, so Peter Schaar, kaum vorstellbar, dass wichtige Informationen deshalb nicht weitergegeben werden, weil der Verfassungsschutz die E-Mail-Adresse der Polizei nicht kennt.

Im August 2012 folgte die nächste schockierende Enthüllung: Zwei baden-württembergische Polizeibeamte gehörten eine Zeitlang einer deutschen Untergruppe des berüchtigten, aus den USA stammenden Rassistengeheimbunds Ku-Klux-Klan an. 2004 wurden milde Disziplinarmaßnahmen gegen sie verhängt, im Dienst sind beide bis heute. Ein vom baden-württembergischen Innenminister Reinhold Gall in Auftrag gegebener Bericht – der feststellte, dass die beiden rechtlich nicht mehr belangt werden können – sollte einen Schlussstrich unter die peinlichen Verwicklungen ziehen. Davon kann schon längst keine Rede mehr sein, denn inzwischen kam ans Licht, dass ein anderer Polizist den Schwäbisch-Haller Ku-Klux-Klan-Anführer informiert haben soll, dass der Verfassungsschutz dessen Telefon überwachte. Der bestallte Verfassungsschützer beging also Geheimnisverrat, für den er in eine andere Behörde versetzt wurde. Damit nicht genug: Der Gewarnte, ein Skinhead-Musiker und NPD-Sympathisant, hat möglicherweise selbst als V-Mann für den Verfassungsschutz gearbeitet. Überdies waren beide Polizisten Kollegen von Michèle Kiesewetter, der 2007 in Heilbronn von den NSU-Terroristen Böhnhardt und Mundlos mutmaßlich ermordeten Polizistin, einer der Männer war sogar ihr Gruppenführer. Für eine Verbindung zwischen der Tat und dem Klan hat die Bundesanwaltschaft zwar keinen Hinweis, allerdings sollen auch in diesem Fall beim Verfassungsschutz Akten geschreddert worden sein, nämlich Unterlagen der Ku-Klux-Klan-Abhöraktion. Dies geschah offenbar nach dem Auffliegen des NSU, wiederum angeblich nur routinemäßig.

Die Liste der Merkwürdigkeiten ließe sich weiter fortsetzen. Da wäre etwa die mangelhafte Zusammenarbeit einzelner Behörden mit dem Untersuchungsausschuss des Bundestages. Oder jene Akte über eine Befragung von Uwe Mundlos während seines Militärdienstes, von der auch der Verteidigungsminister seit März 2012 durch den Militärischen Abschirmdienst wusste – weder Abschirmdienst noch Minister kamen auf die die Idee, den Ausschuss über die Existenz der Akte zu informieren. Oder die unvollständigen Aussagen von Verfassungsschützern vor dem Ausschuss, bei denen diese sich auf den Staatswohlgedanken des Grundgesetzes beriefen und sogar bereits offengelegte Dokumente noch nachträglich geschwärzt sehen wollten. Das sind nur die krassen Fälle, wer weiß, was wir noch alles erfahren werden.

Aber wie kann es bloß angehen, dass die staatlichen Stellen, die seit Jahren Fehler gemacht haben, nun bei der Aufklärung dieser Fehler wieder Fehler begehen oder die Aufklärung sogar systematisch verhindern? Bei alldem wird seitens der Behörden, der Politik und der Medien immer noch gern von «Pannen» gesprochen. Suggeriert das Wort «Panne» nicht, dass es sich lediglich um eine Ungeschicklichkeit, einen Fauxpas, handelt? Die Bezeichnung «Panne» gibt für die vielen gravierenden Fehler die Deutung vor, dass gezieltes, planvolles oder zumindest grob fahrlässiges Handeln Einzelner oder sogar ganzer Behördenapparate nicht vorliege – eine geradezu zynische analytische Einengung der Geschehnisse.

Im Frühjahr 2013 wird das Gerichtsverfahren gegen Beate Zschäpe und vier mutmaßliche Helfershelfer des NSU beginnen. Seit dem Brand des Wohnmobils in Eisenach am 4. November 2011 kam vieles ans Licht, aus dem Journalisten und Ermittler ihre Schlüsse gezogen haben. Die bisherigen Ermittlungsergebnisse sprechen sehr dafür, dass der NSU hinter der Mordserie steckt, dass Beate Zschäpe eine wesentliche Rolle gespielt hat. Doch nur ein staatliches Gericht hat die Legitimation, bindend festzustellen, was geschah und wer für die Gräueltaten verantwortlich ist.

Es wird einer der größten Strafprozesse in der Geschichte der Bundesrepublik Deutschland werden. Schon die der Hauptverhandlung zugrunde liegende Anklageschrift umfasst beachtliche vierhundertachtundachtzig Seiten. Die Bundesanwaltschaft benennt über sechshundert Zeugen sowie zweiundzwanzig Sachverständige; sie listet fast vierhundert Urkunden und dreihundertzwanzig Augenscheinobjekte auf; die Ermittlungsakten umfassen an die hundertdreißigtausend Seiten, die über dreizehnhundert Leitzordner füllen, welche hintereinandergestellt eine Länge von mehr als hundert Metern ergäben. An der Gerichtsverhandlung werden mehr als hundertfünfzig Verfahrensbeteiligte teilnehmen. Der gewöhnlich mit fünf Berufsrichtern besetzte Strafsenat wird durch Ergänzungsrichter aufgestockt werden – für den Fall, dass ein Richter während der Monate, wenn nicht Jahre dauernden Hauptverhandlung ausfallen sollte. Doch das sind nur die Daten und Fakten.

Nach den Nürnberger Prozessen und den großen Strafverfahren gegen die Mitglieder der RAF in den siebziger und achtziger Jahren wird der NSU-Prozess auch in seiner historischen, gesellschaftlichen und politischen Dimension einer der bedeutsamsten Prozesse der deutschen Nachkriegsgeschichte sein. Denn über zehn Jahre verkannten die Ermittlungsbehörden, dass die Verbrechen des NSU nichts anderes waren als rechter Terror. Die Begründung lautete stets, dass kein Bekennerzeichen darauf hingewiesen hätte. Das ist verblüffend, denn das Prinzip der «Propaganda der Tat», das die Videos des NSU ausdrücklich erwähnen, kennt man bereits aus den Schriften von Anarchisten wie Michail Bakunin, auch der «führerlose Widerstand» wurde in der rechten Szene oft propagiert. Und zumindest die Bombenattentate des NSU hätten doch die Alarmglocken klingeln lassen müssen, schließlich hatte es ähnlichen rechten Terror bereits zuvor, beispielsweise beim Oktoberfestattentat 1980, gegeben. Seit längerem schon radikalisieren sich Teile der Neonaziszene, was den Behörden nicht ganz verborgen geblieben war. Wie konnten Ermittler, Politiker und Medien bloß so lange fälschlich behaupten, Terrorismus und schriftliche Selbstbekenntnisse seien untrennbar verbunden? Und warum wird von Politik und Sicherheitsbehörden noch immer durch die ständige Wiederholung des Begriffs «Zelle» suggeriert, dass es sich beim NSU nur um eine kleine Gruppe handle?

Die Taten des NSU stellen einen ebenso massiven Angriff auf die bundesrepublikanische Ordnung dar wie die der Rote-Armee-Fraktion, und die Parallelen sind augenfällig: Beide sind terroristische Vereinigungen, beide haben Sprengstoffanschläge verübt, Morde begangen und zur Geldbeschaffung Banken überfallen. Sowohl RAF als auch NSU verfügten bzw. verfügen über ein breites Umfeld von Unterstützern. Die Verbrechen beider sind politisch motiviert und sollten die bestehende staatliche Ordnung stürzen. Nebenbei, auch die RAF hat nicht nach jeder Tat ein Bekennerschreiben veröffentlicht. Angesichts all dieser Ähnlichkeiten, das darf man nüchtern feststellen, fallen die Reaktionen in Politik und Gesellschaft auf den NSU verblüffend schwach aus: Während die RAF-Gewalt von der Bevölkerung wie vom Staat als Kriegserklärung verstanden und mit zahlreichen gesetzlichen und administrativen Neuregelungen bekämpft wurde, während sich damals jeder Einzelne bedroht fühlte, hält man sich beim rechten Terror zurück, und bereits jetzt wird manche Stimme laut, man habe sich doch nun wirklich lange genug mit dem Thema NSU aufgehalten. Liegt das daran, dass es eine schwache Bevölkerungsgruppe trifft, die Migranten? Das wäre erschreckend, verroht und gefährlich.

Gewiss wird der Strafprozess weitere beunruhigende Erkenntnisse über das rechte Treiben zutage fördern. Es liegt nun an der Politik, endlich auf diese Gefahren zu reagieren, denn bislang hat die Staatsführung hier völlig versagt. Zu Zeiten des RAF-Terrors hatte man sich in zahllosen Erklärungen und Debatten positioniert, ähnlich nach dem islamistischen Terror am 11. September 2001. Beim NSU-Terror dagegen scheint die Politik gerne alle Verantwortung an den Ermittlungsausschuss, die Bundesanwaltschaft und den Strafprozess zu delegieren. Man wird darauf achten müssen, dass die Politik das Verfahren nicht benutzt, sich noch weiter ihrer

Verantwortung zu entledigen. Die Strafjustiz mag ein Mittel der Kriminalitätsbekämpfung sein, zur Korrektur gesellschaftlicher Fehlentwicklungen wie des Rechtsextremismus war sie noch nie in der Lage.

Seit der Berliner Gedenkveranstaltung enthält sich die Bundeskanzlerin fast vollständig der Kommentare zum Thema NSU, der Innenminister redet das Behördenversagen von Interview zu Interview kleiner und kleiner. Das neu eingerichtete gemeinsame Abwehrzentrum gegen Rechtsextremismus preist er als große Errungenschaft – nur kommt es Jahre zu spät, das gemeinsame Terrorismusabwehrzentrum zur Bekämpfung islamistischen Terrors wurde bereits 2004 eingerichtet. Andere Minister schweigen sich zum Rechtsterrorismus gänzlich aus. Als Begründung hört man immer wieder, dass dem Strafprozess nicht «vorgegriffen» werden solle. Doch man darf hier wohl eher politisches Kalkül vermuten. Denn seit wann hält sich die Staatsspitze bei für das Land so bedeutsamen Fragen bedeckt? Fürchtet sie womöglich, durch eine Stellungnahme gegen den seit der Sarrazin-Debatte wieder salonfähigen gutbürgerlichen Rassismus Wähler zu verlieren?

Semiya Simsek wird als Nebenklägerin am Prozess teilnehmen. So kann sie sich aktiv in das Verfahren einbringen, kann Fragen und Anträge stellen. Sie hat das Recht, Stellung zu beziehen und nach Abschluss der Beweisaufnahme einen Schlussvortrag zu halten. Erst seit 1986 gibt es das Rechtsinstitut der Nebenklage, bis dahin hatten Opfer von Straftaten keine Gestaltungsrechte in den Prozessen. Sie waren höchstens als Zeugen gefragt. Doch Opfer haben Fragen, sie wollen Tat und Täter besser kennen, wollen vielleicht wissen, wie sehr und wie lange das Opfer leiden musste, und so vieles mehr. Zuletzt haben wir Michael Buback, den Sohn des 1977 von der RAF ermordeten Generalbundesanwalts Siegfried Buback, im Strafverfahren gegen die Exterroristin Verena Becker vertreten. Auch mehrere Familien, deren Kinder beim Amoklauf von Winnenden ermordet worden waren, begleiten wir durch die Prozesse. In diesen Verfahren war es immens wichtig, den Angehörigen der Opfer eine eigene Stimme zu geben. Die Besonderheit des anstehenden Prozesses ist das gleich mehrfache Unrecht: Die Familie Simsek wurde nicht nur zu Opfern des NSU, sondern auch der staatlichen Behörden, ihrer Fehler und Voreingenommenheit, ihrer Blindheit auf dem rechten Auge, ihrer Vertuschungen. Dies wird in der Hauptverhandlung gegen die mutmaßlichen Terroristen nur eingeschränkt eine Rolle spielen können. Verhandelt werden in einer strafgerichtlichen Hauptverhandlung nur die den Angeklagten in der Anklageschrift zur Last gelegten Taten. Gleichwohl werden sich die Opfer des über die Jahre erlittenen Unrechts in jeder Sekunde des Verfahrens bewusst sein.

Die Richter des Oberlandesgerichts München haben in diesem Verfahren daher auch die Aufgabe, mit den ihnen zur Verfügung stehenden strafprozessualen Mitteln möglichst weitgehend Aufklärung zu erreichen und dabei mit den Opfern des NSU menschlich sensibel umzugehen. Nur dann wird es dem Gericht gelingen, nicht nur ein bindendes Urteil, sondern auch dessen breite Akzeptanz und damit Rechtsfrieden zu schaffen, nur dann wird die Gerechtigkeit auch für die

Opfer fühlbar. Für viele von ihnen ist es überaus wichtig, sich an der öffentlich-juristischen Aufarbeitung des ihnen zugefügten Leids zu beteiligen, um das Erlebte zu verarbeiten. Bedauerlicherweise mussten wir oft die Erfahrung machen, dass das Mitgefühl, das ihnen von Medien und Öffentlichkeit zunächst entgegengebracht wird, eine sehr kurze Halbwertszeit hat. Wer sich vermeintlich «zu oft» äußert, wer zu vehement Aufklärung und Gerechtigkeit fordert, wird schnell als Querulant empfunden, der angeblich verbohrt am Gestern festhält und den Frieden stört. Eine absurde Verdrehung der Wahrheit. Es wird eine große kommunikative Herausforderung für uns sein, eine solche Entwicklung zu verhindern.

Semiya Simsek hat sich dafür entschieden, sich mit dem Mord an ihrem Vater offen auseinanderzusetzen. Dass Enver Simsek von Neonazis ermordet wurde, bringt seine Tochter und seine Familie nicht etwa dazu, sich nicht mehr als Teil dieser Gesellschaft zu verstehen. Ihr Mut, sich dem Verfahren zu stellen und um volle Aufklärung zu kämpfen, ist bewundernswert. Trotz allen erlittenen Unrechts hat sich Semiya Simsek auf bemerkenswerte Weise die Fähigkeit erhalten, auf Fremde unbefangen und herzlich zuzugehen. Uns war es ein Bedürfnis, sie zu unterstützen und zu bestärken, und wir waren daher gerne bereit, bei der Recherche der Fakten und der Auswertung der Verfahrensakten, in die Semiya Simsek wie die anderen Nebenkläger Einblick hat, zu helfen. Dieses Buch ist für unsere Gesellschaft ein wichtiger Beitrag im Umgang mit den grausamen Morden des NSU. Die Bundesrepublik muss sich die Frage stellen, wie sehr sie wirklich für die offene, vielfältige Gesellschaft mit Menschen aus verschiedensten Kulturen kämpft, wie sie seit Jahrzehnten in diesem Land besteht und gedeiht. Jeder Einzelne sollte sich diese Frage stellen. Denn was wäre die Alternative?

Wir wünschen Semiya Simsek von Herzen, dass sie sich in Deutschland nach wie vor zu Hause fühlen kann. Deutschland ist ihre Heimat.

DANK

Ich danke Barbara Wenner für ihre Geburtshilfe und den unermüdlichen Einsatz bei diesem Buchprojekt, Rainer Nübel und Ulf Stuberger für ihren fachmännischen Rat, Armin Lehmann für einen goldenen Satz und dem Rowohlt·Berlin Verlag, bei dem wir uns so gut aufgehoben und sensibel begleitet fühlen, besonders den umsichtigen Lektoren Wilhelm Trapp und Bert Hoppe.

Vor allem aber danke ich meiner Mutter und Kerim, Hursit, Ümmü und Beyza, Hüseyin, Hatun, Emine und Bayram, dem begnadeten Übersetzer und Brückenbauer: für die jahrelange Unterstützung, die Begleitung, Treue und Freundschaft, für die Liebe in guten wie in schlechten Zeiten – wir trauern gemeinsam, wir feiern gemeinsam.

Semiya Simsek

Ich danke den Familien Bas und Simsek für ihre umwerfende Gastfreundlichkeit, Josef Hermes für die Einordnungshilfe bei den Zahlen, meinen Chefs, Kolleginnen und Kollegen beim Zeitungsverlag Waiblingen für ihr ermunterndes Ja. Am meisten danke ich meiner geliebten Frau Susanne und unseren Söhnen Valentin und David für ihre Nachsicht und Geduld.

Peter Schwarz

MIX
Papier aus verantwor-
tungsvollen Quellen
FSC® C083411

Das für dieses Buch verwendete FSC®-zertifizierte Papier
Schleipen Werkdruck liefert Cordier, Deutschland.